Reli
KONKRET
1

Unterrichtswerk für katholischen Religionsunterricht an Hauptschulen und an Realschulen in den Jahrgangsstufen 5/6 in Baden-Württemberg

Herausgegeben von
Prof. Dr. Georg Hilger und
Prof. Dr. Elisabeth Reil

Erarbeitet von
Carina Auth, Matthias Bahr,
Brigitte Meichel, Christoph Ranzinger,
Hannelore Reil-Heining, Birgitta Weyers

Bearbeitet und ergänzt für
Baden-Württemberg von
Dr. Hans-Walter Nörtersheuser,
Christian Schuhmacher

Kösel

Reli konkret 1
Unterrichtswerk für katholischen Religionsunterricht in den Jahrgangsstufen 5 und 6 an Hauptschulen und an Realschulen in Baden-Württemberg

Herausgegeben von
Prof. Dr. Georg Hilger und Prof. Dr. Elisabeth Reil

Bearbeitet und ergänzt für Baden-Württemberg von
Dr. Hans-Walter Nörtersheuser und Christian Schuhmacher

Mix
Produktgruppe aus vorbildlich bewirtschafteten Wäldern und anderen kontrollierten Herkünften
FSC
www.fsc.org Zert.-Nr. GFA-COC-001298
© 1996 Forest Stewardship Council

Verlagsgruppe Random House FSC-DEU-0100
Das für dieses Buch verwendete FSC-zertifizierte Papier
PraxiMatt liefert die „Deutsche Papier Vertriebs GmbH“.

Zugelassen als Lehrbuch für den katholischen Religionsunterricht an Hauptschulen und Realschulen
von den Diözesanbischöfen von Freiburg, Mainz (für den Bistumsanteil im Bundesland Baden-Württemberg)
und Rottenburg-Stuttgart
Folgt der aktuellen Rechtschreibung (2006)

3. Auflage 2010

Umschlag: Kaselow Design, München
Satz: Kösel-Verlag, München
Notensatz: Christa Pfletschinger, München
Illustration: Eva Amode, München
Druck und Bindung: Kösel, Krugzell
Printed in Germany
ISBN: 978-3-466-50771-9

Der Kösel-Verlag ist Mitglied im Verlagsring Religionsunterricht (VRU). www.vru-online.de

vru
verlagsring religionsunterricht

Weitere Informationen zu diesem Buch und unserem gesamten lieferbaren
Programm finden Sie unter www.koesel.de

Inhalt

1 Gemeinsam leben und lernen . . . 7
Themenseite . . . 8
Ideenseite . . . 10
Aller Anfang ist schwer . . . 12
Ich – einmalig . . . 14
Typisch Mädchen! Typisch Junge! . . . 16
Zusammenhalten . . . 18
Besinnungsseite . . . 20
Unser Klassengebetsheft zusammenstellen – Ein biblisches Essen organisieren . . . 22
Zusammen sind wir stark . . . 24

2 In der Schöpfung leben . . . 25
Themenseite . . . 26
Ideenseite . . . 28
Eine Erzählung über die Erschaffung der Welt entsteht . . . 30
Die Erzählung wird geplant . . . 32
Die Umwelt nutzen, schädigen, gestalten . . . 34
Nach Gottes Bilde . . . 36
Besinnungsseite . . . 38
Wege der Schöpfung gestalten – Für die Schöpfung danken . . . 40
Mit Gottes Schöpfung achtsam umgehen . . . 42

3 Leben und teilen in der Einen Welt . . . 43
Themenseite . . . 44
Ideenseite . . . 46
Gerechtigkeit? . . . 48
(Mit-)Verantwortung für die Welt . . . 50
Besinnungsseite . . . 52
Wir führen eine Hilfsaktion durch! . . . 54
Was kann ich dafür ... tun? . . . 56

4 Die Bibel erkunden . . . 57
Themenseite . . . 58
Ideenseite . . . 60
Die Bibel – ein Buch mit langer Geschichte . . . 62
Die Bibel – ein kostbares Buch . . . 64
Besinnungsseite . . . 66
Wir erstellen eine Klassen-Bibel . . . 67
Was gab dir Kraft? . . . 68

5 Nach Gott fragen – auf Gott vertrauen 69
Themenseite 70
Ideenseite 72
Von Gott begleitet – Abraham und Sara 74
Gott leitet Mose und das Volk Israel 76
Bilder der Nähe Gottes in der Bibel 78
Der dreieine Gott: Vater, Sohn, Heiliger Geist 80
Besinnungsseite 82
Eine Ausstellung: „Gottesbilder im Laufe der Geschichte" zusammenstellen 84
Mit Gott sprechen 86

6 Jesus begegnen 87
Themenseite 88
Ideenseite 90
Wo Jesus lebte 92
Mit dem Reich Gottes ist es wie 94
Jesus begegnen – Jesus nachfolgen 96
Tod und Auferstehung 98
Besinnungsseite 100
Jesus im Markus-Evangelium begegnen 102
„Der Geist des Herrn ruht auf mir" 104

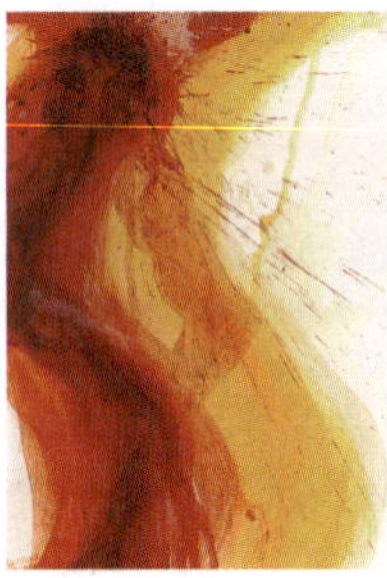

7 Von Gottes Geist bewegt 105
Themenseite 106
Ideenseite 108
Petrus fasst neuen Mut 110
Paulus auf neuen Wegen 112
Paulus gründet Gemeinden 114
Eine Erzählung über Leben und Sterben der Christen im alten Rom 116
Das Christentum kann sich in einem Weltreich verbreiten 118
Gemeinde gestalten 120
Besinnungsseite 122
Wir gehen auf Spurensuche 123
Wenn viele gemeinsam träumen 124

8 Christliche Konfessionen erkunden 125
Themenseite 126
Ideenseite 128
Katholische und evangelische Christen – Ihre Gotteshäuser und Feste 130
Katholische und evangelische Christen – Schwerpunkte und Trennendes 132
Orthodoxe Christen 134
Was die Christen verbindet – Ökumene 136
Besinnungsseite 138
Wir erkunden eine Kirche 140
„Ich bin gerne katholisch." – „Ich bin gerne evangelisch." 142

9 Feste im Kirchenjahr feiern 143
Themenseite 144
Ideenseite 146
Feste Zeiten … Festzeiten 148
Feiern und danken 150
Weihnachten und Ostern feiern 152
Besinnungsseite 154
Wir feiern ein Fest 155
Ein Fest fängt bei uns selber an 156

10 Sakramente verstehen und feiern 157
Themenseite 158
Ideenseite 160
Mehr und tiefer sehen 162
Sakramente der Kirche 164
Taufe macht lebendig 166
Die Feier der Eucharistie 167
Besinnungsseite 168
Einen Segen gestalten 170

11 Musliminnen und Muslimen begegnen 171
Themenseite 172
Ideenseite 174
Muslime feiern ihre Feste 176
Muhammad 178
Wort Gottes in Koran und Bibel 179
Ritual und Gebet 180
Wie Muslime und Christen ihre Religion leben 182
Besinnungsseite 184
Wir erkunden eine Moschee 186
Jerusalem – heilige Stadt 188

Lexikon 189

Register der biblischen Zitate und Verweise 213

Text- und Bildnachweis 214

Liebe Schülerinnen, liebe Schüler,

in diesem Buch findet ihr viele Anregungen in Gestalt von Bildern, Texten, Liedern und Arbeitsimpulsen für einen Religionsunterricht, den ihr mitgestalten sollt und der dazu beitragen will, euch selbst, die anderen und euren Glauben besser zu verstehen.
Welche Vielfalt an Fragen und Themen bearbeitet werden sollen, das könnt ihr schon am **Inhaltsverzeichnis** ablesen.
Damit ihr euch in *Reli konkret* leicht zurechtfinden könnt, sind die Kapitel in der Regel folgendermaßen aufgebaut:

Die **Titelseite** öffnet mit einem Bild gleichsam das Fenster zum Thema und ermöglicht einen ersten Eindruck, worum es sich bei dem Thema handelt.
Die **Themenseiten** ermöglichen einen Blick auf die Weite des Themas und zeigen an, welche Aspekte zum Thema gehören.
Die **Ideenseiten** regen zum eigenen und gemeinsamen Erarbeiten und Gestalten an. Überlegt, welche Ideen euch beim Lernen weiterhelfen und sich bei euch verwirklichen lassen.
Die **Infoseiten** erschließen Informationen und Wissen, damit ihr euch kompetent ein eigenes Urteil bilden könnt.
Die **Deuteseiten** bringen Zeugnisse und Anfragen aus der Bibel, aus der Kirchengeschichte, von Menschen, die sich über das Leben und den Glauben Gedanken gemacht haben. Sie wollen euch auffordern, dass ihr euch damit auseinandersetzt und nach der Bedeutung für euer eigenes Leben fragt.
Die **Besinnungsseiten** laden zum Verweilen, zum Nachspüren, zum Weg nach innen ein. Ihre Lieder, Gebete und Übungen sind Angebote, die ihr auswählen und mitvollziehen könnt. So soll Religion erfahrbar werden.
Die **Projektseiten** enthalten Vorschläge, wie gemeinsam ein konkretes „Projekt“ angepackt werden kann, das Lernen und Tun in der Schule mit dem Leben draußen verbindet.
Die **Stellungnahmen** fordern dazu heraus, Positionen und Meinungen auszudrücken und aus dem Erlernten Schlüsse für euch selbst zu ziehen.

Am Ende des Buches findet ihr ein **Lexikon** mit Bildern und kurzen Texten zu wichtigen Begriffen und interessanten Hintergründen. Die Stichwörter, die ihr im Lexikon findet, sind in den Kapiteln durch Sternchen gekennzeichnet, z.B. Nomaden*.
Seitenverweise findet ihr im weißen Kästchen [33].

1 Gemeinsam leben und lernen

In der Schule zusammen leben

Ein eigener Mensch werden

und lernen

Alles, was ihr von anderen erwartet, das tut auch ihnen.

Mt 7,12

Detektivspiel

Jeder kennt sie, Verbrecher fürchten sie: Fingerabdrücke sind eindeutige Beweise!
Ihr braucht für dieses Spiel ein Stempelkissen und jede/r zwei Kärtchen, etwa in Passgröße.
Nimm dir zwei kleine Kärtchen. Schreibe auf eine Karte deinen Namen, auf die andere einige Hinweise zu deiner Person, z.B. Größe, Hobbys ... Wichtig ist, dass du mit Bleistift und in Druckschrift schreibst, damit man dich an deiner Schrift nicht sofort erkennt!
Stemple deinen Daumenabdruck auf beide Karten. Die Karte mit deinem Namen kannst du nun unterschreiben. Sie ist deine Ausweiskarte und bleibt zunächst bei dir. Sammelt die zweite Karte ein. Jede/r zieht sich nun aus dem Stapel eine Karte, aber nicht die eigene. Lies die Hinweise und suche die Person. Wenn du eine Vermutung hast, gehe zu dem betreffenden Schüler. Er zeigt dir wortlos seine Ausweiskarte. Vergleiche sorgfältig beide Fingerabdrücke. Wenn beide gleich sind, darfst du den Ausweis behalten.
Nachdem alle ihre Aufgabe gelöst haben, stellt euren „Fang“ der Klasse vor.

Profil zeigen

Ihr braucht dazu größere Papierbögen und einen Overheadprojektor. Zwei Mitschülerinnen oder -schüler halten den Papierbogen gegen die Wand. Wer von sich ein Profil zeichnen lassen will, stellt sich zwischen ihn und den Overheadprojektor. Je näher ihr am Papierbogen seid, desto kleiner wird euer Profil. Hat euer Profil die passende Größe erreicht, zeichnet es jemand auf dem Papierbogen nach. Ihr könnt es weiter zu einem kleinen Kunstwerk gestalten: Nehmt z.B. Wachsmalkreiden und überlegt sorgfältig, welche Farben und Formen zu euch passen. Wird es eher ein ruhiges Bild mit zarten Farben – oder passen kräftige, starke Farben besser?
Wenn ihr eure Köpfe mit einer Digitalkamera aufnehmen könnt, lassen sich die Profile mit einem Bildbearbeitungsprogramm am PC bearbeiten.

Ein eigener Mensch werden

Es ist nicht einfach, ein eigenes Profil zu entwickeln, eigene Meinungen zu vertreten, wenn sie vielleicht von denen der Freunde abweichen.
Was heißt das für euch: ein eigener Mensch werden? Denkt an eure Kleidung, Hobbys, Meinungen ...

Rate einmal, wer ich bin!

Wenn du in ein Haus, eine Wohnung oder in ein Zimmer kommst, kannst du manches über die Person erfahren, die dort wohnt. Das Poster einer Popgruppe beispielsweise, das über einem Bett hängt, lässt vermuten, dass hier ein Fan dieser Gruppe schläft. Was können andere über dich erfahren, wenn sie dein/e Zimmer/ecke betreten?
Male eventuell auch Gegenstände, die dir besonders wichtig sind, und überlege, wovon du deiner Klasse noch erzählen könntest! Wie wäre es, wenn du einmal deinen Lieblingsgegenstand mitbringst?
Du wirst staunen, wie viel er über dich sagen kannst!

Einen „gut“-Brief bekommen

Schwarze Haare, blonde Haare: Wenn ihr einen anderen Menschen trefft, seht ihr zuerst nur ein paar äußere Dinge. Und doch gibt es noch mehr. Ihr könnt es zu zweit durch eine kleine Übung besonders gut erfahren. Schaut euch genau an: die Augen und ihre Farbe, die Haare, die Nase, den Mund, das Kinn und die Wangen …
Da gibt es Neues zu entdecken!
Schließt nun beide Augen und versucht das Gesicht vor euch zu sehen. Was fällt euch zu diesem Menschen sonst noch ein? Was kann er oder sie besonders gut? Ist er besonders lustig, weiß sie viel? Wie schnell kann er laufen? Sammelt in Gedanken all das, was ihr gut findet!
Nun öffnet eure Augen. Ihr könnt nun ein Blatt Papier nehmen und all das aufschreiben, was euch an guten Eigenschaften eingefallen ist:
Ich freue mich, dass du …
Schickt euch diesen Zettel in einem Briefumschlag zu!

„Das gefällt mir an dir“

Menschen blühen auf, wenn andere ihnen etwas Gutes sagen. Nehmt pro Schülerin bzw. Schüler ein leeres DIN-A4-Blatt und einen dickeren Filzstift. Befestigt euch gegenseitig eines der leeren Blätter auf dem Rücken und geht anschließend mit dem Stift in der Hand einfach langsam im Klassenzimmer umher. Den anderen, die euch gerade begegnen, schreibt ihr etwas Positives auf den Rücken. Achtet darauf, dass alle gleich viele gute Botschaften bekommen! Ihr könnt in Gruppen darüber sprechen, was diese guten Botschaften für Menschen bedeuten.
Vielleicht hast du heute Nachmittag Lust, einem Menschen, dem du etwas Besonderes sagen willst, eine E-Mail oder SMS zu schicken!

Spannung halten

Schülerinnen und Schüler haben sich im Kreis aufgestellt. Sie versuchen gemeinsam, ein Seil zu straffen und mit ihm einen gleichmäßigen Kreis zu formen. Probiert es einmal in eurer Klasse aus. Alle sollen dabei das Gefühl haben, locker und sicher zu stehen und von allen anderen mitgehalten zu werden.
Welche Fähigkeiten und Regeln helfen euch, einen schönen Kreis zu bekommen?

Aller Anfang ist schwer

Vor dem ersten Schultag

Ich heiße Verena und bin elf Jahre alt. Von Kopf bis Fuß bin ich neu eingekleidet worden, hab etwas Tolles zum Spielen bekommen und nun ... nun habe ich einen Frosch im Hals! Ich konnte letzte Nacht nicht schlafen. Meine Eltern sagen, ich bräuchte mir keine Sorgen zu machen und dass ich das schon schaffen werde. Die haben gut reden! Was ist, wenn ich in den falschen Bus einsteige und ganz woanders lande als in der Schule? Was ist, wenn die Glocke schellt und alle Schüler losrennen, um früh genug ins Klassenzimmer zu kommen? Und ich? Ich weiß dann nicht, wohin ich laufen soll! Was ist, wenn man meinen Nachnamen falsch ausspricht und alle lachen? Was ist, wenn ich keine Freundin finde? Was ist, wenn die Lehrerin jedem Kind einen Platz zuweist und ich bleibe übrig? Was ist, wenn ich so strenge Lehrer bekomme und das Lernen keinen Spaß macht? Was ist, wenn ich schlechte Noten schreibe?
Ach Gott, ich weiß nicht, ob ich das alles schaffe!

Stufen

Es muss ein Mensch bei jedem Lebensrufe
bereit zum Abschied sein und Neubeginne,
um sich in Tapferkeit und ohne Trauern
in andre neue Bindungen zu geben.
Und jedem Anfang wohnt ein Zauber inne,
der uns beschützt und der uns hilft zu leben.

Hermann Hesse

- *Vielleicht erging es dir so ähnlich wie Verena. Halte die Ängste oder auch die Wünsche und Hoffnungen, die du vor deinem ersten Schultag in der neuen Schule hattest, in einem Bild fest.*
- *Wähle aus dem Gedicht von Hermann Hesse einen Begriff aus und schreibe ein Elfchen dazu* 101.
- *„Alles, was ihr von anderen erwartet, das tut auch ihnen", so überliefert der Evangelist Matthäus* ein Jesus-Wort (Mt 7,12). Setzt euch in Gruppen zusammen, wählt einen Wortbaustein aus eurem Haus* 13 *und zeigt an Beispielen, wie der Satz von Jesus in eurer Religionsgruppe umgesetzt werden kann.*

Das Haus der Klassengemeinschaft

Eure Klassengemeinschaft könnt ihr mit einem Haus vergleichen, in dem jede Schülerin und jeder Schüler leben darf. Jedes Haus besteht aus einem Fundament, tragenden Wänden und Decken. Es hat ein schützendes Dach, Fenster und Türen, einen Balkon und was ihr euch sonst noch alles in einem Haus wünscht.

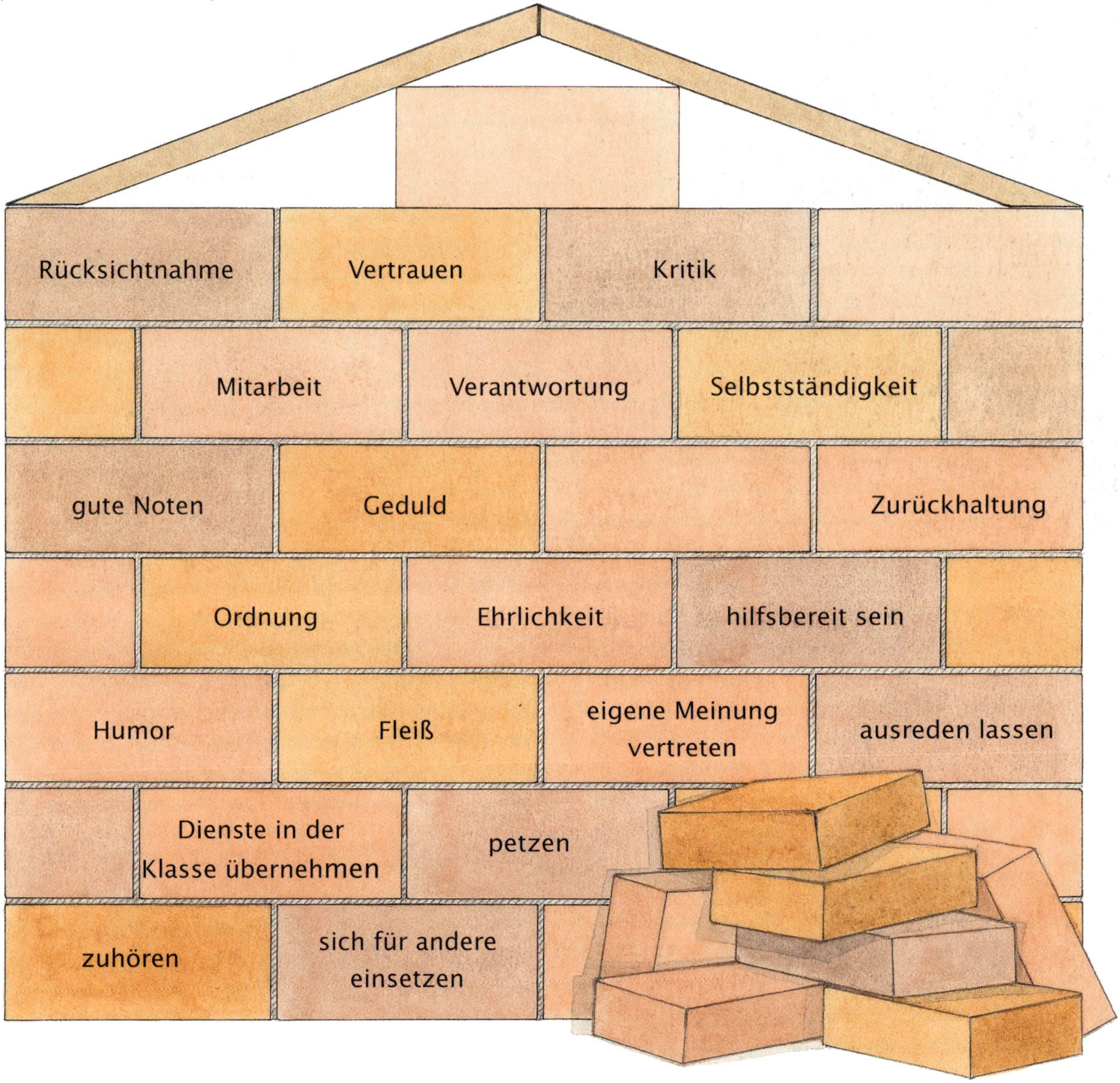

- *Ihr könnt euch in Gruppen zusammensetzen und die Wörter auf den Steinen des Hauses in Ruhe durchlesen. Dann besprecht miteinander, welche Steine euch wichtig sind und welche ihr ergänzen wollt.*
- *Jede Gruppe malt nun ihr Haus mit den ausgewählten Bausteinen auf einem Plakat auf und stellt es anschließend der ganzen Religionsgruppe vor. Dabei ist es wichtig, dass ihr die Auswahl und den Platz der Bausteine in eurem Haus begründen könnt.*

Ich – einmalig

Im Inneren jeder Zelle befinden sich alle deine Erbanlagen.

Du hast mein Inneres
geschaffen, mich gewoben im
Schoß meiner Mutter.
Ich danke dir, dass du mich so
wunderbar gestaltet hast.
Ich weiß: Staunenswert sind
deine Werke.
Als ich geformt wurde im
Dunkeln, kunstvoll gewirkt
in den Tiefen der Erde,
waren meine Glieder dir nicht
verborgen.
Deine Augen sahen, wie ich
entstand, in deinem Buch war
schon alles verzeichnet; meine
Tage waren schon gebildet, als
noch keiner von ihnen da war.

Aus Psalm 139

Die Geschichte von Colombin

Am Hofe gab es starke Leute und gescheite Leute, der König war ein König, die Frauen waren schön und die Männer mutig, der Pfarrer war fromm und die Küchenmagd fleißig – nur Colombin, Colombin war nichts.
Wenn jemand sagte: „Komm, Colombin, kämpf mit mir", sagte Colombin: „Ich bin schwächer als du."
Wenn jemand sagte: „Wie viel gibt zwei mal sieben?", sagte Colombin: „Ich bin dümmer als du."
Wenn jemand sagte: „Traust du dich, über den Bach zu springen?", sagte Colombin: „Nein, ich traue mich nicht."
Und wenn der König fragte: „Colombin, was willst du werden?", antwortete Colombin: „Ich will nichts werden, ich bin schon etwas, ich bin Colombin." → steht zu seiner Schwäche

- *Du kannst in deinem Heft eine Doppelseite gestalten unter der Überschrift „Ich (Name) bin einmalig". Klebe ein Foto darunter und schreibe auf der einen Seite in Stichwörtern alles auf, was bei dir besonders ist.*
  Dann kannst du deine Mitschülerinnen und Mitschüler darum bitten, auf der zweiten Seite je einen Satz darüber zu schreiben, was sie bei dir einmalig finden.
- *Lest die Geschichte von Colombin und sprecht in Gruppen darüber. Ihr könnt die Sätze wiederholen, in denen Colombin zeigt, dass er sehr selbstbewusst ist. Wie geht Colombin mit seinen Stärken und Schwächen um?*
- *Weiterhin könnt ihr eine Übung machen, um herauszubekommen, ob ihr selbst auch selbstbewusst seid. Jede/r schreibt die Geschichte mit dem eigenen Namen* und vielleicht mit anderen Beispielen neu. Tragt eure Geschichten in der Gruppe vor und sprecht über eure eigenen Stärken und Schwächen.*
- *Hier der Vorschlag einer kleinen meditativen Übung: Setzt euch im Kreis zusammen und hört meditativer Musik still zu. Dann liest eine/r von euch die Sätze aus Psalm 139 vor. Jede/r von euch wiederholt den Satz oder das Wort, das sie oder ihn besonders anspricht.*

Mein Zimmer bedeutet mir sehr viel. Bisher musste ich es immer mit jemandem teilen. Vor einigen Wochen habe ich die alten Bilder abgehängt. Nun bin ich auf der Suche nach Postern.

Ich bin sehr gern in meinem Zimmer. Wenn jemand herein-kommen möchte, muss er vorher anklopfen!

Das ist Georg

Georg ist elf Jahre alt, blond und 1,54 m groß. So viel ist sicher. Aber was sagen die anderen?

Lehrer: „Georg ist fleißig und gewissenhaft."

Mutter: „Er ist so still. Seine Schwester war in dem Alter viel lebhafter."

Klassenkameraden: „Georg? Er ist ein großer Skateboardfahrer!"

Großmutter: „So frech wie Georg durften wir früher nicht sein."

Pfarrer: „Als Ministrant muss er pünktlicher werden! Ich muss mich auf ihn verlassen können!"

Freund: „Georg ist eine richtige Leseratte. Was der alles weiß! Man kann sich stundenlang mit ihm unterhalten."

Peter: „Mann! Hast du Georg gestern gesehen, wie er Skateboard gefahren ist? Das war klasse!"

Thomas: „Ja, das war wirklich spitzenklasse! Und wie er sich gefreut hat! Immer mehr haben ihm zugeschaut und Beifall geklatscht."

Peter: „Ich finde den Georg echt in Ordnung. Er hat mir sogar versprochen, mich öfter mit seinem Skateboard fahren zu lassen."

Thomas: „Ehrlich? Ja, großzügig ist er wirklich. Wenn er nur vor den Mädchen nicht immer so angeben würde! Und die fallen alle auch noch auf ihn rein!"

Peter: „Ich weiß. Aber daran sind die Mädchen selber schuld."

Thomas: „Das stimmt schon. Vielleicht ist er gar nicht so übel, wie ich immer dachte!"

Typisch Mädchen! Typisch Junge!

Eine Schulgeschichte

Eine drehte sich um nach ihm, als alle anderen die Köpfe schon wieder über die Bücher beugten. Er nahm das den anderen nicht übel, er wusste, ein Neuer in der Klasse ist nicht so interessant, dass man ihn die ganze Stunde hindurch anstarren könnte, schließlich ging der Unterricht weiter, und er musste eben dasitzen und sich eingewöhnen.
Aber die eine im blauen Kleid sah immer wieder hin zu ihm, nicht neugierig, noch nicht einmal lächelnd. Das Profil, das sie ihm zeigte, manchmal auch noch ein bisschen Wangenfläche dazu, war ernst und aufmerksam, als habe sie über ihn nachzudenken. Das halbe Klassenzimmer lag zwischen ihnen, und er konnte ihre Augenfarbe nicht erkennen. Braun, schätzte er, und ein paar Sommersprossen auf der Nase und das ganze Gesicht ein bisschen zu mager. Die gehört nicht zu den Niedlichen, dachte er, die sich um einen Neuen kümmern, weil das so gut passt zu ihrer Niedlichkeit und weil sie dann noch einen haben, der sie nett findet. Die gehört vielleicht noch nicht mal zu den Netten. Eine Struppige ist das, überlegte er, eine, die kicken kann, fast wie ein Junge, und die plötzlich wegläuft, wenn man glaubt, sie sei ein Kumpel.
Eine, die nicht mit Freundinnen kichert und tuschelt, sondern viel allein herumläuft, nicht spazieren geht, sondern eben herumläuft, und die allerhand kennt in der Stadt. Eine, von der man manches erfahren kann, aber nicht unbedingt das, was zählt. Es fiel ihm ein, dass er sich irren könnte, aber er glaubte es nicht. Ich werde ihr ein Zeichen geben, sagte er sich, und wenn sie reagiert, dann habe ich mich nicht geirrt. Dann ist sie eine, die ich mögen könnte, zumindest mögen.
Als sie sich wieder umsah, lächelte er. Da stand sie auf und brachte ihm ihr Buch. Fast unfreundlich legte sie es vor ihn auf den Tisch; er sah dabei, dass sie magere Finger hatte mit ganz kurzen Nägeln, das passte auch. „Danke, ich geb's dir nachher wieder", sagte er schnell, bevor sie etwas sagen konnte. Sie nickte und ging zurück an ihren Platz. Alle beugten die Köpfe über die Bücher, er auch. Aber er gab acht, dass er den Augenblick nicht verpasste, in dem sie sich noch einmal nach ihm umschaute und beinah lächelte.

Irmela Brender

- *Ein Vorschlag zum Thema: Jeweils zwei Mädchen gestalten ein Plakat zum Thema „Wie sind Mädchen?" bzw. zwei Jungen ein Plakat zum Thema „Wie sind Jungen?".*
- *Ihr könnt dazu Bilder aus Zeitschriften und Katalogen verwenden. Vielleicht wollt ihr einiges selbst zeichnen und durch Sprechblasen ergänzen. Stellt euch die Plakate gegenseitig vor und sprecht über sie.*

- *Versetze dich in den Jungen oder in das Mädchen und schreibe die Geschichte weiter.*
- *Tragt eure Geschichten der ganzen Gruppe vor und sprecht darüber.*
- *Überlege, ob die von dir geschriebene Geschichte mit deinen eigenen Erfahrungen zu tun hat.*

Gott schuf den Menschen als sein Abbild,
als Mann und Frau schuf er sie.
Gott segnete sie.

Gen 1,27

Mann und Frau sollen einander ergänzen.

vgl. Gen 2,18

M/T: Rolf Zuckowski

- *Das Lied will euch Hilfen geben, um miteinander besser auszukommen und einander besser zu verstehen. Ihr könnt in Jungen- und Mädchengruppen überlegen, was daran gut oder schlecht ist, was leicht ist und was schwerfällt.*
- *Wo gibt es Gemeinsamkeiten bei Jungen und Mädchen?*
- *Lest die beiden Sätze oben aus der Schöpfungserzählung und besprecht in Gruppen, wie ihr das Zusammenleben von Jungen und Mädchen gestalten könnt.*

Zusammenhalten

Bumfidel

Bumfidel sagt zu seiner Mutter, er liegt schon im Bett und das Licht ist schon aus:
„Morgen kommt mein Bruder zu mir. Den bringe ich gleich von der Schule mit. Der kann dann doch mit mir essen, nicht wahr?"
Die Mutter macht das Licht gleich wieder an. „Was sagst du da? Dreh dich mal um!"
Bumfidel blinzelt. Er spricht zur Wand. Er will die Mutter jetzt nicht ansehen.
„Mach doch das Licht wieder aus", sagt er. Bumfidel sagt, was er sagen will, lieber ohne Licht. Und die Mutter soll es auch lieber im Dunkeln hören. Doch das will sie nicht. Sie setzt sich an Bumfidels Bett.
„Guck mich mal an. Deinen Bruder, sagst du? Du willst einen neuen Freund mitbringen. Na schön. Wenn ich weiß, wer's ist. Nur schlepp mir hier nicht jeden an."
Bumfidel will nicht weinen, aber er weint.
„Es ist mein Bruder. Ich hab's ihm gesagt. Weil er zu Hause dauernd gehauen wird. Und weil ein Bruder mehr ist als nur ein Freund."
Die Mutter ist plötzlich still. An der Tür sagt sie:
„Bring ihn mit. Vielleicht stelle ich euch noch einen Pudding hin."

Marieluise Bernhard-von Luttitz

Wer dient – hört zu.
Wer dient – sieht hin.
Wer dient – steht auf.

Wer dient – geht hin.
Wer dient – hilft mit.
Wer dient – hilft auf.

Wer dient – beschützt.
Wer dient – will verstehen.

Wer unter euch
der Erste sein will,
soll der Diener aller sein.

Nach Mk 9,35

- *Schreibt folgende Wörter aus der Geschichte in eure Hefte: Mutter, Bruder, Freund, Licht, dunkel, weinen, vielleicht. Überlege dir zu jedem Wort einen Satz und bilde so eine neue Geschichte daraus. Schreibe diese Geschichte auf.*
- *Ihr könnt euch auch zusammentun und abwechselnd je einen Satz schreiben. Wird daraus eine gemeinsame Geschichte? Wie wird sie enden?*
- *Das Gemälde rechts erzählt viele Geschichten. Denkt euch aus, was dort passiert, und erzählt euch in Partnerarbeit, was ihr seht. Vergesst nicht, eurer Geschichte eine Überschrift zu geben.*
- *Das Wort dienen, das Jesus in der Erzählung Mk 9,33-37 verwendet, bezeichnet das äußere Handeln, aber auch die innere Haltung gegenüber den Mitmenschen. Das kleine Gedicht nennt verschiedene Bedeutungen des Begriffs „dienen". Findet zu jeder Zeile eine passende Situation aus dem Alltag.*
- *Suche dir eine Zeile des Gedichts aus, die dir besonders gefällt. Du kannst Gesten dazu erfinden oder ein Bild gestalten.*
- *Schreibt das Gedicht gemeinsam weiter und gestaltet es auf einem Plakat.*

Paul Gauguin, 1888

Eine Namenskerze basteln

Viele Leute wissen gar nicht, dass ihr Name* aus einer anderen Sprache kommt und eine bestimmte Bedeutung hat. Vielleicht gibt es in eurer Klasse ein Namenslexikon oder ihr sucht im Internet unter www.heiligenlexikon.de. Du kannst auch deine Eltern, deine Lehrerin oder deinen Lehrer dazu fragen!

Mit euren Namen könnt ihr eine große Klassenkerze gestalten: Besorgt euch eine möglichst große, weiße Kerze. Aus verschiedenfarbigen Wachsplatten kannst du mit kleinen Stückchen die einzelnen Buchstaben für deinen Namen formen und auf die Kerze aufdrücken.

Wenn eine/r von euch Namenstag hat, könnt ihr das Licht in eure Mitte stellen. Damit ihr keine/n vergesst, bastelt ihr euch am besten einen Namenstagskalender! Wenn es im Laufe des Schuljahres etwas zu feiern gibt, könnt ihr die Kerze ebenfalls anzünden und das Licht in eure Mitte stellen.

Erinnerung an die Namenspatronin

Der Name Verena heißt übersetzt: die Scheue, Zurückhaltende. Dennoch bewies die hl. Verena sehr viel Mut in ihrem Leben. Ihre Heimat war die Gegend um Theben in Ägypten. Dort gab es viele Christen. Weil die Gegend römisches Herrschaftsgebiet war, waren viele der Männer römische Soldaten. Als die „Thebäische Legion" später in die Schweiz versetzt wurde, zog die elternlose Verena mit ihrem Onkel, dem Oberst der Thebäischen Legion, dorthin. Da aber Christsein verboten war, wurden die christlichen Soldaten dieser Legion bald als Staatsfeinde verfolgt und ermordet. Verena wanderte daraufhin nach Solothurn in der Schweiz, wo sie sich um Kranke kümmerte und vielen das Christentum näherbrachte. Später wurde sie dort ausgewiesen und kam auf ihrer Wanderschaft nach Zurzach (Schweiz). Auch hier setzte sie sich wieder für Kranke ein, wusch ihnen mit dem heilenden Wasser einer Quelle das Haupt, salbte und heilte sie. Verena starb etwa Mitte des 4. Jahrhunderts und wurde bald als Heilige verehrt. Obwohl sie gern allein und in der Einsamkeit lebte, war sie entschlossen für die Armen und Notleidenden da. Der Tag, an dem man ihrer gedenkt, ist der 1. September.

- Weißt du etwas über deinen Namen bzw. deine/n Namenspatron/in? Erkundige dich danach; auch im Internet.
- Namenstag zu haben, ist ein Grund zum Feiern! Ihr könnt beispielsweise an diesem Tag eure Kerze anzünden. Wer keine/n Namenspatron/in herausfindet, feiert am Fest Allerheiligen.

Auf die Plätze ...

Der Startschuss wird gleich fallen,
dann hat das Tagesrennen begonnen.
Jede Sekunde wird zählen,
der Stärkere wird sich durchsetzen:
die beste Mitarbeit, die schnellste Lösung, die beste Note, der beste Hefteintrag, die höchste Konzentration, und wenn nötig, die Konkurrenz mit den Ellenbogen zur Seite schieben.

Darf Schule so sein?
Ein Rennen gegeneinander?

Großer und guter Gott:
Stärke heute unseren Teamgeist.
Viele Ziele können wir besser miteinander erreichen.
Schenke uns die Bereitschaft, aufeinander zu achten.
Lass uns gerade die Schwächeren unter uns in unsere Mitte nehmen und mittragen.
Amen.

Das Gebet könnt ihr auf eure Klasse hin ändern und erweitern.

Wo Menschen sich lieben

T: Rolf Krenzer/M: Paul G. Walter

Einen eigenen Psalm schreiben

In allen Lebenssituationen kannst du dich im Gebet an Gott wenden. Hier findest du eine Vorlage für dein Heft, in die du deine eigenen Worte eintragen kannst.

Ich bin …
Ich denke, fühle, mir geht es …
Du, Gott, bist bei mir.
Ich bitte dich, Gott, …
Ich danke dir, Gott, …

Vater unser – Mit dem ganzen Leib beten

Vater unser im Himmel,
geheiligt werde dein Name,
dein Reich komme,
dein Wille geschehe
wie im Himmel,
so auf Erden.

Unser tägliches Brot
gib uns heute
und vergib uns
unsere Schuld,

wie auch wir vergeben
unseren Schuldigern.

Und führe uns nicht
in Versuchung,
sondern erlöse
uns von dem Bösen.

Denn dein ist das Reich,
und die Kraft
und die Herrlichkeit,
in Ewigkeit.

Amen.

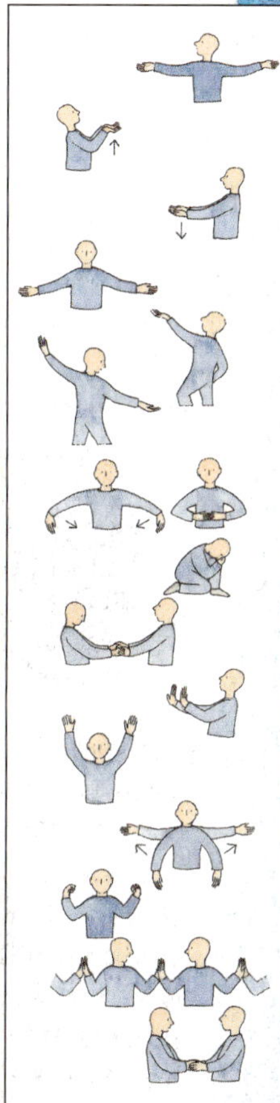

Die Skizzen sind nur ein Vorschlag. Probiert selbst aus, welche Geste, welche Körperhaltung zur Gebetsbitte passt.
So findet ihr einen eigenen Ausdruck für das Vaterunser.

Unser Klassengebetsheft zusammenstellen

Jede/r in der Religionsgruppe stellt im Laufe der Schuljahre 5 und 6 selbst ein Heft mit Gebeten, Liedern, nachdenklich machenden Texten, Fotos und Bildern zusammen.

- Sucht in Kinder- und Jugendgebetbüchern nach Gebeten, Texten und Liedern, die euch gefallen. Fotokopiert sie für alle MitschülerInnen und klebt sie in euer Heft. Ihr könnt abwechselnd ein Gebet oder einen Text am Anfang oder Ende der Religionsstunde vortragen.
- Übt gemeinsam Lieder ein, die zu Themen des Religionsunterrichts passen und die euch gefallen.
- Ihr könnt auch passende Fotos dazukleben.
- Wenn ihr Kunstbilder findet, die euch gefallen und zu den Themen des Religionsunterrichts, z.B. zum Kirchenjahr, passen, könnt ihr sie in der Religionsgruppe vorstellen und ebenfalls in euer Heft einkleben.
- Manche mögen Ausmalvorlagen, die sie farbig gestalten und in ihr Heft kleben.
- Ihr könnt eure eigenen Psalmen 21 in euer Klassengebetsheft einkleben.
- Noch eine Idee: Ihr könnt auch Gebete weiterschreiben, z.B. „O Herr, mache mich zu einem Werkzeug deines Friedens, dass ich ...“

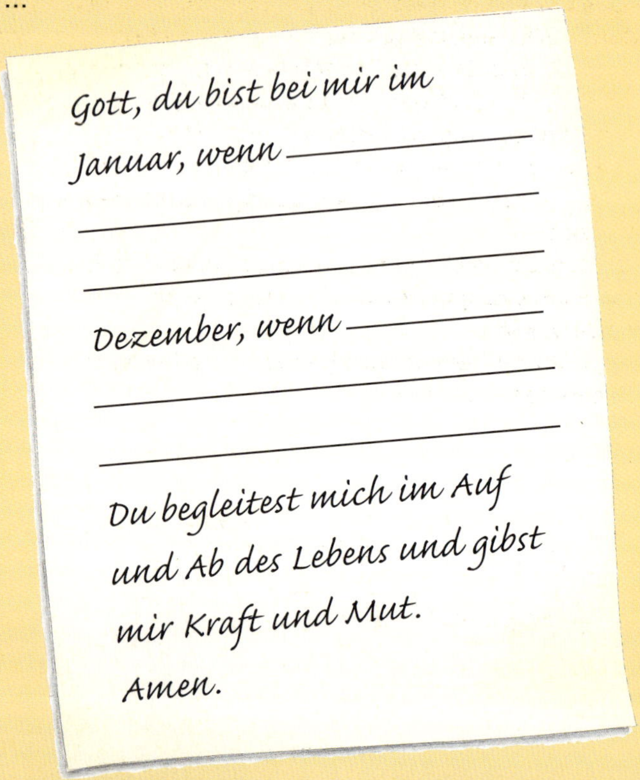

Ein biblisches Essen organisieren

- Wenn ihr ein gemeinsames Essen mit biblischen Speisen plant, solltet ihr versuchen, eine Lehrkraft, die euch beim Kochen helfen kann, oder auch eine von euren Müttern oder einen von euren Vätern für euer Projekt zu gewinnen; denn sie können euch helfen beim Zusammenstellen des Menüs, beim Einkaufen und beim Kochen in der Schule.
- Ihr besorgt euch Kochbücher zu biblischen Speisen und informiert euch über die verschiedenen biblischen Nahrungsmittel:
  - Getreide, Gemüse
  - Früchte, Oliven
  - Fisch, Fleisch, Milchprodukte
  - Süßigkeiten, Gewürze
  - Getränke
- Ihr wählt in Gruppen Rezepte aus, schlagt sie der ganzen Religionsgruppe vor und stellt daraus gemeinsam ein Menü zusammen.
- Ihr überlegt, was ihr dazu einkaufen müsst, und besorgt die Nahrungsmittel. Vorher müsst ihr unter euch Geld für den Einkauf gesammelt haben. Vielleicht habt ihr eine Idee, wie ihr euch durch Dienstleistungen Geld verdienen könnt.
- Wenn ihr das Essen z.B. nach einem Gottesdienst anbietet, bereitet jede Gruppe mit den Erwachsenen ihren Beitrag zum Menü so vor, dass die Speisen direkt nach dem Gottesdienst zur Verfügung stehen oder nur noch aufgewärmt werden müssen.
- Zu jeder Speise, die serviert wird, informiert die jeweilige Gruppe kurz über den biblischen Hintergrund.
- Beginnt und beendet das gemeinsame Essen mit Tischgebeten aus der Bibel.

Viel Freude beim biblischen Kochen und Essen!

Was zur Zeit Jesu in Israel gegessen, getrunken und gekocht wurde

Welche symbolische Bedeutung kommt manchen Speisen in der Bibel zu? Dieses Buch gibt Einblick in das, was Essen und Trinken in biblischer Zeit ausmachte. Faszinierende Fotos und Sachzeichnungen begleiten die Darstellungen. So erfährt man, welchen Reichtum das Gelobte Land, „in dem Milch und Honig fließen", seinen Bewohnern bot, was alles in Israel gegessen und getrunken wurde und wie die Früchte des Landes geerntet und aufbewahrt wurden. Und mehr noch: Es gibt viele Originalrezepte, die auf die Zeit Jesu zurückgehen und sich heute leicht nachkochen lassen. Ein anregendes Buch für neugierige junge, aber auch erwachsene Genießer.

Aus dem Klappentext eines Buches über Essen und Trinken in biblischer Zeit

Zusammen sind wir stark

Die kleine Schraube

Es gab einmal in einem riesigen Schiff eine ganz kleine Schraube, die mit vielen anderen ebenso kleinen Schrauben zwei große Stahlplatten miteinander verband. Diese kleine Schraube fing an, bei der Fahrt mitten im Indischen Ozean etwas lockerer zu werden, und drohte herauszufallen. Da sagten die nächsten Schrauben zu ihr: „Wenn du herausfällst, dann gehen wir auch." Und die Nägel unten am Schiffskörper sagten: „Uns wird es auch zu eng, wir lockern uns auch ein wenig." Als die großen eisernen Rippen das hörten, da riefen sie: „Um Gottes willen, bleibt; denn wenn ihr nicht mehr haltet, dann ist es um uns geschehen!" Und das Gerücht von dem Vorhaben der kleinen Schraube verbreitete sich blitzschnell durch den ganzen riesigen Körper des Schiffes. Er ächzte und erbebte in allen Fugen. Da beschlossen sämtliche Rippen und Platten und Schrauben und auch die kleinsten Nägel, eine gemeinsame Botschaft an die kleine Schraube zu senden, sie möge doch bleiben; denn sonst würde das ganze Schiff bersten und keine von ihnen die Heimat erreichen. Das schmeichelte dem Stolz der kleinen Schraube, dass ihr solche ungeheure Bedeutung beigemessen wurde, und sie ließ sagen, sie wolle sitzen bleiben.

Rudyard Kipling

- *Könnt ihr die Bedeutung des auf den ersten Blick Unauffälligen auf eine andere Situation übertragen? Überlegt in kleinen Gruppen solche Geschichten und erzählt sie dann den anderen.*
- *Findet heraus, welche Leute welche Aufgaben in eurer Schule erledigen, damit alles gut klappt.*

Der Gemeinde in Jerusalem geht es schlecht!
Das Geld reicht nicht, die Menschen hungern, sie kommen allein nicht aus ihren Sorgen heraus. Da schickt der Apostel Paulus Briefe an Freunde und bittet darum, für Jerusalem Geld zu sammeln.
Er schreibt auch einen Brief nach Griechenland, an die Menschen in Korinth:

Wenn nämlich der gute Wille da ist, dann ist jeder willkommen mit dem, was er hat, und man fragt nicht nach dem, was er nicht hat. Denn es geht nicht darum, dass ihr in Not geratet, indem ihr anderen helft; es geht um einen Ausgleich. Im Augenblick soll euer Überfluss ihrem Mangel abhelfen, damit auch ihr Überfluss einmal eurem Mangel abhilft. So soll ein Ausgleich entstehen, wie es in der Schrift heißt:
Wer viel gesammelt hatte, hatte nicht zu viel,
und wer wenig, hatte nicht zu wenig.

2 Kor 8,12-15

Wie wäre das: Wenn du mehr hast, als du eigentlich brauchst, dann gibst du davon dem anderen, der zu wenig hat zum Leben. Und wenn du selbst einmal Hilfe nötig hast, dann ist der andere auch für dich da ...
Der Apostel Paulus schreibt aber noch etwas anderes: Die Leute in Korinth sollen für sich selbst auch etwas behalten. Denn es ist schön, wenn es auch ihnen gut geht und sie keinen Mangel leiden müssen!

- *Wenn du diesen Brief in deinem Briefkasten finden würdest: Was würdest du dem Paulus zurückschreiben?*
- *Ihr könnt auch überlegen, wie es in eurer Klasse wäre, wenn ihr euch nach den Worten des Paulus richtet.*

2 In der Schöpfung leben

schön – was ist schön?

schonen ist schön
menschen schonen
tiere schonen
die vielfalt schonen
die schöpfung schonen

wer schont
macht schön
schön wird
wer schont

Kurt Marti

Ein Haus der Schöpfung bauen

Ihr könnt die Erzählung von der Schöpfung (Gen 1,1-2,4a in *Meine Schulbibel*, Text Nr. 2) nachlesen. Spannend ist es, wenn ihr nach dem Plan [33] ein Schöpfungshaus bastelt und die betreffenden Bibelstellen in die einzelnen Stockwerke klebt. Wenn ihr dann auch noch passende Bilder hinzufügt, erhaltet ihr ein Schöpfungshaus nach dem Plan dieser Erzählung. Ihr könnt die Bilder selbst malen oder sie aus Kalendern und Zeitschriften ausschneiden. Passende Bilder seht ihr auch auf [39]. Auch im Internet finden sich geeignete Bilder, die ihr farbig ausdrucken könnt.

Ein Kirchenfenster entwerfen

Ihr könnt zu zweit zu den sieben Tagen des Schöpfungsliedes ein Kirchenfenster aus schwarzem Tonpapier und mit farbigem Seidenpapier zusammenbasteln. Ans Fenster gehängt, ist euer Bild besonders gut zu sehen.

Kreativ gestalten

Ihr könnt in einer kleinen Gruppe zu den sieben Tagen des Schöpfungsliedes

- ein Tischtuch mit Fingerfarben bemalen,
- einen Bilderfries auf Packpapier malen,
- ein Bodenbild mit verschiedenfarbigen Tüchern und Legematerial gestalten,
- auf einem Spaziergang Fotos machen und sie zu einem Sieben-Teile-Leporello zusammenstellen.

Plant auch Zeit ein, euer Schöpfungs-Kunstwerk den anderen vorzustellen.

Pantomime und Standbild versuchen

Die Schöpfungserzählung kann auch in einer Pantomime oder in Standbildern gestaltet werden. Besonders eindrucksvoll wird eure Darstellung, wenn ihr die einzelnen Abschnitte der Schöpfungserzählung mit Orff'schen Instrumenten musikalisch untermalt.

Für die Schöpfung danken

Eine Idee für Computer-Fachleute und solche, die es werden wollen: Stellt in einer kleinen Gruppe zu den sieben Tagen des Schöpfungsliedes eine PowerPoint-Präsentation zusammen. Dankt darin Gott für das, was er geschaffen hat.

Symbole finden

Ihr könnt alleine oder zu zweit auf eine dicke Kerze aus farbigem Wachs Symbole* für die sieben Schöpfungstage auftragen und die Kerze in den Religionsstunden brennen lassen.

Regeln aufstellen

Wie wir mit … umgehen wollen / sollen
1.
2.
3.
4.
5.
6.
7.

Bildet kleine Gruppen. Im Anschluss an die sieben Tage des Schöpfungsliedes stellt jede Gruppe auf einem eigenen Blatt Regeln zusammen für den richtigen Umgang mit dem, was und wen Gott jeweils geschaffen hat. Vergleicht eure Regeln anschließend.

Eine Erzählung über die Erschaffung

Stadttor von Babylon aus der Zeit des Königs Nebukadnezzar (Nachbau nach dem Original)

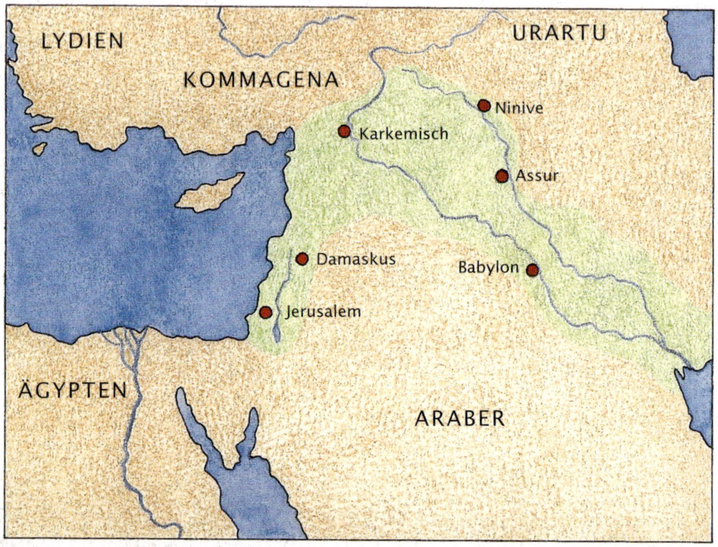

Landkarte vom Vorderen Orient: Das Reich von König Nebukadnezzar nach der Eroberung Jerusalems ist grün dargestellt.

Der Priester Pedaja sitzt vor seinem Zelt. Erst vor wenigen Tagen ist er aus Babylon* zurückgekehrt in seine Heimatstadt Jerusalem. Hier will er bleiben und ein Haus bauen für sich und seine Familie. Bis es so weit ist, muss er sich freilich noch einige Zeit mit einem Zelt begnügen. Das fällt ihm nicht leicht, hatte er doch in Babylon ein Haus zurückgelassen.

Die letzten Jahre ist es ihm und den anderen Juden dort nicht schlecht gegangen, vor allem, seit der Perserkönig Kyros den babylonischen König vertrieben und alle seine Gebiete bis ans Mittelmeer erobert hatte. Kyros ist ein gerechter Herrscher, der dafür sorgt, dass auch die besiegten Völker in Wohlstand leben und ihre Religion frei ausüben können.

Pedajas Gedanken gehen zurück in das Jahr, in dem der babylonische König Nebukadnezzar die Stadt Jerusalem überfallen und den heiligen Tempel Israels zerstört hatte. Pedaja war damals noch ein kleiner Junge gewesen, sein Vater war Priester und tat seinen Dienst im Tempel.

Aber Nebukadnezzar begnügte sich nicht damit, Land und Tempel zu verwüsten, er wollte auch den inneren Widerstand des jüdischen Volkes brechen. Deshalb ließ er den jüdischen König und alle bedeutenden Führer des Volkes mitsamt der Priesterschaft zu Tausenden nach Babylon verschleppen. Viele starben schon unterwegs. Der damals noch junge König starb im Gefängnis.

Nach einigen Jahren aber wandelte sich das Schicksal der verbannten Juden zum Besseren. Während sie anfangs als Knechte auf den Gütern des Königs arbeiten mussten, durften sie später eigenes Land erwerben und für sich selbst sorgen. Einige von ihnen hatten es dabei zu Wohlstand gebracht, manche stiegen sogar als

- *Wenn ihr wissen wollt, wie es um 550 v.Chr. in Babylon ausgesehen hat, dann sucht aus Büchern und dem Internet Landkarten, Bilder und kurze Erläuterungen zusammen und gestaltet eine Dokumentation zum Thema „Babylon“.*

... der Welt entsteht

Beamte im Dienste des Königs auf. Dennoch brannte in den Herzen vieler Verbannter unaufhörlich die Sehnsucht nach Jerusalem und dem zerstörten Heiligtum.
Fast 50 Jahre sind vergangen, seit Pedaja mit seinen Eltern die Heimat verlassen musste. Die tatsächliche Erinnerung daran ist mit der Zeit verblasst. Aber in seinen inständigen Bitten, die er und seine jüdischen Verwandten und Freunde in der Verbannung immer wieder an Gott richten, erstrahlt ein leuchtendes Bild von einer künftigen heiligen Stadt und einem neuen Tempel Gottes. Und nun ist Pedajas größter Wunsch in Erfüllung gegangen: Er darf Zeuge sein, wie der Tempel wieder aufgebaut wird! Schon sind die Baumeister und Handwerker eingetroffen. Der persische Großkönig hat dazu die Erlaubnis gegeben und das Unternehmen sogar mit einer reichlichen Spende aus der Staatskasse unterstützt. Den jüdischen Beamten Serubbabel hat er nach Jerusalem geschickt, damit er den Wiederaufbau leitet.

So soll der vom babylonischen König Nebukadnezzar zerstörte Tempel von König Salomo in Jerusalem ausgesehen haben.

Rollzylinder aus Ton: Hier sind die Gesetze von Perserkönig Kyros eingeritzt:
- *über den Wiederaufbau des von den Babyloniern zerstörten Tempels,*
- *über die freie Ausübung der Religion bei den eroberten und unterdrückten, von den Persern aber wieder freigelassenen Völkern.*

Von König Kyros ist kein Bild bekannt, aber man weiß: Männer mit einer hohen Stellung im Land wurden bei den Persern mit gelocktem Haar und Bart und einer Krone aus Federn dargestellt.

Die Erzählung wird geplant

Während Pedaja, in Gedanken vertieft, vor seinem Zelt sitzt, kommt Haschum, sein Freund und Priesterkollege, des Weges. Auch er ist aus Babylon heimgekehrt.

„Guten Abend, Pedaja! Was sitzt du da und träumst vor dich hin? Du wirst es doch nicht bereuen, dass du zurückgekehrt bist!"

„Wo denkst du hin? Jetzt, wo sich mein Lebenstraum erfüllt hat! Aber was führt dich zu mir?"

„Ich habe einen Auftrag für dich!", erwidert Haschum.

„Einen Auftrag? Von wem ist denn dieser Auftrag?", fragt Pedaja neugierig.

„Vom Oberpriester Jeschua!"

„Da bin ich aber gespannt!"

„Hör zu: Jetzt, wo wir in Jerusalem wieder neu anfangen können, soll ein großes Buch geschrieben werden, das die Geschichte unseres Volkes neu erzählt, und zwar von Anfang an. Alle Juden sollen wissen: Trotz der vielen Kriege und Verwüstungen, trotz der Verbannung aus der Heimat, trotz all des Chaos, das über uns hereingebrochen ist:

Unser Gott ist der Herrscher der Welt."

„Ja", erwidert Pedaja, „weil er sie geschaffen hat – eine Welt, in der es eine gerechte Ordnung gibt: Da kämpft der Tag nicht gegen die Nacht, die Sonne nicht gegen den Mond. Die Sterne haben ihre vorgegebene Spur und schlagen sich nicht gegenseitig aus der Bahn. Alles hat seine Ordnung. Alle haben ihren Platz in dieser Welt. Und so ist es auch mit Mensch und Tier: Alle sollen ihr Auskommen haben. Für jeden hat Gott den Tisch reichlich gedeckt. – Nur die Menschen selbst, die bringen alles immer wieder durcheinander zum Schaden aller. Sie nehmen sich gegenseitig ihr Eigentum weg, sie zerstreiten sich, sie kämpfen, sie bringen sich um. Manche meinen, ihnen gehöre die ganze Welt; sie sind wie besessen, über alle zu herrschen. Und manche nennen sich auch noch „Herrscher der Welt"! – Doch nur Gott ist der Herrscher der Welt. Aber er herrscht anders. Er gibt jedem, was er braucht ..."

An dieser Stelle unterbrach ihn Haschum: „Das ist ja großartig, was du da erzählst! Du bist der richtige Mann für Jeschua. Ich werde es ihm gleich morgen berichten. Das alles solltest du aufschreiben und so erzählen, dass den Menschen deutlich wird: Unser Gott hat von Anfang an eine Welt geschaffen, die ein Haus für alle ist – für die Juden ebenso wie für die Perser und für alle Völker."

„O ja", sagt Pedaja, „zeigen will ich darin, dass Gott ein Gott des Himmels und der Erde ist. Das könnte auch unserem persischen Großkönig gefallen, der ja auch an einen einzigen Gott glaubt und ihn ebenfalls „Gott des Himmels und der Erde" nennt.

Und noch eins will ich zeigen: Wenn die Juden jetzt einen neuen Tempel bauen, sollen sie sich nicht einbilden, dass sie die größten Baumeister wären. Sie sollen vielmehr wissen, dass der größte Baumeister Gott ist und immer schon war; denn er hat ein Lebenshaus für alle geschaffen."

„Ein großartiger Plan!", ruft Haschum erfreut aus, „gleich morgen werde ich dem Oberpriester davon erzählen. Er hielt immer schon große Stücke auf deine Erzählkunst." „Ja, sie wird von einigen gelobt", antwortete Pedaja, „doch soll sie nur dazu dienen, dass sich darin Gottes Wort offenbart."

Nachdem sich Haschum entfernt hatte, begann Pedaja, den Plan für seine Geschichte in den Sand zu zeichnen.

„Ja, das ist es! Es soll eine Geschichte werden, die zeigt, dass Gott der Baumeister des Himmels und der Erde ist."

- *Baut das Haus der Schöpfung! Hinweise gibt euch der Impuls* 28.
- *Eine Aufgabe für Bibel-ForscherInnen: Vergleicht die Schöpfungserzählung in der Bibel (Gen 1,1-2,4a) genau mit der Zeichnung. Dann findet heraus, an welchen Stellen dieser Priesterschrift* zum Ausdruck gebracht wird, dass Gott die Welt geordnet hat.*

Und so könnte der Plan ausgesehen haben, den Pedaja in den Sand zeichnete:

7. Tag:

Tag der Ruhe
für alle Lebewesen

Vollendung der Schöpfung: Ruhe

5. Tag:

Gott schafft die Wasser- und Flugtiere im Raum unter und über der Erdscheibe.

6. Tag:

Gott schafft die Landtiere und die Menschen und gibt ihnen die Fähigkeit, das Leben weiterzugeben. Er übergibt ihnen die Pflanzen als Nahrung.

Die Lebewesen werden geschaffen.

4. Tag:

Gott schafft Sonne, Mond und Sterne als Messinstrumente für die Zeit.

Mitte der Schöpfung: Zeit

2. Tag:

Gott errichtet das Himmelsgewölbe.

3. Tag:

Gott legt die Erde trocken und erschafft die Pflanzen als Nahrung.

Der Raum für die Lebewesen wird geschaffen.

1. Tag:

Gott schafft Tag und Nacht in regelmäßigem Wechsel.

Anfang der Schöpfung: Licht

Die Umwelt nutzen – schädigen – gestalten

Umwelt

das Wort ist falsch
das Wort ist dumm
als ginge die Welt
um uns herum

wir sind jedoch
ein Teil der Welt
was wir auch tun
es fällt
auf uns zurück

es fällt auf Ozeane
auf den Schnee
auf Tiere
Pflanzen
nah und fern

was wir auch tun
trifft unsern Stern

Walther Petri

- *In vielen Psalmen wird Gott als Schöpfer gepriesen. Schreibe aus Psalm 104 und 148 einen Vers heraus, der dich persönlich anspricht, und lerne ihn auswendig.*
- *Beobachtet, was in eurer Umgebung alles angepflanzt wird, fotografiert oder malt es und stellt daraus ein Plakat zusammen. Wählt als Überschrift aus den oben angegebenen Psalmen einen passenden Vers (oder Satz) aus.*
- *Wenn ihr zu Hause oder in der Schule einen Garten habt: Welche Arbeiten sind dort zu erledigen? Was habt ihr angepflanzt? Welche Erfahrungen macht ihr dort?*
  Schreibt je einen Satz auf und stellt daraus einen Bericht zusammen.
- *Macht einen Lerngang in eure Umgebung und beobachtet genau, wie die Umwelt dort geschädigt wird. Fotografiert die Umweltschäden, dokumentiert sie und macht Vorschläge, wie die Schäden beseitigt oder zukünftig auch vermieden werden können. Überlegt euch, welchen Beitrag ihr selbst dazu leisten könnt.*
- *Erzähle von deinem Lieblingstier.*
  Macht Fotos von Tieren in eurer Umgebung und gestaltet eine Dokumentation unter der Überschrift „Wir leben mit Tieren zusammen“.
  Schreibt aus den Psalmen 8,7-9; 36,6-8 oder 50,10-11 Verse heraus, die zu eurer Dokumentation passen.*
- *Überlegt gemeinsam, was in dem Gedicht von Kurt Marti* 26 *heißen kann: „Tiere schonen ist schön“.*

Meister Bertram, 1383

Nach Gottes Bilde

In einer Schöpfungserzählung des Ersten (Alten*) Testaments ist zu lesen:

„Dann sprach Gott: Lasst uns Menschen machen als unser Abbild. Sie sollen Verantwortung tragen für die Fische des Meeres, für die Vögel des Himmels, für das Vieh, für die ganze Erde und für alle Kriechtiere auf dem Land. Gott schuf also den Menschen als sein Abbild: als Abbild Gottes schuf er ihn. Als Mann und Frau schuf er sie." *Nach Gen 1,26-27*

- *Die Überschrift dieser Seite und das Foto darunter scheinen nicht zusammenzupassen. Oder doch? Sprecht darüber.*
- *Ihr könnt die Überschrift dieser Seite auf ein Plakat schreiben und darunter Fotos von Gesichtern junger und alter Menschen, gesunder, kranker Personen, von Menschen mit Behinderung und von Menschen mit verschiedenen Hautfarben zusammenstellen. Plant vorher gemeinsam, wo ihre solche Fotos finden könnt. Sucht aus dem Bibeltext oben einen wichtigen Satz aus und ergänzt ihn auf eurem Plakat.*
- *Wenn ihr euch die Fotos der Mitmenschen auf eurem Plakat gemeinsam anschaut: Überlegt zusammen, was es heißen kann, dass jeder Mensch Abbild Gottes ist. Sicherlich findet ihr Beispiele, welche Auswirkungen das auf unser Verhalten hat.*
- *Setzt euch dann im Halbkreis um das Plakat herum. Jede/r wählt eine der abgebildeten Personen aus und schreibt für sie einen Wunsch auf: „Ich wünsche dir …"*
- *Gestaltet wieder ein Plakat mit der Überschrift dieser Seite, klebt diesmal aber Fotos aller Kinder eurer Religionsgruppe auf. Dann schreibt ihr für eine Mitschülerin oder einen Mitschüler einen guten Wunsch auf. Tragt eure Wünsche der gesamten Gruppe vor. Ihr könnt sie zu den Fotos auf das Plakat heften oder der Mitschülerin, dem Mitschüler überreichen.*
- *Auch das Gemälde* 37 *gehört zum Thema. Beschreibe die Formen, die du auf dem Bild siehst. Woran erinnern sie dich? Deute auch das Blau des Hintergrundes, das alle Formen umgibt und prägt.*
- *Stellt gemeinsam einen Zusammenhang her zwischen den Sätzen aus der Bibel oben und dem Bild* 37.

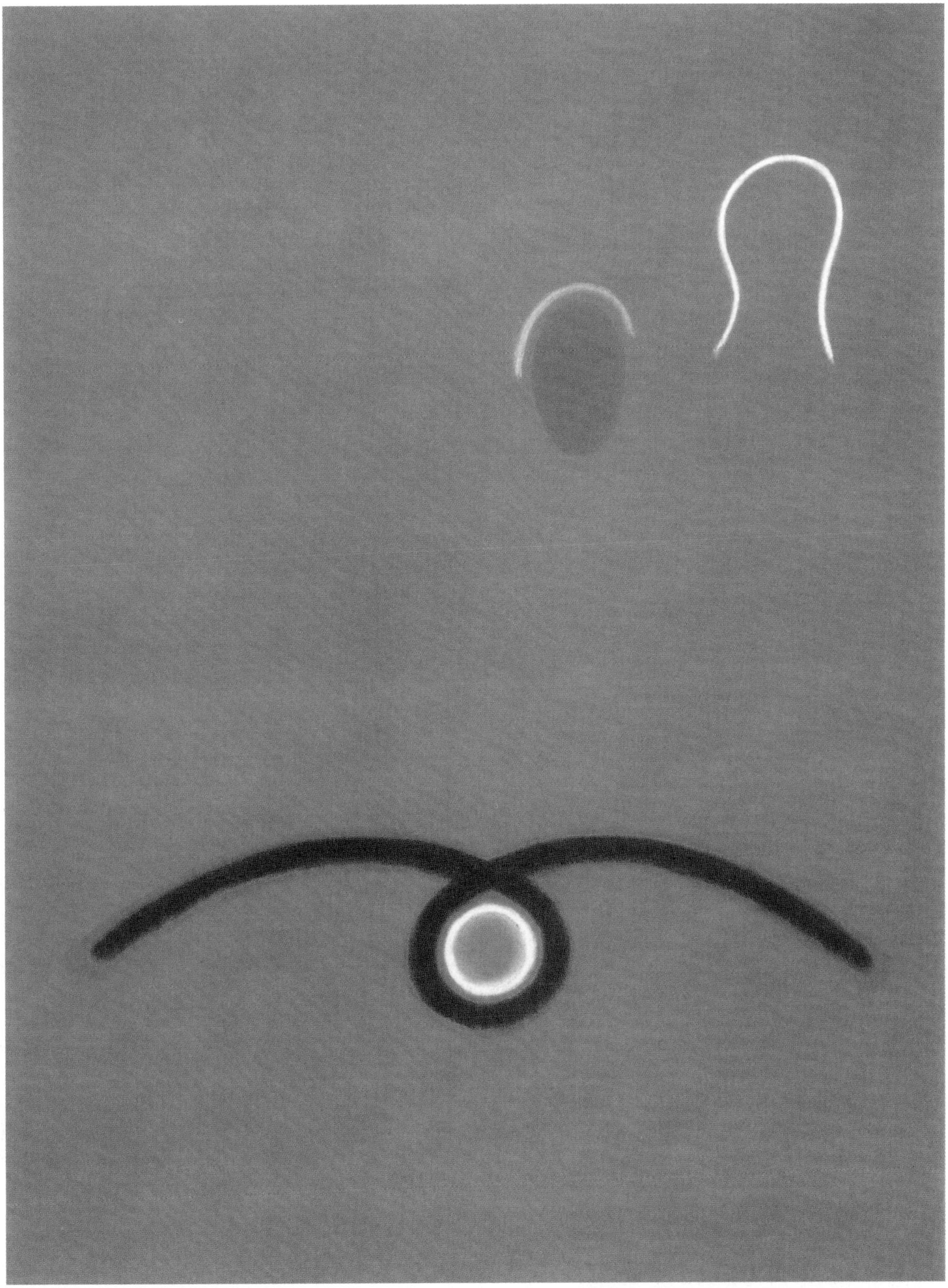

Carel Malich, 1988

Der Sonnengesang des Franziskus*

T/M: Jaques Berthier, Taizé

Weitere Strophen findet ihr in einem Liederbuch.
Wenn ihr gerne singt, sucht selbst Lieder zum Schöpfungslob heraus und stellt sie für euer Klassengebetsheft 22 zusammen.

Die Schöpfungserzählung vortragen

Ihr wisst schon: Die Schöpfungserzählung (Gen 1,1-2,4a) steht als erster Abschnitt im Ersten (Alten*) Testament in der Bibel*. Ihr könnt den Text mit verteilten Rollen (Erzähler, Gott, Alle) lesen.
So sieht der erste Satz der Bibel (Gen 1,1) in hebräischen Buchstaben aus:

בְּרֵאשִׁית בָּרָא אֱלֹהִים אֵת הַשָּׁמַיִם וְאֵת הָאָרֶץ

Hebräisch schreibt man von rechts nach links. Male die Zeichen in Schönschrift nach und schreibe die deutsche Übersetzung darunter.

Staune
dass du bist
erlebe die welt
als wunder
jedes blatt hat sein
geheimnis
jeder grashalm bleibt ein
rätsel

verlerne das staunen nicht
wenn man dir eintrichtert
wie normal und
einfach alles ist

Günter Ullmann

Bilder deuten

Wenn ihr schon mit dem Internet vertraut seid, könnt ihr mithilfe einer Suchmaschine Bilder der Kunst zur Schöpfungserzählung suchen und sie farbig ausdrucken. Schreibt die passenden Verse des Bibeltextes zu den Bildern hinzu und gestaltet damit ein Plakat.

Schöpfungslob in den Psalmen

Sucht euch einen Psalm* aus:

Psalm 8, Psalm 19,2-7, Psalm 23, Psalm 104, Psalm 136,1-9, Psalm 148.

Tragt die einzelnen Verse im Wechsel vor. Dafür gibt es verschiedene Möglichkeiten: Entweder spricht eine/r die erste Hälfte und alle anderen antworten mit der zweiten Hälfte. Oder ihr bildet zwei Gruppen und sprecht abwechselnd die Vershälften. Ihr könnt auch die einzelnen Verse untereinander verteilen und jede/r trägt den eigenen Vers vor.

Etwas für dich selbst: Finde den Vers, der dir besonders gefällt. Du kannst ihn in Schönschrift abschreiben und als Schmuckkarte gestalten. Vielleicht magst du ihn auch verschenken, z.B. zum Geburtstag, zu Neujahr. Ein Beispiel:

Herr, wie zahlreich sind deine Werke!
Mit Weisheit hast du sie alle gemacht;
die Erde ist voll von deinen Geschöpfen.

Ps 104,24

Tischgebete lernen

Aller Augen warten auf dich,
und du gibst ihnen Speise zur
rechten Zeit.
Du öffnest deine Hand
und sättigst alles, was lebt,
nach deinem Gefallen.

Ps 145,15-16

Sucht Tischgebete zusammen und gestaltet daraus einen Gebetswürfel.

Wege der Schöpfung gestalten

Einen Weg zu den sieben Tagen der Schöpfung anlegen

In Singen, in Baden-Württemberg, gibt es in einem Park den „Garten der Schöpfung“ und in seiner Mitte einen Weltkugel-Brunnen. Um den Brunnen herum sind sieben Steinsäulen angeordnet. Diese sind mit Symbolen zu den sieben Tagen der Schöpfungserzählung in der Bibel versehen.
Wenn es bei euch einen Schulgarten gibt, könnt ihr:

- einen Weg mit zusammengesuchten Kieselsteinen auslegen,
- sieben Holzpfosten rechts und links vom Weg in den Boden setzen,
- zu jedem Tag der Schöpfungserzählung ein Bild malen und in Folie einschweißen. Oder aus anderem Material ein Bild gestalten, z.B. aus Ton, der gebrannt und an dem Pfosten befestigt wird,
- geeignete Bibeltexte, Psalmverse, Lieder und Gebete zusammenstellen,
- Mitschülerinnen und Mitschüler, Lehrkräfte, Eltern und Bekannte einladen und eine Meditation an den Stationen eures Schöpfungsweges halten.

Ein Labyrinth gestalten

Ihr könnt den Weg mit den sieben Stationen zu den Tagen der Schöpfungserzählung auch als Labyrinth anlegen. Erlebt, wie der Weg trotz aller Windungen zum Ziel führt.

Zu Symbolen der Schöpfung wandern

Sucht in eurer Nähe einen geeigneten Weg aus und bereitet in Kleingruppen Stationen zu einzelnen Symbolen vor. Es können z.B. der Himmel, ein Baum oder Wasser Symbole sein.
Den Weg geht ihr schweigend oder nur im Gespräch mit einer Partnerin oder einem Partner.
An den einzelnen Stationen

- tragt ihr Texte zu eurem Symbol vor,
- singt gemeinsam ein Lied,
- drückt das Symbol mit körperlichen Gesten aus
- und teilt einander mit, was euch das Symbol bedeutet.

An einem Feldkreuz oder einer Kapelle könnt ihr den Abschluss mit einer Stilleübung, einem Lied, einem Text aus der Bibel und einem Segensspruch gestalten.

Für die Schöpfung danken

Wenn ihr gemeinsam einen Erntedank-Gottesdienst feiern wollt, überlegt zunächst, was ihr für diese liturgische Feier vorbereiten müsst:

- einen geeigneten Platz in der Schule oder in der Kirche finden,
- Schmuck aus Blumen, Früchten, Fotos und selbstgemalten Bildern für einen Erntealtar und/oder einen Erntebogen beschaffen,
- Erntedanklieder (Gotteslob, andere Liederbücher, evtl. 22) und Begleitinstrumente aussuchen,
- geeignete Texte aus dem Alten Testament (z.B. Psalmen) und dem Neuen Testament (z.B. Erzählung von der wunderbaren Brotvermehrung) wählen,
- Einladungen an MitschülerInnen, Lehrkräfte, Eltern und Verwandte schreiben und verteilen,
- eine Sammlung für ein Projekt, z.B. „Straßenkinder in Peru“, organisieren.

Solang es Menschen gibt auf Erden

300 GL

Mit Gottes Schöpfung achtsam umgehen

- Wenn du in Gottes Schöpfung eingreifst, sorge dafür, dass du nichts zerstörst, was zum Wohl der Natur, der anderen Lebewesen und der Menschen da ist.
- Willst du dir körperliche Anstrengung ersparen und stattdessen die Technik einsetzen, verwende die sparsamste Möglichkeit, Energie zu verbrauchen.
- Vermeide Wegwerfartikel und Abfälle. Was wiederverwendet oder der Schöpfung zurückgegeben werden kann, trenne vom Müll.
- Das Abschalten elektrischer Geräte hilft, Energie zu sparen. Vermeide jeden Energieverbrauch, der keinen Nutzen bringt.
- Gehe mit Beleuchtung, Kühlung und Heizung maßvoll um.
- Achte auf ausgewogene, gesunde Ernährung. Wirf Lebensmittel nicht weg.
- Wirf Kleidung und Schuhe nicht einfach weg, sondern überlege dir, ob sie nochmal verwendet werden können.
- Nachhaltiger Umgang mit der Schöpfung heißt: Denke daran, dass nur das unerschöpflich ist, was Gottes Schöpfung jeden Tag neu gibt. Alles andere ist für immer verbraucht.

- *Ihr findet hier Regeln, die einen nachhaltigen Umgang mit Gottes Schöpfung fördern wollen. Überprüft, ob alle sinnvoll und hilfreich sind, und diskutiert jeweils über die Folgen für die Natur und für die Menschen.*
- *Bildet kleine Gruppen, wählt jeweils eine Regel aus und schreibt passende Verhaltensweisen dazu auf.*
- *Wenn ihr wollt, könnt ihr die Regeln auch umformulieren und ergänzen.*
- *Wenn ihr euch noch mehr dafür interessiert, wie ein sparsamer Umgang mit Gottes Schöpfung aussehen kann, könnt ihr euch auf dieser Internetseite informieren: www.nureinewelt.de.*

3 Leben und teilen in der Einen Welt

Unser tägliches Brot

lass uns teilen.
WIR

Wie leben sie in ...?

Kinder in Asien, Afrika oder Lateinamerika leben ganz anders als wir.
Ihr könnt euch Informationsmaterial von einem der kirchlichen Hilfswerke* schicken lassen.
Vielleicht wollt ihr eine Expertin oder einen Experten in den Unterricht einladen?

Reiche Länder – arme Länder

Teilt euch per Los in die reichen Industrieländer und in die ärmeren Länder auf, entsprechend dem Bevölkerungsanteil (Tabelle):

Schüler	Industrieländer		Ärmere Länder	
	Menschen	Stühle	Menschen	Stühle
24	4	19	20	5

Nun verteilt die Stühle je nach Anteilen am Welteinkommen (Tabelle). Vielleicht bringt jemand von euch etwas Schönes zum Essen mit, etwa eine Tüte Gummibärchen.
Er soll sie so an euch verteilen, wie der Besitz in der Welt verteilt ist!
Beobachtet euch selbst, beobachtet eure Mitschülerinnen und Mitschüler. Sprecht anschließend über das, was euch aufgefallen ist.

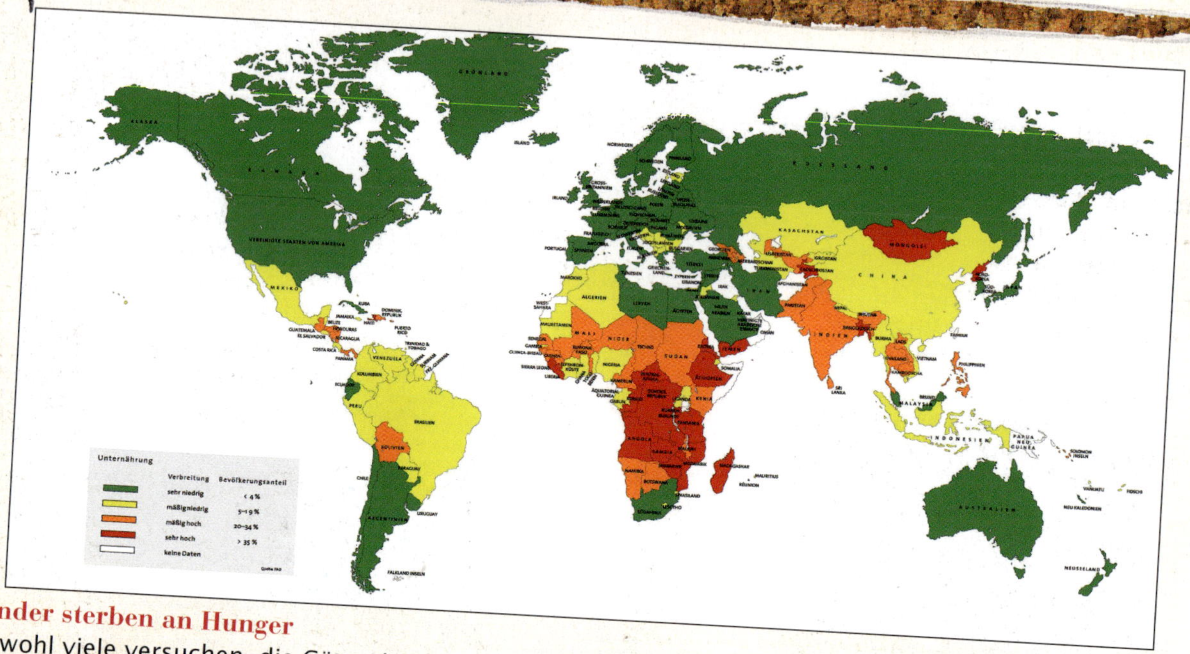

Kinder sterben an Hunger

Obwohl viele versuchen, die Güter der Erde gerechter zwischen den Ländern zu verteilen, sterben täglich ungefähr 40.000 Kinder an Hunger.
Sucht Informationen aus Büchern und aus dem Internet, in welchen Ländern der Erde viele Kinder an Hunger sterben. Schreibt die Namen der Länder und die aktuellen Zahlen auf eine Kopie der Weltkarte und klebt sie in eure Hefte.

Ein Hüttendorf bauen

Jede/r braucht drei Kartonstücke.
Baut daraus jeweils eine Hütte.
Wie lebt es sich in solch einer Hütte?

Sucht nun einen geeigneten Platz im Klassenzimmer und baut miteinander ein Hüttendorf.
Was ist anders?

Eine-Welt-Läden erkunden

Erkundigt euch, wo es in eurer näheren Umgebung einen Eine-Welt-Laden gibt, und besucht ihn. Wahrscheinlich seid ihr überrascht, welche Produkte dort verkauft werden. Sprecht mit den VerkäuferInnen über fairen Handel (fair trade) und gerechte Preise für Produkte aus armen Ländern. Ihr könnt euch auch im Internet informieren: www.weltlaeden.de.

Ein Fest mit fair gehandelten Produkten gestalten

Schreibt eine Liste, welche Lebensmittel fair gehandelt werden, und kauft diese im Eine-Welt-Laden ein. Bereitet Speisen und Getränke vor, verkauft sie beim Fest und nutzt das überschüssige Geld als Spende für eine Schulpartnerschaft in einem ärmeren Land.

FAIRTRADE
TRANSFAIR

Gerechtigkeit?

Reicher Mann und armer Mann
standen da und sah'n sich an.
Und der Arme sagte bleich:
Wär ich nicht arm, wärst du nicht reich.

Bertolt Brecht

Ein Beispiel aus Indien

In Indien müssen viele Kinder schon in jungem Alter arbeiten, damit die Familie genug zu essen hat (Kinderarbeit*). Sie gehen z.B. in eine Ziegelei, wo sie Ziegel zu den Brennöfen schleppen müssen. Die Arbeit beginnt um fünf Uhr früh und endet erst, wenn es dunkel wird. Für jeden Ziegel erhalten sie eine Plastikmünze. Je mehr Ziegel sie tragen können, desto größer ist ihr Gewinn. Abends werden dann die Münzen gezählt, und ihre Anzahl wird in einem Buch aufgeschrieben. Erst am Ende des Monats bekommen die Kinder ihr Geld.
Aber zuerst zieht der Aufseher die Kosten für ein kärgliches Essen davon ab. Was noch übrig bleibt, geben die Kinder den Eltern. Weil die Arbeitsstelle oft weit von der Wohnung der Eltern entfernt ist, müssen die Kinder in primitiven Bretterverschlägen in der Nähe des Ofens schlafen. Bei so einem Leben ist an Schulbesuch oder Spielen nicht mehr zu denken.

Arm sein bei uns

Immer mehr Familien geraten durch Arbeitslosigkeit in die Armut. Oft sind es auch Kinder, die mit anpacken müssen und etwas zum Lebensunterhalt der Familie beitragen. So berichtet der 14-jährige Hendrik: „Nachdem meine Eltern entlassen worden waren, habe ich mir einen Job gesucht. Ich trage nun Zeitungen aus, dafür bekomme ich regelmäßig etwas Geld im Monat."

- *Untersucht einen Ziegelstein genau: Wie fühlt er sich an? Wie riecht er? Haltet ihn auch längere Zeit in euren Händen (mit ausgestreckten Armen) und spürt sein Gewicht. Zeigt nun den anderen Schülerinnen und Schülern eure Hände!*
- *„Kinderarbeit wäre in vielen anderen Ländern nicht nötig, wenn ..."*
  Schreibe auf, was sich ändern müsste. Tauscht euch in Kleingruppen darüber aus und begründet eure Vorschläge vor der gesamten Gruppe.

Welt-Handel?

Wusstet ihr, dass eine Tafel Schokolade in unseren Läden seit 25 Jahren kaum teurer geworden ist? Viele andere Lebensmittel kosten heute schon doppelt so viel. Aber eine Tafel Schokolade gibt es immer noch zum alten Preis, im Sonderangebot oft noch billiger.

Das ist ganz erstaunlich, denn der Kakao muss einen sehr weiten und teuren Weg von Afrika, Asien und Mittelamerika nehmen, bis er hier in die Fabriken kommt. Und Deutschland braucht viel Kakao, denn hier wird die zweitgrößte Menge der Welt an Schokoladenwaren hergestellt. Wie ist es dann möglich, dass die Preise so niedrig sind?
Das liegt vor allem daran, dass die Produzenten des Kakaos nur wenig Geld bekommen. Die Händler kaufen den Kakao möglichst günstig ein. Was sollen aber die Kakaopflückerinnen und Kakaobauern machen, wenn man ihnen für ihren Kakao immer weniger bezahlt und gleichzeitig Lebensmittel und andere Waren in ihren Ländern immer teurer werden?

Gerechte Strukturen

Gott fordert die Menschen nachdrücklich dazu auf, aus Erbarmen zu handeln und sich für Recht und Gerechtigkeit einzusetzen.
Deshalb bemühen sich Christen um Arme, aber auch um gerechte Strukturen in der Gesellschaft, die geeignet sind, Armut zu verhindern.

Aus dem gemeinsamen Sozialwort der Deutschen Bischofskonferenz und des Rates der Evangelischen Kirche in Deutschland

- *Hast du schon einmal erlebt, dass du selbst ein Recht, das dir geholfen hätte, nicht bekommen hast? Was hast du dabei empfunden? Kannst du dich jetzt besser einfühlen in andere Kinder?*

Zum Beispiel auf den Philippinen …

Ana ist 11 Jahre alt.
Mit ihren Eltern und ihrem Bruder Noel ist sie vor kurzem nach Manila gekommen.
Früher hatten sie ein kleines Reisfeld und einen Wasserbüffel. Es reichte eben so zum Leben. Aber nach einer schlechten Ernte mussten die Eltern Schulden machen. Und als auch die nächste Ernte von einem Taifun zerstört wurde, konnten sie nicht mehr zahlen und mussten das Land dem Geldverleiher überlassen.
So kamen sie also in die große Stadt, ohne Geld zwar, aber mit der Hoffnung auf ein neues Zuhause.
Nun leben sie in einer Hütte, die sie aus altem Holz, Werbetafeln, Plastikplanen und ein wenig Wellblech gebaut haben.
Irgendwo zwischen den vielen Hütten von Menschen, denen es ähnlich ergangen war.
Aber sie haben:

- Krankheiten
- schlechte Ernährung
- kaum Arbeit
- schlecht bezahlte Jobs
- keine Schulausbildung
- kein Geld

Du könntest Ana sein oder Noel. Dann würdest du so leben!

Überschwemmung im Slum: Trotz allem lassen sie sich nicht unterkriegen: Sie machen aus ihrer Situation das Beste!

Welche Zukunft?

- Vielleicht findet ein Familienmitglied Arbeit im Ausland und kann Geld heimschicken.
- Wer großes Glück hat, kann kostenlos zur Schule gehen.
- Einigen bleibt keine Wahl: Sie müssen ins Ausland fliehen, weil sie in ihrer Heimat verfolgt werden.

Irgendwie geht es immer weiter: Trotz der Armut, trotz der Ungerechtigkeit geben sie nicht auf. Sie halten zusammen und versuchen ihre Lage zu verbessern.

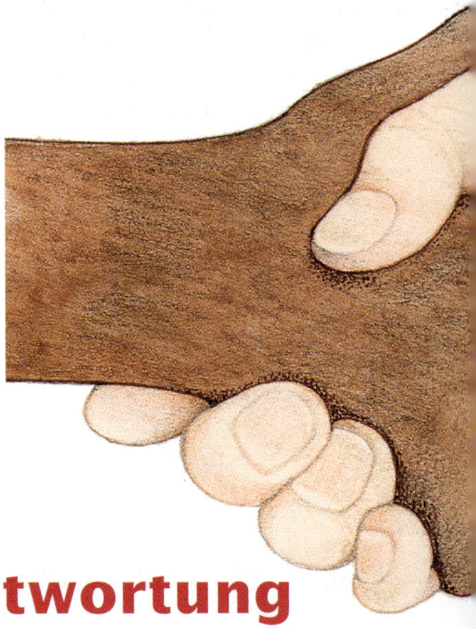

Mit-Verantwortung

… und bei uns?

Was ist Solidarität*?

■ *Flüchtlingen bei uns helfen*
Nach einem Besuch im Asylbewerberheim haben Schülerinnen und Schüler, Eltern und Heimbewohner zusammen ein Sommerfest gefeiert. Seitdem spielen die Kinder aus dem Heim immer mit.

■ *Bescheid wissen*
Seit dem Vortrag von Schwester Marissa von den Philippinen schreiben sich SchülerInnen aus der Klasse 5b mit Schülerinnen aus Schwester Marissas Schule Briefe. Alle Zeitungsausschnitte über dieses Land werden in der Klasse gesammelt. So wird über die Lage der Freundinnen auf den Philippinen immer wieder gesprochen.

■ *Auf Unrecht aufmerksam machen*
Mit dem gesammelten Informationsmaterial, den Briefen und Fotos, die sie von Schwester Marissa zugeschickt bekamen, gestalteten die SchülerInnen in der Pfarrei eine Ausstellung zum Weltmissionssonntag, die im Familiengottesdienst vorgestellt wurde.

■ *Projekte unterstützen*
Die Einnahmen aus dem Weihnachtsbasar wurden an die Gemeinde von Sr. Marissa geschickt. Damit wird Kindern geholfen, die nicht mehr in die Schule gehen können und arbeiten müssen.

■ *54 und 55 findet ihr gute Ideen, was ihr in eurer Klasse/Schule tun könnt, um für ein kirchliches Hilfswerk* (z.B. Adveniat oder Misereor) einen eigenen Beitrag zu leisten.*
Welche Aktionen wollt ihr planen und durchführen?

für die Welt

Gerechtigkeit bringt Frieden hervort

T: Robert Ochs
M: Johannes Klehr

Barmherzigkeit üben

Denn ich war hungrig, und
ihr habt mir zu essen gegeben;
ich war durstig, und
ihr habt mir zu trinken gegeben;
ich war fremd und obdachlos,
und ihr habt mich aufgenommen;
ich war nackt, und
ihr habt mir Kleidung gegeben;
ich war krank, und
ihr habt mich besucht;
ich war im Gefängnis, und
ihr seid zu mir gekommen.
Dann werden ihm die Gerechten antworten:
Herr, wann haben wir dich hungrig gesehen und dir zu essen gegeben, oder durstig, und dir zu trinken gegeben?
Und wann haben wir dich fremd und obdachlos gesehen und aufgenommen, oder nackt und dir Kleidung gegeben?
Und wann haben wir dich krank oder im Gefängnis gesehen und sind zu dir gekommen?
Darauf wird Jesus ihnen antworten:
Amen, ich sage euch:
Was ihr für einen meiner geringsten Brüder und Schwestern getan habt, das habt ihr mir getan.

Mt 25,35-40

Wenn das Brot

T: Klaus Peter März
M: Kurt Grahl

2. Wenn das Leid jedes Armen uns Christus zeigt
und die Not, die wir lindern, zur Freude wird,
dann hat Gott ...

3. Wenn die Hand, die wir halten, uns selber hält
und das Kleid, das wir schenken, auch uns bedeckt,
dann ...

4. Wenn der Trost, den wir geben, uns weiterträgt
und der Schmerz, den wir teilen, zur Hoffnung wird,
dann ...

Mitverantwortlich für die ganze Erde

Besorgt euch eine aufblasbare Weltkugel und sucht passende Musik aus. Überlegt euch, wie ihr die Weltkugel gemeinsam halten und euch weiterreichen könnt.
Gestaltet einen Tanz, übt ihn ein und stellt ihn bei einem Gottesdienst zum Thema „Mitverantwortung für die Welt" vor.
Stellt einen Zusammenhang her zwischen eurem Tanz und dem Bild 43.

Wir führen eine Hilfsaktion durch!

Hilfsaktionen in der Advents- und Weihnachtszeit

AKTION DREIKÖNIGSSINGEN

Ihr könnt mit eurer Hilfsaktion die kirchlichen Hilfswerke* Adveniat und die Sternsinger*-Aktion vom Kindermissionswerk* unterstützen. Ihr könnt aber auch eine Partnerschaft aufbauen zu einer Schule in Lateinamerika oder Südamerika und sie mit dem Erlös der Hilfsaktion fördern.

Hier findet ihr einige Ideen:

- einen Flohmarkt mit ausgemusterten Gegenständen aus eurer Wohnung organisieren,
- einen Basar mit eigenem, abgelegtem Spielzeug veranstalten,
- selbst gebackenes Advents- und Weihnachtsgebäck verkaufen,
- selbst gebastelten Advents- und Weihnachtsschmuck und selbst gemalte Weihnachts- und Neujahrskarten zum Verkauf anbieten.

Sicherlich fällt euch noch mehr ein!

Klasse 6 übergibt ihre Spende

Schülerinnen und Schüler der 6. Klassen der Realschule Karlsbad in Baden haben in der Fastenzeit Geld gesammelt. Im Rahmen eines Gottesdienstes überreichten sie ihre Spende an Dennis Camacho aus Abanncay in Peru. Herr Camacho berichtete eindrucksvoll von der Situation in seiner Schule und kündigte an, dass von dem Geld ein dringend benötigtes Trinkwasserbecken gebaut wird.

Eigene Ideen entwickeln

Bestimmt kann jede/r von euch teilen und sich in einer geeigneten Form für die Ärmeren einsetzen. Überlegt euch, ob und wie ihr gemeinsam ein Projekt oder eine Hilfsaktion durchführen könnt!

Wandern für eine Partnerschule in ...

Ihr wollt eure Partnerschule z.B. in Südamerika mit einer Geldspende bei einer notwendigen Baumaßnahme unterstützen. Dazu plant ihr einen Solidaritäts*-Marsch:

- Sucht euch zuerst eine geeignete Wanderstrecke in eurer Umgebung aus.

- Ihr könnt mit Plakaten in der Schule, im Ort, in der Pfarrgemeinde, vielleicht auch in der Zeitung über euer Vorhaben informieren.

- Lasst euch von Eltern, Verwandten und Bekannten für jeden gewanderten Kilometer einen bestimmten Betrag versprechen (z.B. 1,– € pro km, nach 10 km erhaltet ihr also 10,– €).

- Ihr könnt bei der Wanderung an Stationen gemeinsam haltmachen. Wenn ihr zu zweit eine kurze Information über die Nöte in eurer Partnerschule vorbereitet habt, könnt ihr sie an einer der Stationen vortragen. Ihr könnt auch ein Lied singen oder ein Gebet sprechen.

- Wann ihr genug gewandert seid, entscheidet ihr selbst. Die gewanderten Kilometer werden euch schriftlich bestätigt. Zu Hause bekommt ihr dafür den entsprechenden Geldbetrag geschenkt, den ihr für eure gemeinsame Spende mit in die Schule bringt.

Die Sternsinger*-Aktion unterstützen

Ein Glück, dass ich die Türe aufgemacht habe!

„He guckt mal, die da!“
„Wie sehen die denn aus?“
„Wir sind Sternsinger. Wir wünschen den Menschen Gottes Segen für das neue Jahr und sammeln Geld, damit Kinder in anderen Ländern leben können.“
„Das wär mir zu anstrengend. So lange durch die Kälte laufen, und das noch für andere – nein danke!

„Schön, dass ihr kommt. Wir haben schon den ganzen Nachmittag gewartet. Kommt rein!“
„Wo habt ihr denn eure Sammelbüchse? Und singt doch noch ein Lied!“

„Der wichtigste Grund, beim Sternsingen mitzumachen, ist unser Wunsch, selbst etwas gegen die Armut in vielen Ländern zu tun. Deshalb lesen wir Geschichten von Kindern, damit wir den Leuten erklären können, warum und wofür wir um Gaben bitten.“

„Wir kamen zu einer Frau, die vor ein paar Jahren aus Russland übergesiedelt war. In der Wohnung waren an dem Tag noch zwei Familien zu Besuch, die gerade aus Russland angekommen waren. Für diese Familie war unser Sternsingergesang eine besonders große Freude. In aller Eile wurden die Kerzen am Tannenbaum angezündet, und wir sangen gemeinsam Weihnachtslieder. Die Erwachsenen konnten vor Rührung fast nicht mitsingen. Aber der Händedruck an der Tür sagte alles ...“

„Es war bitterkalt. Plötzlich begann es zu regnen, sodass Straßen und Gehwege in kurzer Zeit spiegelglatt waren. Wir wollten schon aufgeben, da stürzte der zehnjährige „König Melchior“ auch noch und brach sich den linken Arm. Traurig gingen die anderen Sternsinger nach Hause. Aber am nächsten Morgen stand unser „König Melchior“ wieder da, den Arm in Gips, als wäre nichts gewesen. Da zogen wir alle wieder los, trotz Glatteis und Kälte.“

Was kann ich dafür …

Kleines Senfkorn Hoffnung

T: Alois Albrecht
M: Ludger Edelkötter

Man müsste so viel tun, aber leider …

Hilf dir selbst, dann hilft dir Gott!

HELP!

This world is my world,
this world is your world …
This world is one world!

Gib einem Hungernden einen Fisch,
und er wird einen Tag satt.
Lehre ihn fischen und sorge dafür,
dass ihn die anderen fischen lassen,
und er wird jeden Tag satt.

Chinesisches Sprichwort

Ich aber bin arm und gebeugt.
Eile, o Gott, mir zu Hilfe!

Ps 70,6

Wenn ich nicht …,
wenn du nicht …,
wenn wir nicht …,
wie soll die Not dann gelindert werden?

… tun?

- *Du weißt nun viel über die Not in der Welt. Lies die Sätze auf dieser Seite. Wähle einen Satz aus, der deine Meinung widerspiegelt, und schreibe ihn in dein Heft.*
- *Vergleicht miteinander, wie ihr in eurer Klasse gewählt habt! Nennt Gründe für eure Wahl!*
- *Schreibe zu den drei Satzanfängen „Wenn ich nicht …“ einen eigenen Text. Lest euch eure Texte vor und überlegt, welche Anregungen daraus in die Tat umgesetzt werden könnten.*
- *Betrachte noch mal das Bild von dem Mädchen mit den Steinen 48. Welche Fragen könnte sie stellen? Was würdest du ihr gerne antworten?*

4 Die Bibel erkunden

„Kehrt doch alle um von eurem schlechten Weg!
Bessert euer Tun und lauft nicht anderen Göttern nach, um ihnen zu dienen!“

Jer 35,15

Der Geist Gottes,
des Herrn, ruht auf mir;
denn der Herr hat mich gesalbt.
Er hat mich gesandt, damit ich den
Armen eine frohe Botschaft bringe und
alle heile, deren Herz zerbrochen ist,
damit ich den Gefangenen
die Entlassung verkünde und
den Gefesselten die Befreiung.

Jes 61,1

„Lasst die Kinder zu mir kommen, hindert sie nicht daran!
Denn Menschen wie ihnen gehört das Reich Gottes!“

Mk 10,14

Wie im richtigen Leben

Das Titelbild 57 wirkt auf den ersten Blick sehr ungewöhnlich. Das liegt wohl auch daran, dass keine Menschen, Lebewesen und Gegenstände zu sehen sind. Trotzdem sind Spuren von Menschen zu erkennen: was sie getan haben und wie es um sie bestellt ist, was sie freut und was sie bedrückt.
Sucht euch zu zweit einen kleinen Teil aus dem Bild heraus, achtet dabei auf interessante und ungewöhnliche Farben und Linien.
Ihr könnt diesen Ausschnitt auf ein Blatt zeichnen und zu einer Bildergeschichte gestalten. Von welchen Erlebnissen, Hoffnungen, Freuden oder Sorgen wird diese Geschichte erzählen?
Überlegt am Schluss, welche Erzählungen aus der Bibel zu eurer Geschichte passen könnten.

Details aus 57

Südamerikanisches Bibellesen ausprobieren

Ihr könnt mit der Bibel umgehen wie Christen in Südamerika. Blättere zuerst das Religionsbuch durch. Suche nach Bibeltexten oder Hinweisen auf Bibelstellen. Lies nun einige Stellen nach, die dich interessieren. Immer, wenn du etwas findest, das dir besonders auffällt, z.B. ein Satz oder auch nur einzelne Worte, notiere es auf einem Zettel.
Nach einer Weile kannst du das Buch schließen und überlegen: Welches Wort oder welcher Satz aus meinen Notizen ist mir am wichtigsten? Unterstreiche ihn und füge Stichwörter oder kleine Zeichnungen hinzu.
In einer gemeinsamen Runde kann nun jede und jeder aus der Klasse das gefundene Bibelwort oder den Bibelsatz in den Klassenraum hineinsprechen. Wichtig ist, dass ihr es nacheinander und in Ruhe macht. Niemand soll die Worte einer anderen Person kommentieren.
Besprecht in Partnerarbeit, warum ihr euer Bibelwort wichtig findet.

Einen Steckbrief verfassen: Gesucht wird ...

Du hast schon viele Geschichten gehört über Jesus und andere, von denen die Bibel erzählt. Wenn du dein Religionsbuch durchblätterst, findest du weitere Hinweise auf Menschen aus der Bibel. Lies, was dort über sie erzählt wird. Ihr könnt auch in Partnerarbeit die Stellen in der Bibel nachschlagen! Schreibt dann zusammen einen Steckbrief und überlegt, woran man die gesuchte Person erkennen kann: vielleicht an ihrem Beruf oder daran, aus welcher Stadt sie kommt, oder ob sie Jesus kennenlernen konnte. Ihren Namen müsst ihr aber weglassen! Ihr könnt euren Steckbrief dann der Klasse vorstellen. Wer findet die gesuchte Person?

Bedeutungen des Wortes „Evangelium“ sammeln

Hier sind drei Aussagen, wie Menschen vor 2000 Jahren das Wort „Evangelium“ verstanden:

Ordne die Aussagen zu: Vergleiche das, was der Christ, der Römer und der Jude unter dem Wort „Evangelium“* verstehen.
Stellt die Gemeinsamkeiten und Unterschiede heraus! Startet eine Umfrage unter den Mitschülerinnen und Mitschülern, Eltern, Lehrkräften, was sie unter dem Wort „Evangelium“ verstehen.

Eine Bibelausstellung aufbauen

In manchen Familien gibt es eine alte Bibel*. Sie wurde vielleicht von den Großeltern vererbt. Es kann aber auch sein, dass euch jemand bei einem Fest eine Bibel geschenkt hat, z.B. bei der Erstkommunion. Forscht einmal zu Hause nach und bringt dann die Bibel mit in den Unterricht. Welche Geschichten gibt es dazu zu erzählen?
Ihr könnt genaue Untersuchungen anstellen: Ist es eine Bibel für Kinder, für Jugendliche oder Erwachsene? Woran kann man das erkennen?
Untersucht auch die Bilder und schaut nach, aus welchen Büchern der Bibel Geschichten abgedruckt sind.
Ihr könnt für einige Zeit in einer Ecke eures Klassenzimmers eine kleine Bibelausstellung aufbauen mit Hinweisschildern dazu, ähnlich wie bei einem kostbaren Bild im Museum. In der Stillezeit zum Unterrichtsbeginn kann dann eine oder einer daraus vorlesen und den anderen erklären, weshalb die Stelle für sie oder ihn wichtig ist.

Jesus-Worte zu einem Wandteppich gestalten

Suche dir aus den verschiedenen Jesus-Worten 65 eines aus und schreibe deinen Satz in Schönschrift auf einen Stoffstreifen. Verwebt eure Streifen dann zu einem großen Wandteppich. Ihr könnt eure Schriftrollen oder den Wandteppich in einer Glasvitrine im Schulhaus ausstellen.

Eine eigene Geschichte schreiben

Versetze dich in die Rolle einer Gestalt aus der Bibel. Schreibe deinen Lebenslauf als biblische Gestalt auf, hebe auch die Begegnungen mit Gott, deine Erfahrungen mit diesem Gott auf deinem Lebensweg deutlich hervor.

Die Bibel – ein Buch mit langer Geschichte

Der Bund mit Israel wird überliefert (Altes* Testament)

1. Erzählen (1200-900 v.Chr.)
Die Israeliten haben in ihrer Geschichte oft erfahren, dass Gott sie gerettet und zu seinem Volk erwählt hat. Deswegen wollten sie ihm treu sein und den Bund mit ihm halten. Fähige und auserwählte Erzähler haben die Geschichten Gottes mit dem Volk weitererzählt und damit die Erinnerungen an Gottes Taten wachgehalten.

2. Aufschreiben (900-600 v.Chr.)
Nachdem das Volk sein Nomadenleben aufgegeben hatte und sesshaft geworden war, haben Propheten und Priester diese Erzählungen aufgeschrieben.

3. Sammeln und abschreiben (500-200 v.Chr.)
Später wurden die Texte von Text-Sammlern (Redaktoren) zu Büchern zusammengefasst. Besonders wichtig waren den Juden die sogenannten „fünf Bücher Mose“. Man nennt sie so, weil man lange Zeit glaubte, dass Mose sie geschrieben habe. Die Juden nennen sie „Tora“, das heißt „Weisung Gottes“. Später folgten die Bücher der Propheten, die Weisheitsbücher und Liedersammlungen für den Gottesdienst (Psalmen*).

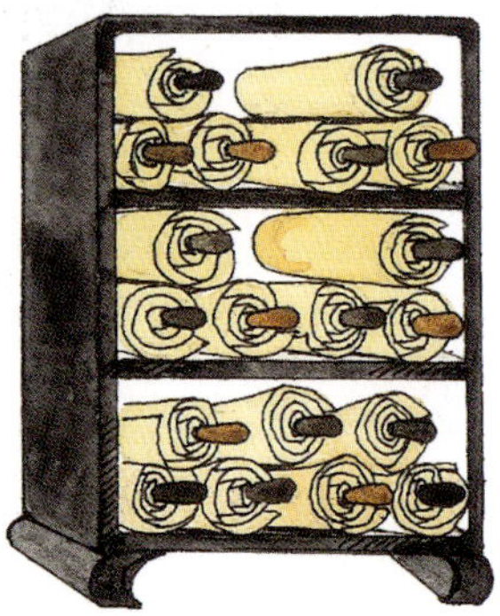

4. Festlegung der Sammlung (70-80 n.Chr.)
Nachdem die Römer den Tempel in Jerusalem im Jahr 70 n.Chr. zerstört hatten, haben jüdische Gelehrte die heiligen Bücher der Juden in eine feste Ordnung (Kanon*) zusammengefügt.

- *In diesen Texten 62 - 63 und im Lexikon 189 findet ihr Informationen über die Entstehung des AT und NT.*
- *Wenn ihr noch mehr wissen wollt, bildet kleine Gruppen und verteilt die Zwischenüberschriften 62 - 63 unter euch.*
  Sucht in Bildern zur Bibel und in Bibellexika nach weiteren Informationen, findet auch geeignete Illustrationen und stellt der ganzen Gruppe die Ergebnisse vor.

Der Bund wird in Christus erneuert und fortgesetzt (Neues* Testament)

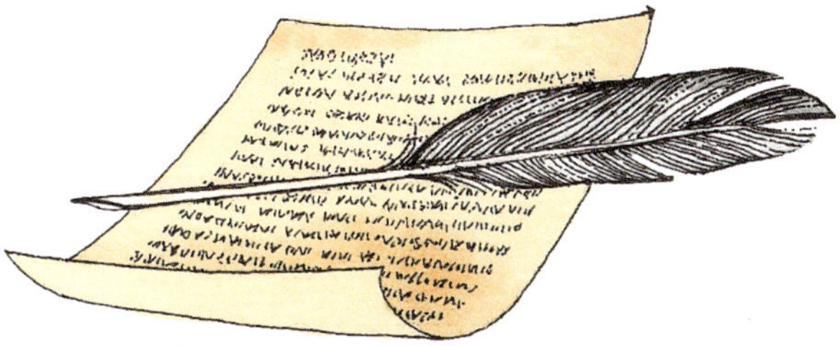

1. Das Wirken Jesu (ca. 27-30 n.Chr.)
Jesus hat nur wenige Jahre in Palästina* die Botschaft von Gott verkündet. Viele ZuhörerInnen waren beeindruckt von seiner Liebe zu den Menschen. Viele folgten ihm, andere wollten ihn zum Schweigen bringen. Um das Jahr 30 n.Chr. starb Jesus den Tod am Kreuz. Nach seiner Auferstehung verstanden seine Anhänger erst richtig, was er getan und gelehrt hatte, und sie glaubten, dass er der Sohn Gottes ist.

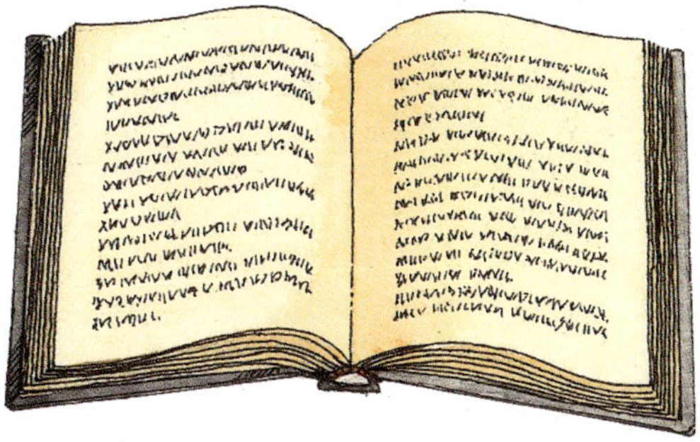

2. Die Verkündigung der Jünger (30-50 n.Chr.)
Die Apostel und JüngerInnen erzählten den Menschen weiter, was sie von ihm erfahren hatten. Es entstanden Gemeinden, die nach seinen Worten lebten und glaubten. Geschichten von Jesus wurden aufgeschrieben und in den Gottesdiensten vorgelesen.

3. Briefe an die Gemeinden (55-100 n.Chr.)
Der Apostel Paulus gründete bei seinen Reisen viele Gemeinden und schrieb ihnen später Briefe, um sie im Glauben zu stärken. Das taten auch andere Apostel.

4. Die Entstehung der Evangelien (70-100 n.Chr.)
Als nach und nach die Augenzeugen Jesu starben, fertigten Markus*, Matthäus*, Lukas* und Johannes* Sammlungen von Jesus-Erzählungen an, die sie „Evangelium"* nannten, das heißt „frohe Botschaft". Den wichtigsten Teil eines jeden Evangeliums bildeten die Geschichten von Tod und Auferstehung Jesu. Die Christen fanden dadurch Trost in ihrer Bedrängnis und Hoffnung für ihr Leben.

5. Festlegung des Kanons* (393-419 n.Chr.)
Einige Jahrhunderte später legten die Bischöfe bei Kirchenversammlungen (Synoden) fest, welche Schriften für die Kirche maßgeblich sein sollten. Die Schriften der Juden wurden in die Bibel der Christen mit aufgenommen, weil an ihnen deutlich wird, wie Gott seinem Volk die Treue hält. Sie wurden „Altes* Testament" genannt, die Evangelien* und die Schriften und Briefe der Apostel „Neues Testament", weil Jesus den Bund mit Gott erneuert hat.

- *Entwerft in Gruppen für eure MitschülerInnen ein Kreuzworträtsel zur Bibel. Wie soll euer Lösungswort lauten?*

Die Bibel – ein kostbares Buch

- *Diese Buchmalerei zeigt zwei Ostererzählungen, oben: wie sich der Maler die Auferstehung Jesu vorgestellt hat, unten: Maria von Magdala, die als erste Jüngerin dem Auferstandenen begegnet ist (Joh 20,11-18). Lest die Stelle im Neuen Testament nach und erläutert die dargestellten Szenen.*
- *Du kannst ein Wort aus der Bibel*, das dir wichtig ist, in schöner Schrift auf ein Blatt schreiben und wie die Mönche des Mittelalters den ersten Buchstaben besonders gestalten, eine „Initiale" malen. Deine Religionslehrerin oder dein Religionslehrer hilft dir dabei, ein passendes Wort zu finden.*
- *Möglicherweise gestaltest du eine schöne Seite mit deinem Bibelwort am Computer.*
- *Könnt ihr in diesen Bibelworten und Geschichten Glaubenserfahrungen entdecken, die weitererzählt werden sollten? Wie begründet ihr eure Meinung?*

Jesus-Worte

Ihr habt gehört, dass gesagt worden ist:
Du sollst deinen Nächsten lieben
und deinen Feind hassen.
Ich aber sage euch:
Liebt eure Feinde
und betet für die,
die euch verfolgen,
damit ihr Söhne und Töchter
eures Vaters im Himmel werdet.

Mt 5,43-45

Wer zwei Gewänder hat,
der gebe eines davon dem,
der keines hat.

Lk 3,11

Die Zeit ist erfüllt,
das Reich Gottes ist nahe.

Mk 1,15

Richtet nicht,
damit ihr nicht gerichtet
werdet.

Mt 7,1

Nicht siebenmal,
sondern siebenundsiebzig-
mal sollt ihr verzeihen.

Mt 18,21-22

Wenn ihr nur die liebt,
die euch lieben,
welchen Dank
erwartet ihr dafür?

Lk 6,32

Wenn dich einer auf die
rechte Wange schlägt,
dann halte ihm auch
die andere hin.

Mt 5,39

Sammelt euch nicht Schätze
hier auf der Erde, wo Motte
und Wurm sie zerstören
und wo Diebe einbrechen
und sie stehlen,
sondern sammelt euch
Schätze bei Gott.

Mt 6,19

- *Führt zu einem dieser Jesus-Worte ein Schreibgespräch in einer Gruppe. Eure Religionslehrerin, euer Religionslehrer kann euch dazu anleiten.*
- *Überlegt, welche Aussagen und Fragen ihr mit der ganzen Klasse besprechen wollt.*
- *Die ausgewählten Jesus-Worte stammen aus verschiedenen Geschichten im Neuen Testament. Lest diese Geschichten im Zusammenhang so durch, dass ihr sie nacherzählen könnt.*

Das Bibel-Lied

T/M: Sandra Sieberath

2. In der Bibel steht ’ne Menge drin,
die Geschichten sind auch heute noch in.
Ja, da streiten sich die Menschen genau wie hier.
Und versöhnen sich wieder, so wie du mit mir.

3. Wenn es Menschen mal so richtig schlecht geht,
siehst du in der Bibel, wie Gott zu ihnen steht.
Denn er ist immer für uns alle da,
er verzeiht und hilft, na das ist doch klar!

4. Lies doch mal, wie Mensch und Erde entstand,
von der Schöpfungsgeschichte ist man echt gebannt.
Und wie Jesus lebte in der Welt,
er war gütig und half wie ein echter Held.

5. Die Geschichten wurden aufgeschrieben
und sind all die Jahre immer wichtig geblieben.
Viel erfährst du, du musst nur reinschau’n,
ja dann siehst du, alle Menschen können Gott vertrau’n.

Festige meine Schritte,
wie du es verheißen hast!
Lass kein Unrecht
über mich herrschen!

Psalm 119,8

■ *Sucht Bibelverse in diesem Kapitel, die euch besonders ansprechen. Ihr könnt sie vertonen, farbig gestalten, in Schmuckschrift aufschreiben, zu einem Mobile zusammenbauen und aufhängen …*

Wir erstellen eine Klassen-Bibel

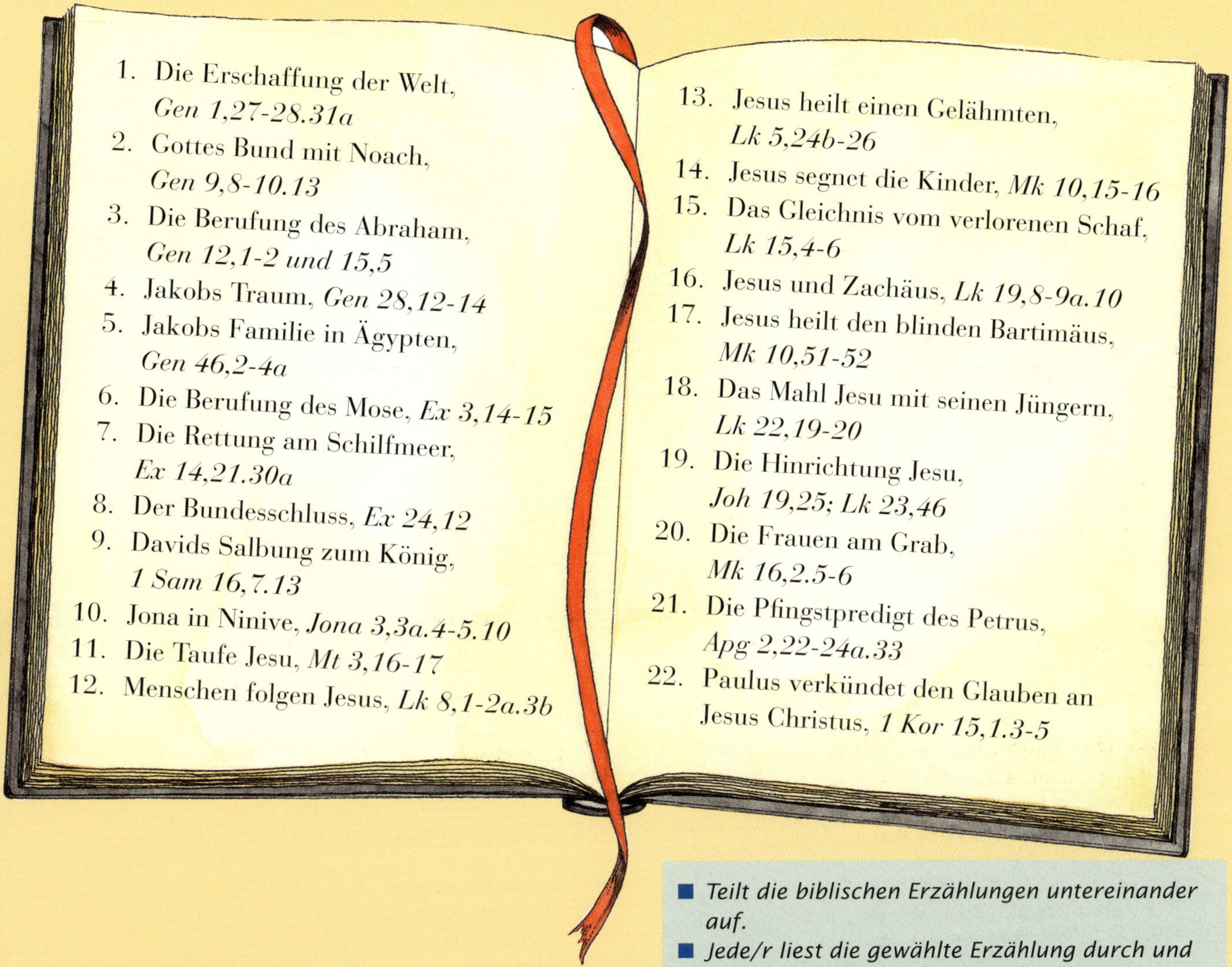

Die einzelnen Bücher der Bibel* sind nach ihrem Inhalt oder Verfasser benannt. Damit man die Bibelstellen leicht zitieren kann, werden die Namen der Bücher meistens abgekürzt. Um die genaue Bibelstelle anzugeben, verwendet man Kapitel- und Verszahlen. Ein Beispiel:

Mt	**6,**	**9-13**
Das Evangelium nach Matthäus	Kapitel 6	Verse 9-13

- *Teilt die biblischen Erzählungen untereinander auf.*
- *Jede/r liest die gewählte Erzählung durch und schreibt die gewählten Bibelverse in Schönschrift auf die linke Hälfte eines weißen DIN-A3-Blattes. Malt auf die rechte Seite des Blattes ein passendes Bild dazu.*
- *Die fertigen Arbeitsblätter werden in der richtigen Reihenfolge zu einem Buch zusammengefasst.*
- *Welche Geschichten aus der Bibel kennt ihr noch? Sammelt sie in eurer Klasse, vielleicht in einer „Schatzkiste". Erzählt sie euch gegenseitig. Wenn ihr sie nicht mehr genau wisst, schlagt sie in „Meine Schulbibel" nach.*

Was gab dir Kraft?

Die Geschichte von Sari

Auf einer meiner Reisen traf ich Sari, eine junge, hübsche Inderin. Ihre Schwestern hatten – wie in Indien üblich – einen vorbestimmten Bräutigam geheiratet und das von ihrer Familie vorherbestimmte Leben als Ehefrau und Mutter angetreten. Diesen Weg war Sari nicht gegangen, sondern sie hatte sich dagegen zur Wehr gesetzt. Sie war Lehrerin in einem Missionszentrum geworden. Sie lächelte auf meine Frage, woher sie die Kraft genommen habe, sich gegen ihre Familie und die Gesellschaft durchzusetzen.

Sie stand auf, ging in ihr Zimmer und kehrte mit einem Holzkasten zurück. Der Holzkasten war eigentlich eine kleine, reich verzierte Truhe, die ihr ein Freund gemacht hatte, wie sie erklärte. Als sie die Truhe öffnete, kam ein fein gewobenes Tuch zum Vorschein, das sie mitsamt dem Inhalt vorsichtig herausnahm. Ich dachte, das verborgene Geheimnis sei zerbrechlich, so vorsichtig ging Sari mit dem Tuch und seinem Inhalt um. Doch als sie das Tuch zur Seite geschlagen hatte, kam eine normale Bibel zum Vorschein, die vom vielen Lesen schon ganz zerblättert war. Nichts Besonderes, könnte man meinen. Doch der Blick, mit dem Sari das Buch betrachtete, und die Art, wie sie es in den Händen hielt, sagten etwas ganz anderes.

Ich kann Sari gut verstehen. Auch mir hat die Bibel schon manchmal geholfen, wenn ich mich einsam und allein gefühlt habe. In der Bibel stehen lauter Geschichten von Menschen, denen es ähnlich ging und die Gott nie allein gelassen hat. Das hat auch mir schon viel Mut gemacht.

Ich verstehe Sari nicht. Ich kann mit der Bibel nichts anfangen. Da stehen so viele merkwürdige Sachen drin, die es so gar nicht geben kann.

- *Macht einen Streifzug durch die Schule und fertigt ein Protokoll darüber an: Wo werden überall Bibeln aufbewahrt? In welchem Zustand befinden sie sich?*
- *Vergleicht eure Ergebnisse mit der Art, wie Sari mit ihrer Bibel umgeht.*
- *Du kannst Saris Beispiel folgen: Bastle für deine Bibel einen eigenen Schutzumschlag, den du gestalten kannst, wie du möchtest!*
- *Oben liest du zwei Meinungen zur Bedeutung der Bibel. Was denkst du selbst über die Bedeutung der Bibel? Trage deine Meinung in dein Heft ein.*
- *Sicherlich habt ihr sehr unterschiedliche Antworten gegeben. Lest sie euch gegenseitig vor und vergleicht.*

5 Nach Gott fragen – auf Gott vertrauen

Du sollst dir kein

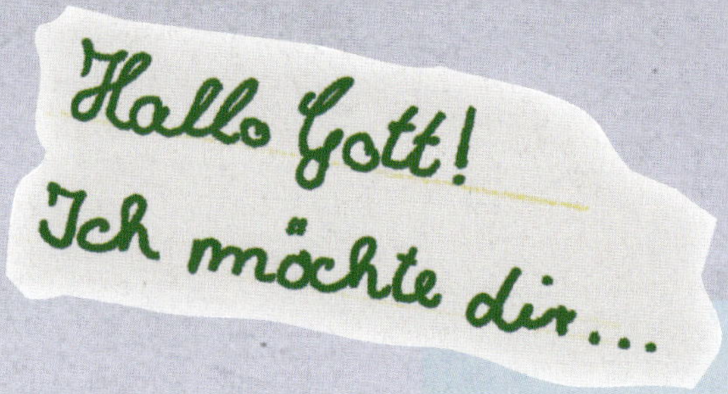

Gott ist für mich wie …

„Wenn es heißt, Gott hat die Welt geschaffen, dann hätte er es bestimmt nicht so weit kommen lassen, wie die Welt heute ist. All die Grausamkeit und so weiter. Wenn man nur mal an die Kriege denkt, an Naturkatastrophen, Unfälle, Krankheiten, Unglück im Allgemeinen …, ich könnte diese Reihe noch eine Stunde lang fortsetzen. Bei solchen Sachen kann ich beim besten Willen nicht an Gott glauben, und deshalb sage ich auch: Gott – was soll's?; denn er nützt ja sowieso nichts."

14-jährige Schülerin

Gott ist

Gottesbild machen. *Ex 20,4*

Herr, wie gewaltig sind deine Werke!

Ps 104,24

Du bist mein Hirte,
nichts wird mir fehlen.
Du lässt mich lagern auf grünen Auen
und führst mich zum Ruheplatz am Wasser.
Du stillst meine Sehnsucht.
Du leitest mich auf rechten Pfaden,
treu deinem Namen.
Muss ich auch wandern in finsterer Schlucht,
ich fürchte kein Unheil;
denn du bist bei mir.

Nach Ps 23

Lieber und barmherziger Gott....

Herr, ich danke dir, dass ich heute...

„Ich glaube nicht an Gott, denn ich kann nur etwas glauben, was ich sehen, fühlen und hören kann. Gott kann man nicht sehen!“

17-jähriger Schüler

die Liebe. *1 Joh 4,16*

Vorstellungen von Gott erfragen

Befrage Menschen in deiner Umgebung nach ihren Vorstellungen von Gott. Du kannst die Ergebnisse aufschreiben oder malen. Stelle sie in der Religionsgruppe vor.

Meine Vorstellungen von Gott?

In diesem Kapitel findest du Vorstellungen, die sich Menschen von Gott machen.
Sicher gibt es noch mehr. Welche Vorstellungen hast du? Von wem hast du deine Vorstellungen von Gott?
Erzählt euch davon und befragt euch anschließend dazu.

„Gott, Du … meines Lebens"

Menschen haben verschiedene Namen gefunden, wenn sie Gott ansprechen wollen. Welche Namen für Gott fallen dir ein? Schreibe deine Anrede über eine ganze Seite in dein Heft. Schreibe den Namen in schönen Buchstaben und verziere ihn.

Ein Gott-Plakat gestalten

Ich glaube an Gott, weil …
Ich glaube nicht an Gott, weil …
Gott stelle ich mir vor wie …
Wenn ich das Wort Gott höre, denke ich an …

Wähle einen oder zwei Satzanfänge aus und schreibe dazu etwas auf einen Papierstreifen.
Du kannst auch ein Bild malen.
Gestaltet aus den Sätzen und Bildern gemeinsam ein Plakat, schaut es euch in Ruhe an.
Wenn ihr mögt, tauscht euch darüber aus.

Lieber Gott!
Mein Freund Gerd sagt,
du machst alle Blumen.
Ich glaube nicht daran.
Oder stimmt es doch?
Beste Wünsche, Walter

Einen Brief an Gott schicken

Gisela, Katharina und Walter haben Briefe an den lieben Gott geschrieben. Kannst du aus ihren Briefen ihre Vorstellung von Gott herauslesen?
Schreib doch selber mal einen Brief an Gott.

Lieber Gott!
Unser Lehrer sagt, wir sollten
an den Menschen schreiben,
den wir am liebsten haben.
Deshalb schreibe ich an dich,
auch wenn du nicht antworten
kannst, wie ich glaube,
und kein Mensch bist.
Aber ich wollte trotzdem schreiben.
So, das ist im Augenblick alles.

In Liebe
deine Katharina

Lieber Gott!
Sind Jungen besser
als Mädchen?
Ich weiß, du bist
ein Junge, sei fair!
Deine Gisela

Deine Fragen stellen

Wer hat Gott erschaffen?
Wird Gott nie sterben?
Gibt es Gott wirklich?
Wieso heißt Gott Gott?
Das sind Fragen,
die Jugendliche und Erwachsene
beim Nachdenken über Gott
gestellt haben.
Welche Fragen hast du?
Schreibe sie auf Zettel.
Klebt eure Zettel
auf ein Plakat!

Von Gott begleitet – Abraham und Sara

Die Bibel* erzählt im Buch Genesis vom Nomaden* Abraham und seiner Frau Sara und ihren Begegnungen mit Gott. Gott ruft Abraham aus seinem Heimatland und seiner Familie heraus und schickt ihn auf einen unbekannten Weg in ein fremdes Land. Er verspricht Abraham und Sara, dass sie dort zu Stammeltern eines großen Volkes werden. Abraham und Sara lassen sich auf Gott ein, aber sie müssen lange warten, bis Gott ihnen einen Sohn, Isaak, schenkt. Isaak wird der Stammvater des jüdischen Volkes, und die Versprechungen Gottes an Abraham gelten noch heute.
Die wichtigsten Geschichten von Abraham und Sara in der Bibel findet ihr im Buch Genesis:

Gen 12,1-9
Gen 13,14-18
Gen 15,1-7
Gen 18,1-15
Gen 21,1-8
Gen 25,7-11

Wie sind diese Geschichten entstanden?

Es gab keinen Reporter, der Abraham und Sara begleitet hätte. Aber man erzählte sich immer wieder von ihnen: Geschichten von vergangenen Zeiten und Erinnerungen an die Verheißungen, die Gott Abraham und Sara, Isaak und Jakob und seinen Söhnen gegeben hatte. „So hat es mit unserem Volk angefangen: Wir können dem Gott Abrahams und Saras trauen, dass er seine Versprechen hält.“ Deshalb wurden die Geschichten von Generation zu Generation weitererzählt und dabei auch immer wieder etwas verändert.

Warum wurden die Geschichten aufgeschrieben?

Schließlich haben einige die Geschichten aufgeschrieben, damit sie ja nicht vergessen werden. Es gab ja so viel zu erzählen und zu behalten von Abraham, Sara, von Isaak und seinen Söhnen.

Warum sind die Geschichten für uns wichtig?

Es ist also nicht ganz klar, ob sich die Geschichten von Abraham und Sara ganz genau so abgespielt haben, wie wir sie jetzt in der Bibel lesen. Trotzdem sind sie „wahr“, enthalten wichtige Wahrheiten von Gott und Erfahrungen, die das Volk Israel* mit Gott gemacht hat, z.B.: „Unser Gott ist ein Gott, der da ist für uns. Er vergisst uns nicht, wir können uns auf ihn verlassen. Er hält zu uns!“ Und das bleibt wahr.

- *Früher haben die Menschen am Abend um das Feuer herumgesessen und haben sich Geschichten erzählt. Das könnt ihr so ähnlich machen: Bildet Gruppen und lasst euch von eurer Lehrerin oder eurem Lehrer Abrahamsgeschichten geben. Lest eure Geschichte zuerst durch. Überlegt dann gemeinsam: Könnt ihr sie zusammen in der Klasse nacherzählen? Oder ist es besser, die Geschichte mit verteilten Rollen vorzulesen oder sie zu spielen?*
- *Wenn ihr mit den Vorbereitungen fertig seid, setzt euch wie in einem alten Theater im Halbkreis zusammen. Schreibt eine selbst ausgedachte Überschrift an die Tafel und besprecht mit eurer Lehrerin oder eurem Lehrer, in welcher Reihenfolge ihr eure Geschichte erzählen oder lesen wollt.*
- *Wähle eine oder mehrere Stationen auf dem Weg einer biblischen Gestalt aus, versetze dich in diese Person und schreibe in der entsprechenden Stimmung mit deinen Worten einen Psalm:*
  Gott, ich bin ...
  Ich fühle ..., denke ...
  Du aber, Gott, bist ... / tust ...
  Danken kann ich dir, Gott, dass ...

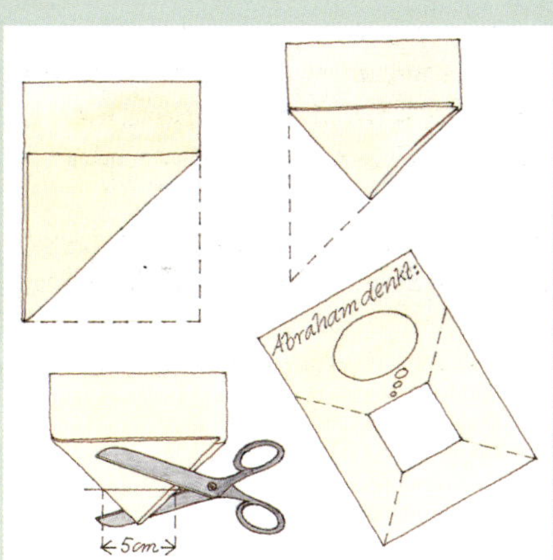

- *Schneide in ein Blatt Papier ein Quadrat von fünf mal fünf Zentimetern. Betrachte das Bild oben. Leg den Rahmen über das Bild und verschiebe ihn so, dass du nur die Hände Abrahams in dem Rahmen siehst! Lass ihn zwei Minuten liegen und schreibe in Stichworten auf, was dir zu diesem Ausschnitt einfällt. Verschiebe nun den Rahmen so, dass du nur die obere Hand in dem Ausschnitt siehst! Schau auch hier zwei Minuten hin und schreibe wieder auf, was dir durch den Kopf geht. In welchen Situationen erleben Menschen so etwas?*
  Verschiebe den Rahmen ein drittes Mal, bis du das Gesicht Abrahams betrachten kannst. Was könnte ihm gerade durch den Kopf gehen? Schreibe diese Gedanken auf das Rahmenblatt. Zeichne um diesen Text eine Sprechblase.

Gott leitet Mose und das Volk Israel

Auch die Geschichten von der Befreiung aus Ägypten erzählen nicht den genauen Verlauf der Ereignisse, die damals geschehen sind, sondern sie wollen sagen, dass Gott sein Volk gerettet hat.

Im Buch Exodus erzählt die Bibel von den Hebräern* in Ägypten, den Vorfahren der Israeliten, der heutigen Juden. Unter Pharao* Ramses II. mussten sie beim Bau von Städten mitarbeiten und erlebten als Nomaden* die harten Arbeitsbedingungen als Sklaverei. Sie wurden unterdrückt und wehrten sich. Als alle ihre neugeborenen Jungen getötet werden sollten, wurde Mose gerettet und durfte am Hof des Pharaos aufwachsen. Als Mann erschlug er einen ägyptischen Aufseher, der Hebräer bei der Arbeit gequält hatte. Deshalb floh er ins Ausland, heiratete in Midian und bekam zwei Söhne. Dort in Midian hatte er auch die entscheidende Begegnung mit Gott: Der gab ihm den Auftrag, die Hebräer aus Ägypten hinauszuführen. Die Flucht gelang mit Gottes Hilfe. Mose führte die Israeliten auf die Halbinsel Sinai. Dort verpflichtete Gott sein Volk auf die Zehn Gebote, die Weisungen für ein Leben in Freiheit und Gerechtigkeit, die auch heute noch in der ganzen Welt gelten sollen.

Die wichtigsten Geschichten von Mose in der Bibel sind:
Ex 1,8-14
Ex 1,15 – 2,10
Ex 2,11-15
Ex 2,16-22
Ex 2,23 – 3,17
Ex 4,10-12
Ex 13,17 – 14,31
Ex 20,1-21

Zwei Heldinnen: Schifra und Pua leisten Widerstand gegen Unterdrückung

Es gibt eine weitere Geschichte über die Grausamkeit des Pharaos* gegenüber den IsraelitInnen und über den Mut von zwei hebräischen Hebammen, die sich dem Befehl des allmächtigen Pharaos widersetzten. Ihre mutige Weigerung ermöglichte die Befreiungsgeschichte der Israeliten mit ihrem Gott Jahwe. Ihre Namen sollte man sich deshalb merken: Schifra, das heißt Schönheit, und Pua, das heißt Glanz.
In Ex 1,15-22 findet ihr die Geschichte dieser beiden Heldinnen.

Jahwe

Jahwe* ist der Name Gottes bei den Israeliten. In der Erzählung vom brennenden Dornbusch (Ex 3,14) fragt Mose Gott nach seinem Namen. Dort in der Wüste offenbart sich Gott als Jahwe. Das kann man übersetzen mit: „Ich bin für euch da“. Der Name sagt, dass Gott der ist, der schon da war, als er sein Volk aus Ägypten rettete, der jetzt und heute für uns da ist und in alle Zukunft für uns da sein wird.

Der Name in hebräischen Schriftzeichen:

JHWH יהוה

Der hebräische Name für Gott heißt übersetzt: „Ich bin der Ich-bin-da.“

Das Wort Jahwe ist auch in dem Namen Jesus enthalten. Jesus kommt von Jeschua und bedeutet „Jahwe ist Heil“.

Die Zehn Gebote

- *Lasst euch von den Impulsen* 28 *-* 29 *anregen, wie ihr die Texte über Mose lesen, spielen, malen oder gestalten könnt.*
- *Begründet, warum ihr eure Art der Gestaltung gewählt habt.*
- *Vielleicht habt ihr noch Fragen zu diesen Geschichten. Versucht einmal, zwischen den Zeilen zu lesen.*
- *Bevor ihr mit eurer Arbeit beginnt oder zwischen zwei Arbeitsphasen könnt ihr immer wieder das Lied* 83 *„Ich bin der Ich-bin-da“ singen.*

Bilder der Nähe Gottes in der Bibel

Der Treue
Jahwe ist ein barmherziger und gnädiger Gott, langmütig und reich an Treue.
Ex 34,6

Adler
Gott hüllte ihn ein und gab auf ihn acht und hütete ihn wie seinen Augenstern, wie der Adler, der sein Nest beschützt.
Dtn 32,11

?

Mutter und Vater
Ich war für sie wie Eltern, die den Säugling an ihre Wangen heben.
Hos 11,4

Einheit
Wer mich sieht, sieht den Vater.
Joh 14,9

Gastgeber
Selig, wer im Reich Gottes am Mahl teilnimmt.
Nach Lk 14,15-24

Mt 7,7
Mk 2,17

?

- *Hier findet ihr einige der vielen Bildworte aus der Bibel. In ihnen wird umschrieben, wie Gott für sein Volk da ist.*
- *Suche dir ein Bild aus und formuliere einen Gebetssatz! Wenn du andere Bildworte kennst oder in der Bibel nachschlagen möchtest, kannst du auch eines davon benutzen.*
- *Jesus lehrt die Jüngerinnen und Jünger, zum guten Vater zu beten. Er nennt ihn vertrauensvoll Abba, das heißt so viel wie lieber Vater. Was sagen die einzelnen Bitten des Vaterunser über Gott aus?*
- *Betet das Vaterunser „mit dem ganzen Körper“* 21*. Überlegt und erprobt, wie ihr die Verse darstellen könnt. Ihr könnt das Vaterunser auch singen und den Text dabei mit „Körpersprache“ ausdrücken und beten.*

Gott: gute Mutter, guter Vater

Sie kommt

Sie kommt,
gütig wie eine Mutter,
und neigt sich, zu berühren
und zu heilen.
Liebend schenkt sie ihr Herz
jenen, die nichts empfinden.

Sie kommt,
zuverlässig wie eine Arbeiterin,
um zu säen, zu mähen
und zu spinnen.
Mit gebeugtem Rücken fährt sie
gemeinsam
mit anderen die Ernte ein.

Sie kommt,
freudig wie eine Künstlerin,
um zu schaffen, zu formen
und zu ersinnen.
Aus ihren Händen wächst
ein freies und schönes Werk.

Sie kommt,
bescheiden wie ein Kind,
und in ihren Augen ist Vertrauen.
Alles Leben erscheint ihnen
erstaunlich und wunderbar.

Sie kommt,
fürsorglich wie eine Schwester,
deren Stärke uns trägt und verbindet.
Gerechtigkeit ist ihre Rede,
Friede ist ihr Gedanke.

Mächtig kommt sie wie die Nacht
und herrlich wie der Tag.
Ihre Herrschaft ist im Herzen
der Dinge.
Oh komm und bleibe bei uns!

Kathy Galloway

Lucy D'Souza, 1990

- *Ersetzt das „Sie" im Gedicht oben durch „Gott". Ändert sich der Text?*
- *Stell dir vor, du könntest der Dichterin schreiben: Welche Strophe findest du schwierig? Welche gefällt dir?*
- *Die indische Künstlerin Lucy D'Souza hat mit den Bildern die weibliche Seite Gottes darstellen wollen. Erörtert, ob ihr das für angebracht haltet. Lest dazu in der Bibel nach: Gen 1,27; Jes 42,14; Hos 11,4; Mt 23,37; Lk 15,8-10.*
- *Bildet Gruppen. Jede Gruppe betrachtet einen der vier Abschnitte des Bildes. Beschreibt euer Bild: Beachtet dabei die Formen und Farben. Wo findet ihr die weibliche Seite Gottes?*
- *Nehmt euch genügend Zeit zum Betrachten. Gebt eurem Bildabschnitt eine Überschrift.*
- *Wie könnt ihr das Gemälde mit den Sprachbildern im Gedicht oben in Beziehung setzen?*
- *Singt das Lied „Gott ist Vater und mehr ..."* 83 *im Kanon. Ihr könnt weitere Strophen mit euren eigenen Gottesbildern ergänzen.*

Der dreieine Gott: Vater, Sohn, Heiliger Geist

Das Gebet, das viele wohl als erstes gelernt haben und das sie durch das Leben begleitet, ist das Kreuzzeichen. Oft machen wir es, ohne viel nachzudenken. Es ist aber die Zusammenfassung und das Bekenntnis des christlichen Gottesglaubens. Wenn Christinnen und Christen das Kreuzzeichen machen, bekennen sie den dreifaltigen Gott:

Im Namen des Vaters	– Gott, wie ein guter Vater **über** uns
und des Sohnes Jesus	– unser Bruder, Gott **mit** uns
und des Heiligen Geistes	– der Heilige Geist, Gottes Kraft und Liebe **in** uns

Menschen haben immer wieder versucht, das Geheimnis der Dreieinigkeit genauer zu verstehen und auch darzustellen. Künstler haben dazu Dreieck und Kreis als Symbole* für Gott gestaltet. Der Kreis hat keinen Anfang und kein Ende, er ruht in sich und kann sich trotzdem kreisend bewegen. Auf dem Bild 69 siehst du eine kreisähnliche Form, leuchtend gelb, wie den Schein einer Sonne. Die Fläche innen ist grau. – Gott, der Ursprung des Lichtes, ist unsichtbar. Wir spüren aber seine Energie. Anders das Bild 81. Es zeigt ein glutrotes Feuerrad, im Inneren den Menschen und seine Welt. Das Flammenrad trägt das Gesicht von Gott Sohn und Gott Vater. Das Wehen des Geistes bringt Leben und Bewegung in die Welt. – Gott wird sichtbar durch das, was er geschaffen hat. Er umfängt die ganze Welt und trägt sie in seinem Innern.

Wie ein Kreis das einschließt,
was in ihm verborgen ist,
so schließt auch Gott alles in sich –
und übertrifft doch alles.

Hildegard von Bingen*

- *Du kannst noch viele Einzelheiten auf dem Bild entdecken: Welche Lebewesen findest du außer dem Menschen? Wie sind die vier Elemente (Erde, Wasser, Luft, Feuer) dargestellt? Wie wird Gottes Zuwendung zur Welt ausgedrückt?*
- *Die drei Schlusssteine links verbinden das Symbol des Kreises und des Dreiecks. Beschreibe sie ganz genau! Was sagen sie über den dreieinen Gott aus?*
- *Suche selbst weitere Darstellungen vom dreifaltigen Gott in deiner Umgebung, in der Kirche, in Kapellen, auf Bildstöcken und auf Bildern an Häusern.*
- *Du kannst die Bilder fotografieren, abmalen oder beschreiben.*

Nach einer Vision der Hildegard von Bingen, 1163-73

Anleitung zu einer meditativen Übung

1. Setze dich aufrecht auf deinen Stuhl, am besten auf die vordere Hälfte.
   Der Rücken ist gerade.
   Stelle beide Füße auf den Boden, um diesen ganz zu spüren. Dabei sollen die Beine rechtwinklig gebeugt sein.
   Die Hände legst du am besten im Schoß ineinander wie zu einer Schale geformt.

2. Achte auf dein Ausatmen und dein Einatmen. Misch dich nicht ein: Lass den Atem einfach kommen und gehen. Atme nicht tiefer als sonst auch.

3. Wenn du mehr lernen willst, achte darauf, dass du von der Brustatmung zur Bauchatmung gelangst. Dann senkt sich nämlich der Schwerpunkt des Körpers nach unten in den Bauch hinein. Das Umwechseln von der Brustatmung zur Bauchatmung gelingt am besten, wenn du eine Hand auf deinen Bauch legst. Dadurch kannst du beim Einatmen spüren, wie der Bauch sich hebt; beim Ausatmen zieht er sich ein.

4. Atme langsam und regelmäßig. Konzentriere dich nur auf das Atmen und den Weg des Atems in deinem Körper. Am Anfang hilft dir vielleicht ruhige Musik.

5. Lass deinen Atem im Vierertakt kommen und gehen: ausatmen – ausatmen – Pause – einatmen ...

6. Später kannst du „Worte oder Sätze denken“, z.B. „Ich bin ganz ruhig“; „loslassen – niederlassen – eins werden – neu werden“; „Abstand – Innenstand – Selbststand“; „Abkehr – Einkehr“.

7. Zu Beginn und am Ende ist eine Verneigung hilfreich: Damit zeigst du deine Ehrfurcht und Dankbarkeit gegenüber Gott.

8. Ein gemeinsames Lied, Gebet oder ein ruhiger Tanz runden eure Meditation stimmig ab.

Eine meditative Übung wird umso gewinnbringender, je mehr sie zu euch passt: Kleine Veränderungen im Raum können hilfreich sein. Frische Luft tut gut.
Ein besonderer Beginn und ein Ausklang verstärken die Wirkung. Was könnt ihr gestalten?

Ich bin der Ich-bin-da

T: Alois Albrecht
M: Ludger Edelkötter

2. Ich bin der Ich-bin-Leben. Ich werde euch bewegen.
   Ich gebe Zukunft euch, Zukunft und Hoffnung.
3. Ich bin der Ich-bin-Licht. Ich werde euch entflammen.
4. Ich bin der Ich-bin-Kraft. Ich werde euch bestärken.
5. Ich bin der Ich-bin-Mut. Ich werde mit euch wagen.
6. Ich bin der Ich-bin-Weg. Ich werde euch begleiten.
7. Ich bin der Ich-bin-Trost. Ich werde mit euch trauern.

Einen Tanz ausprobieren

Wenn ihr gerne einen meditativen Tanz einüben wollt, könnt ihr Kontakt zu einer Sport- oder Tanzlehrerin aufnehmen, damit sie passende Tanzschritte mit euch findet und einübt.

Sucht aus Büchern mit Tanzanleitungen Beispiele aus und studiert die Lieder und die dazugehörenden Tänze gemeinsam ein.

Ihr könnt euren Tanz auch bei einem Schulfest oder Gottesdienst aufführen.

Gott ist mehr

T: nach Johannes Paul I.
M: Reinhard Horn
Kontakte Musikverlag

Eine Ausstellung: „Gottesbilder

um 1000 n.Chr.

um 1200 n.Chr.

Bilderverbot

Das Judentum scheut sich, Gott im Bild darzustellen. Die Juden halten sich nämlich an das Gebot: „Du sollst dir kein Gottesbild machen“ (Ex 20,4). Damit wollten sich die Israeliten vom Glauben ihrer Nachbarvölker abgrenzen. Die haben ihre Götter in Bildern und Statuen verehrt. Die Geschichte vom Goldenen Kalb (Ex 32) zeigt, wie schwer es auch den Israeliten gefallen ist, das Bilderverbot einzuhalten. Auch im Islam herrscht ein striktes Bilderverbot. Die Moscheen* sind darum nur mit Verzierungen, besonders mit kunstvollen Schriftzügen, reichhaltig geschmückt.

Auch die frühe Kirche hat sich an das Bilderverbot gehalten. Erst im 8. Jahrhundert wurde auf einem Konzil geklärt, dass Jesus Christus als Mensch das sichtbare Bild Gottes ist und deshalb im Bild dargestellt werden darf. Wer ihn sieht, sieht den Vater. Ob auch Gottvater im Bild dargestellt werden darf, ist in der Kirche nicht eindeutig geklärt. Über tausend Jahre gab es keine Gottvater-Bilder in der Kirche.

- *Hier findet ihr eine Projektidee, wie ihr mit Gottesbildern eine Ausstellung machen könnt, zu der ihr Mitschüler und Mitschülerinnen, Lehrkräfte und auch Eltern und Verwandte in die Schule einladet. Ihr könnt selbst Gruppenführungen anbieten und anschließend die Besucher und Besucherinnen anleiten, ihr eigenes Gottesbild zu gestalten.*
- *Für eine Ausstellung zum Thema „Gottesbilder“ braucht ihr viele Bilder aus Büchern oder auch aus dem Internet. Ihr könnt die Bilder so einteilen:*
  - *Symbole für Gott (bis um 1000 n.Chr.),*
  - *Gottesbilder mit dem Gesicht von Jesus, Darstellungen von Christus (ab 1200 n.Chr., vgl.* 35 *),*
  - *Gottesbilder mit dem Gesicht eines weißhaarigen, bärtigen, älteren Mannes (ab 1500 n.Chr.),*
  - *abstrakte Gottesbilder (ab 1920 n.Chr.).*

im Laufe der Geschichte“ zusammenstellen

um 1800 n.Chr.

um 1960 n.Chr.

Bilderstreit

In der Geschichte der Christenheit tauchte immer wieder die Frage auf, ob man Jesus Christus und die Heiligen bildlich darstellen und diese Bilder verehren darf oder ob das schon Götzendienst ist.
Darüber wurde oft heftig gestritten und sogar Krieg geführt. Manchmal ordneten Kaiser die Entfernung und Zerstörung der heiligen Bilder an. Als Reaktion darauf haben Päpste die Bilderfeinde aus der Kirche ausgeschlossen. Der letzte große „Bildersturm“ ereignete sich in der Zeit der Reformation im 16. Jahrhundert. Dabei wurden viele Kunstwerke zerstört. Die katholische Kirche hat vom 8. Jahrhundert an die Bilderverehrung zugelassen. Dabei muss man unterscheiden: Wenn Menschen vor einem Bild beten, verehren sie nicht das Bild als Bild, sondern das Bild unterstützt sie, ihre Gedanken zu sammeln und zu Gott zu beten. Das Bild kann sie an Gottes Taten erinnern, so wie ein Erinnerungsfoto sie an einen lieben Menschen erinnert. Das Bild verweist dann auf Gott, der sich durch Jesus Christus gezeigt hat.

- *Schreibt auf, woher die Bilder stammen, besorgt euch Bildbeschreibungen oder schreibt eigene. Ihr könnt die Beschreibungen zu einer kleinen Broschüre zusammenstellen.*
- *Bei euren Führungen müsst ihr den ZuschauerInnen auch etwas über das Bilderverbot der Bibel* und den Bilderstreit erzählen können. Am Ende der Führungen bekommen die TeilnehmerInnen ein großes Blatt Papier und Stifte und dürfen ihr eigenes Gottesbild gestalten.*
- *Hier ist eine Anleitung, wie ihr selbst Künstlerin und Künstler werdet. Schau das Bild* 69 *eine Weile an und lass die Farben auf dich wirken. Du kannst das Bild probehalber verändern. Das geht so: Nimm ein weißes Blatt, leg es auf das Bild, zeichne mit einem Bleistift am Innenrand der gerundeten Form vorsichtig nach und schneide die Form dann aus. Welche Farbe willst du ihr geben? Lege deine farbige Form auf das Bild im Religionsbuch. Was hat sich verändert? Der Maler Rupprecht Geiger aus München ist ein Meister der Farbe. Hat er mit seinem Bild wohl etwas von Gott ausdrücken können? Welchen Zusammenhang mit dem Verbot, sich ein Bild von Gott zu machen, seht ihr?*

Mit Gott sprechen

Die schwierige Lage Gottes

„Und verschone uns vor Feuer, Missernten und Heuschreckenschwärmen", beteten die Farmer am Sonntagmorgen.
Zu gleicher Zeit hielten die Heuschrecken einen Bittgottesdienst ab, in welchem es hieß:
„Und schlage den Feind mit Blindheit, auf dass wir in Ruhe seine Felder abnagen können."

Wolfdietrich Schnurre

Wenn ihr betet,
sollt ihr nicht plappern
wie die Heiden, die meinen,
sie werden nur erhört,
wenn sie viele Worte machen.
Macht es nicht wie sie;
denn euer Vater weiß,
was ihr braucht,
noch ehe ihr ihn bittet.

Mt 6,7-8

Darum sage ich euch:
Bittet, dann wird euch gegeben;
sucht, dann werdet ihr finden;
klopft an, dann wird euch geöffnet.
Denn wer bittet, der empfängt;
wer sucht, der findet;
und wer anklopft, dem wird geöffnet.

Lk 11,9-10

Gebete verändern

Gebete ändern nicht
die Welt.
Aber Gebete ändern
die Menschen
und Menschen
verändern die Welt!

Albert Schweitzer

- *Vergleicht die Geschichte von Wolfdietrich Schnurre mit den Worten Jesu bei Lk 11,9-10. Was fällt euch auf? Sprecht darüber!*
- *Blättere in Ruhe noch einmal das Kapitel durch und suche dir das Bild oder Sprachbild für Gott aus, das dich momentan am meisten anspricht. Überlege dir dann, was dieses Bild über deine Beziehung zu Gott ausdrückt. Fasse deine Beziehung zu Gott in Worte oder drücke sie in einer Zeichnung aus. Daraus kann auch ein Gebet entstehen. Später könnt ihr eure Gebete und Bilder zu einem Leporello zusammenkleben.*

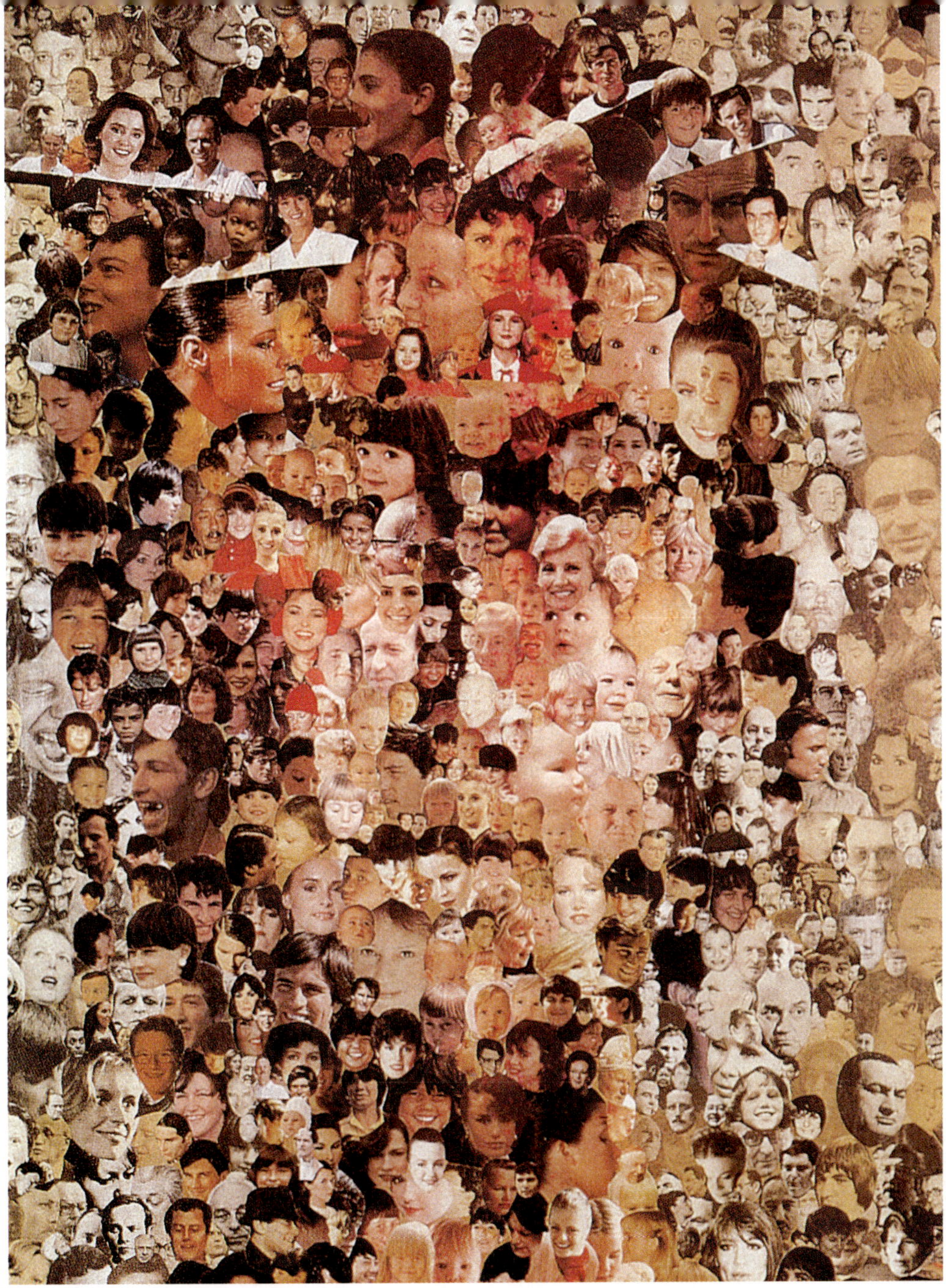

6 Jesus begegnen

Jesus-Ballade

1. An einem Tag vor langer Zeit,
kam er zur Welt in tiefstem Leid,
doch sein Leben hatte einen Sinn, einen Sinn.
Er war von Gott selbst auserwählt,
als Heil und Retter für die Welt
und Gottes Hand war immer über ihm, über ihm.
Refrain: Ah ...

2. Zu Fischern von Gennesaret,
da kam der Mann aus Nazaret
und rief ihnen zu: „Folgt mir nach! Folgt mir nach!“
Und Petrus und Andreas
erkannten den Messias
und folgten durch Triumphe und durch Schmach,
und durch Schmach.

3. Er wanderte durch Israel,
half allen Kranken, die er fand,
und machte Gottes Liebe offenbar, offenbar.
Doch verstand man seine Botschaft nicht,
man wollte den Messias nicht,
weil er nicht König, sondern Diener war, Diener war.

4. Das Wunder war auf Golgota,
mit Schwerverbrechern starb er da
und schlug im Tod die Brücke hin zu Gott, hin zu Gott.
Er erstand zu neuem Leben,
wer ihm folgt, der wird's erleben,
denn er hat für uns besiegt den Tod, besiegt den Tod.

Mündlich überliefert nach Mariannhill Würzburg

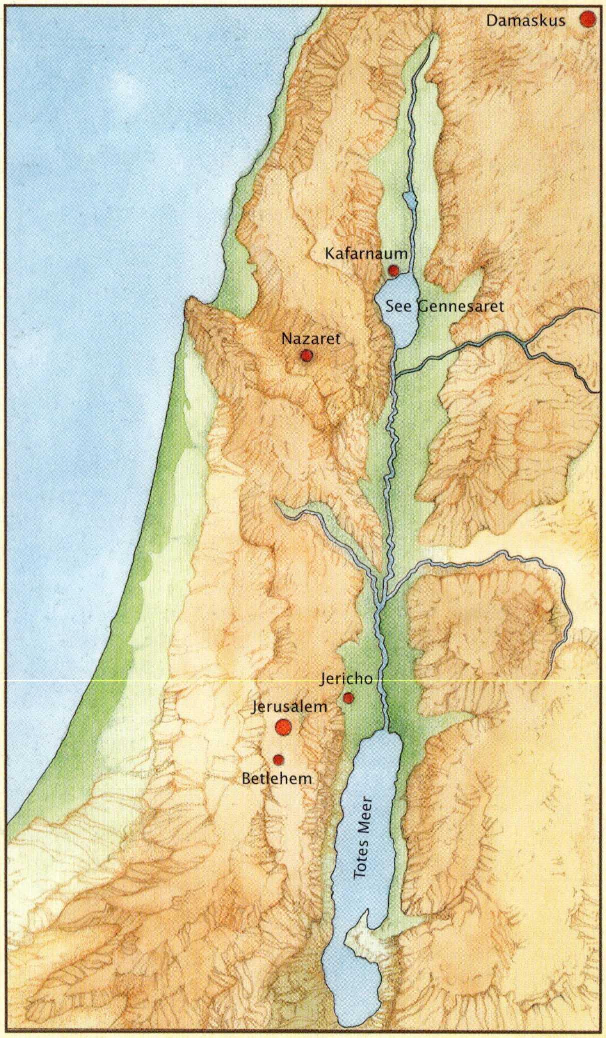

Lebensstationen Jesu verfolgen

Übertragt die Karte in euer Heft. Tragt die wichtigen Stationen aus dem Leben Jesu ein und malt dazu ein entsprechendes Symbol (z.B. Jerusalem: Kreuz).

Das Land Jesu heute kennenlernen

Besorgt euch aus Reisebüros Prospekte über Israel. Findet im Internet aktuelle Informationen. Stellt eine Reise mit den wichtigsten Orten aus dem Leben Jesu zusammen.

Geschichten aus dem Leben Jesu erzählen

Von einigen Ereignissen aus dem Leben Jesu erfährst du 89. An welche anderen Erzählungen kannst du dich außerdem erinnern?

Bilder von Jesus malen

Male ein Bild, zeige es und erzähle dazu. Wer findet in der Bibel den dazugehörigen Text?

Das können wir aus dem NT über Jesus herausfinden:

Name	Lk 1,31	Jesus
Geburtsort	Lk 2,4 und 2,7	Betlehem
Heimatort	Lk 4,16	Nazaret
Mutter	Mt 1,18	Maria
Vater	Mt 1,18	Josef
Verwandte (früher „Brüder" genannt)	Mk 6,3	Jakobus, Joses, Judas, Simon
Religion	Lk 2,21-22	„beschnitten → Juden"
Sprache	Mk 15,34	aramäisch (Eloi ...)
Erlernter Beruf	Mk 6,3	Zimmermann
Beginn des öffentlichen Auftretens	Lk 3,23	ca. 30 Jahre
Freunde und Anhänger	Mk 15,40-41; Mk 3,13-19	Maria aus Magdala, Petrus, Jakobus, Johannes, Jakobus, Andreas, Philippus, Bartholomäus, Matthäus, Thomas, Johannes, Thaddäus, Simon
hingerichtet am (Rüsttag = Tag zur Vorbereitung eines jüd. Fest)	Mk 15,42	Sabbat; Rüsttag (Tag vor Sabbat)
um	Mk 15,33	9 Uhr abends
in	Mk 15,41	Galiläa
durch	Mk 15,24	Kreuzigung
wegen	Mt 26,63-66	Gotteslästerung

Schlagt die angegebenen Stellen nach und schreibt die Angaben heraus.

Leute befragen

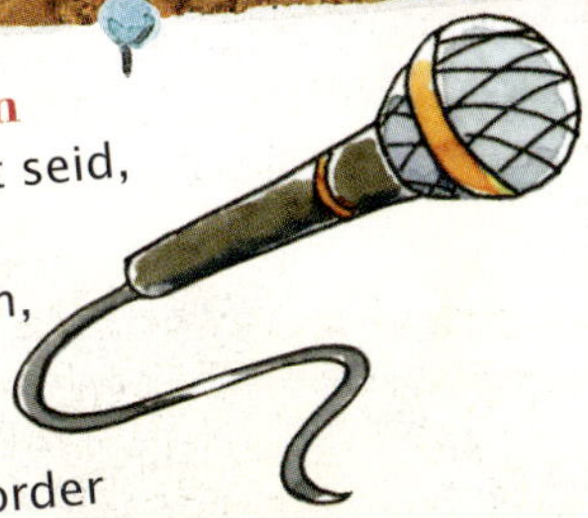

Wenn ihr bereit seid, aus der Schule hinauszugehen, fragt mit Mikrofon und Kassettenrekorder Leute auf der Straße, was sie von Jesus wissen und halten. Stellt eure Ergebnisse in der Religionsgruppe vor und sprecht darüber.

Eine Jesus-Worte-Kartei zusammenstellen

Wenn ihr euch im Laufe des Schuljahres mit Texten aus dem Neuen Testament beschäftigt, schreibt wichtige Worte Jesu auf Karteikarten und sammelt sie. Wenn ihr ein Stichwort dazuschreibt, könnt ihr euch leichter erinnern, in welchem Zusammenhang Jesus dieses Wort gesagt hat.

Was ihr für einen meiner geringsten Brüder und Schwestern getan habt, das habt ihr mir getan.
Mt 25,40b

Wer von euch der Erste sein will, soll der Letzte von allen und der Diener aller sein.
Mk 9,35b

Alles, was ihr wollt, das euch die Menschen tun, das tut auch ihnen.
Mt 7,12

Du sollst Gott, deinen Schöpfer, lieben aus ganzem Herzen … und deinen Nächsten wie dich selbst.
Lk 10,27

Wo Jesus lebte

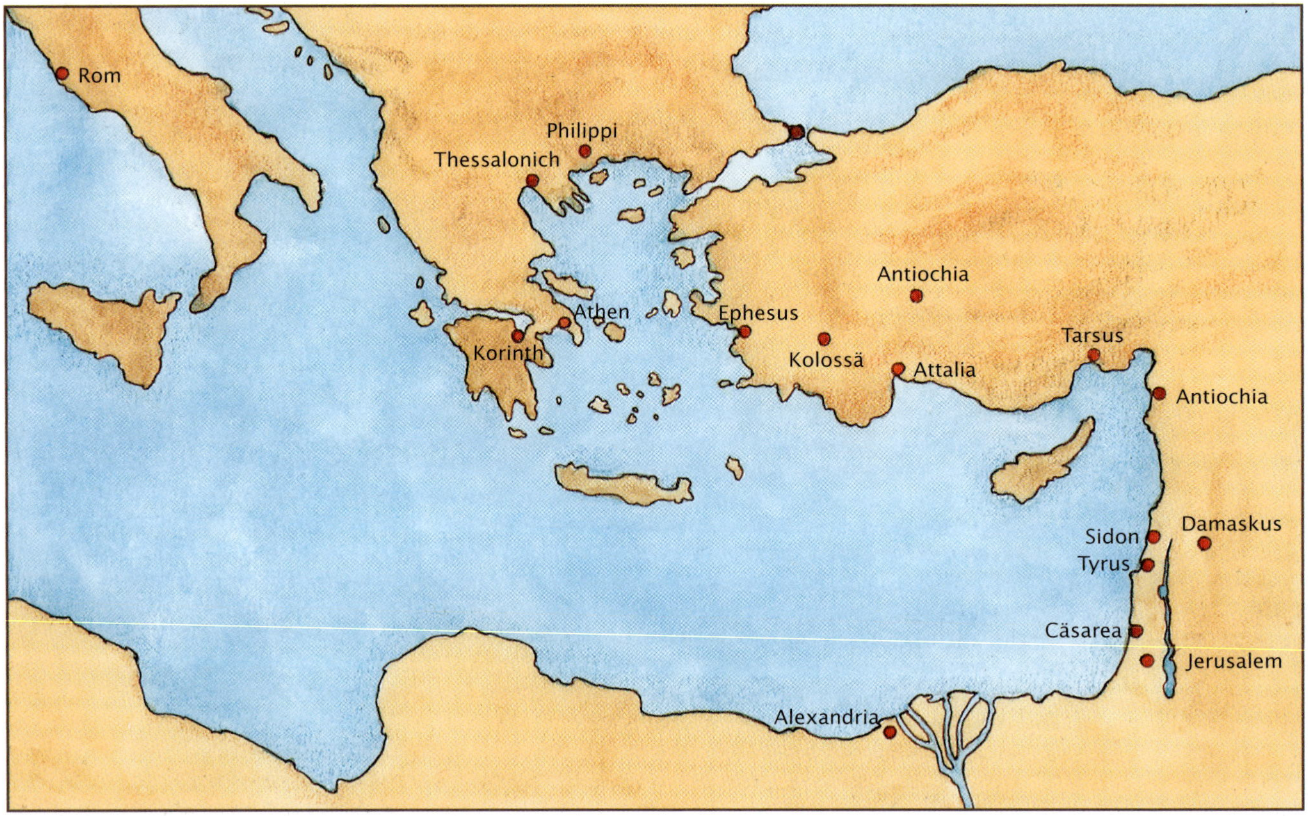

Das Land Israel unter römischer Besatzung

Jesus war ein Jude und lebte in dem Land, das sich von der östlichen Mittelmeerküste bis zum Jordan und ins heutige Jordanien erstreckt. Die Römer hatten es erobert und besetzt. Fast alle Länder rund um das Mittelmeer gehörten damals den Römern. Sie herrschten aber auch im heutigen Deutschland und England. Um dieses große Reich regieren zu können, wurden die eroberten Gebiete in kleinere Verwaltungsbereiche, sogenannte Provinzen, eingeteilt.
In jeder Provinz setzte der römische Kaiser einen Statthalter ein, der für Ruhe und Ordnung sorgen und die Grenzen gegen Überfälle verteidigen musste. Dafür stellte ihm der Kaiser Legionen von Soldaten zur Verfügung.
Ein gut ausgebautes Straßennetz sorgte dafür, dass die Soldaten schnell bis in die letzten Winkel des Reiches geschickt werden konnten. Aber nicht nur die Römer hatten von den Straßen ihren Nutzen, auch die Bewohner der Provinzen gelangten schnell von einer Stadt zur anderen oder gar bis nach Rom. Besonders die Kaufleute konnten leichter in ferne Länder reisen und Handel treiben.
Als Jesus geboren wurde, regierte Herodes der Große in Israel, das von den Römern Palästina genannt wurde. Er war aber nur ein Unterkönig und musste den Römern gehorchen. Über seine Landsleute herrschte er rücksichtslos.
Nach seinem Tod wurde das Land unter seinen Söhnen aufgeteilt.
Einer davon war Herodes Antipas. Während seiner Herrschaft wurde Jesus gekreuzigt. In dieser Zeit hatte der römische Statthalter Pontius Pilatus den Oberbefehl.

Gruppen in Israel

Obwohl es in der Bevölkerung verschiedene Gruppen* gab, die sich untereinander oft nicht vertrugen, waren sie sich doch einig in ihrer Ablehnung der römischen Zwangsherrschaft. Sie empfanden es als drückende Last, dass sie an die Römer hohe Steuern zahlen mussten. Besonders unerträglich war es für sie, dass die Römer ihre Gottesbilder in Israel aufstellten. Viele Juden hofften auf einen Messias*, der dem Land Freiheit und Frieden bringen würde, wie es einst König David getan hatte.

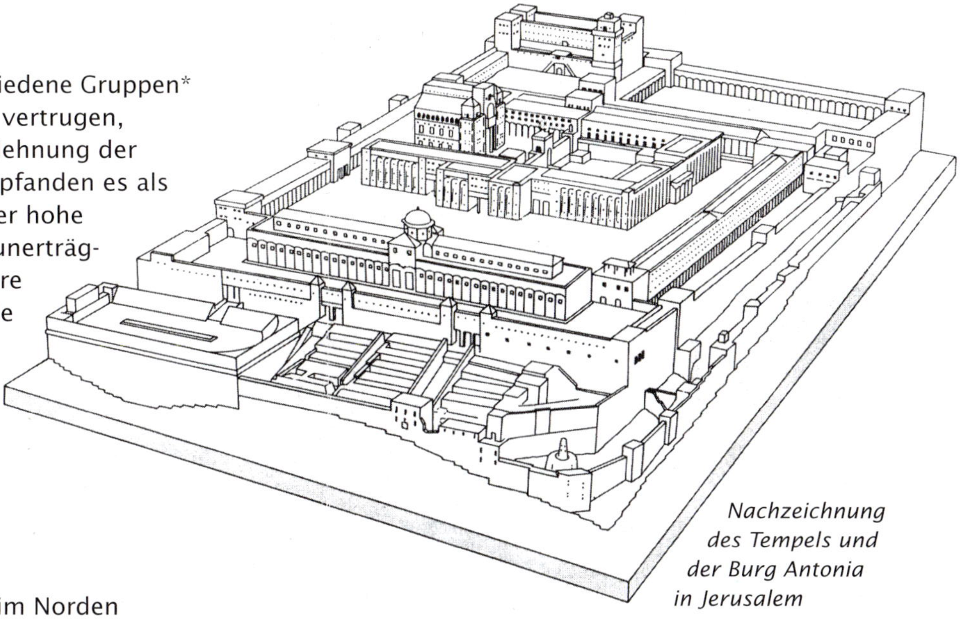

Nachzeichnung des Tempels und der Burg Antonia in Jerusalem

Das Land

Israel hatte damals drei Landesteile: im Norden Galiläa, in der Mitte Samaria und im Süden Judäa. Im Süden lag die Hauptstadt Jerusalem. In Galiläa und Judäa wohnten die Juden, in Samaria die Samaritaner. Mit ihnen wollten die Juden nichts zu tun haben, weil sie nicht im Tempel von Jerusalem beteten. Die Juden von Judäa sahen aber auch verächtlich auf die Galiläer herab. Sie sagten: „Was kann aus Galiläa schon Gutes kommen?" Jesus aber stammte aus Galiläa.

Jerusalem

Jerusalem war die heilige Stadt der Juden. Dort stand der Tempel inmitten eines großen Platzes. Er war für sie ein Zeichen, dass Gott bei seinem Volk wohnt. Er war aus weißem Stein erbaut und z.T. mit Gold verziert. Für jeden frommen Juden war es ein besonderes Erlebnis, zu Wallfahrtsfesten nach Jerusalem zu pilgern, um Gott im Tempel nahe zu sein und ihm ein Opfer darbringen zu lassen. Nichtjuden durften den inneren Tempel nicht betreten, nur den Vorhof der Heiden.

Die Hebräische Bibel

Die Heiligen Schriften – wir sagen dazu: das Alte* Testament – waren in Hebräisch* abgefasst. Sonst aber sprachen die Juden aramäisch. Das war auch die Muttersprache Jesu. Die gebildeten Leute, aber auch die Kaufleute, die viel in der Welt herumkamen, konnten Griechisch. Griechisch war damals die am meisten verbreitete Sprache im Römerreich. So ist es nicht verwunderlich, dass auch die Schriften, die von Jesus und von den ersten Christengemeinden erzählen, in dieser Sprache abgefasst wurden – wir sagen dazu: Neues Testament.

- *Es gibt Bastelbögen vom Tempel in Jerusalem aus der Zeit Jesu, die ihr in Gruppen ausschneiden und zusammenkleben könnt. Besorgt euch eine Beschreibung dieses Tempels und stellt einen möglichen Rundgang zusammen, bei dem ihr euren MitschülerInnen wichtige Teile des Tempels erklärt.*

Mit dem Reich Gottes ist es wie …

Jesus selbst lebte aus der engen Verbindung zu Gott, seinem Vater. Er wusste, wie Gott in jedem einzelnen Menschen und in der Welt wirken kann. Um den Menschen eine Ahnung von dieser Nähe Gottes und seinem verborgenen Wirken, dem Reich* Gottes, zu geben, erzählte Jesus Geschichten. Darin ist immer die Rede von einer großen Veränderung. Die Geschichten aus dem Alltag erzählen vom Säen, Pflanzen und Backen, aber sie lassen dahinter das Wirken Gottes ahnen.

Ein Sämann ging aufs Feld, um zu säen. Als er säte, fiel ein Teil der Körner auf den Weg, und die Vögel kamen und fraßen sie. Ein anderer Teil fiel auf felsigen Boden, wo es nur wenig Erde gab, und ging sofort auf, weil das Erdreich nicht tief war. Als aber die Sonne hochstieg, wurde die Saat versengt und verdorrte, weil sie keine Wurzeln hatte. Wieder ein anderer Teil fiel in die Dornen, und die Dornen wuchsen und erstickten die Saat, und sie brachte keine Frucht. Ein anderer Teil schließlich fiel auf guten Boden und brachte Frucht; die Saat ging auf und wuchs empor und trug dreißigfach, ja sechzigfach und hundertfach.

Nach Mk 4,3-8

Das Reich Gottes ist wie der Sauerteig, den eine Frau unter einen großen Trog Mehl mischte, bis das Ganze durchsäuert war.

Nach Lk 13,20-21

Mit dem Reich Gottes ist es so, wie wenn ein Mann Samen auf seinen Acker sät; dann schläft er und steht wieder auf, es wird Nacht und wird Tag, der Samen keimt und wächst, und der Mann weiß nicht, wie. Die Erde bringt von selbst ihre Frucht, zuerst den Halm, dann die Ähre, dann das volle Korn in der Ähre. Sobald aber die Frucht reif ist, legt er die Sichel an; denn die Zeit der Ernte ist da.

Nach Mk 4,26-29

Das Reich Gottes gleicht einem Senfkorn. Dieses ist das kleinste von allen Samenkörnern, die man in die Erde sät. Ist es aber gesät, dann geht es auf und wird größer als alle anderen Gewächse und treibt große Zweige, sodass in seinem Schatten die Vögel des Himmels nisten können.

Nach Mk 4,30-32

- *Bevor ihr das Gleichnis vom Sauerteig deutet, ist es hilfreich zu wissen, wie ein Brotteig hergestellt wird. Dazu könnt ihr eine nahe gelegene Bäckerei oder ein Reformhaus besuchen und dort Sauerteig kaufen. Mischt ihn mit dem Mehl, stellt ihn warm, bis der wenige Sauerteig das gesamte Mehl durchsäuert hat.*
  Wenn der Teig sprechen könnte, würde er vielleicht Folgendes erzählen:
- *Welche Bedeutung hat das Gleichnis wohl für das Leben eines Christen, einer Christin?*
- *Die Wörter „Sauerteig", „Hände", „Mehl" und „Brot" sind Symbolwörter. Indem ihr diese Wörter durch andere Begriffe (z.B. „Sauerteig" durch „Mensch", „Hände" durch „Gott" usw.) ersetzt, kommt ihr der Bedeutung des Gleichnisses auf die Spur.*

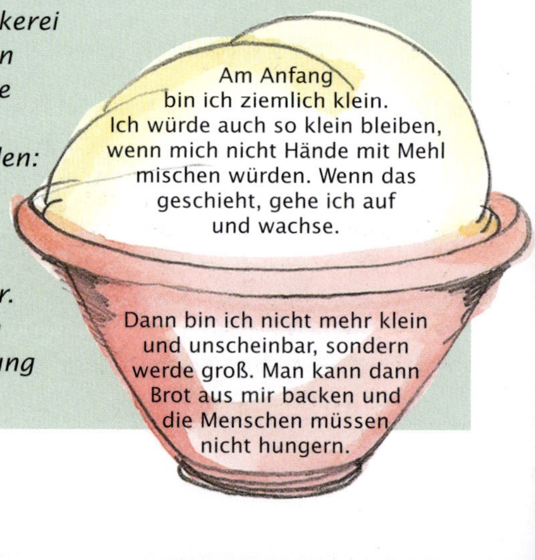

Vincent van Gogh, 1888

- Spielt das Gleichnis vom Sämann (Mk 4,3-8) als Pantomime nach, z.B.:
  - Macht die Bewegung beim Säen nach.
  - Vogelschwärme kommen gierig und aufgeregt.
  - Die Saat vergeht unter der sengenden Sonne.
  - Dornen ersticken die jungen Pflanzen.
  - Die Saat geht auf und bringt reiche Frucht.
- Erzählt euch über eure Erfahrungen beim Spielen der einzelnen Rollen.
- Wie ist das mit Gott? Jesus erzählt das Gleichnis vom Sämann, um etwas über das Wirken Gottes auszusagen ...

Jesus begegnen – Jesus nachfolgen

Männer und Frauen waren von Jesus begeistert und wollten dauernd in seiner Nähe sein. Sie wollten hören, was er ihnen von Gott zu sagen hatte. Und sie wollten miterleben, wie Jesus mit der Hilfe Gottes bedrückte Menschen aufrichtete, Kranke heilte und vielen Menschen neuen Mut zum Leben gab.

Zum Beispiel: Simon, Andreas, Jakobus und Johannes

Als Jesus am See von Galiläa entlangging, sah er Simon und Andreas, den Bruder des Simon, die auf dem See ihr Netz auswarfen; sie waren nämlich Fischer. Da sagte er zu ihnen: Kommt her, folgt mir nach! Ich werde euch zu Menschenfischern machen. Sogleich ließen sie ihre Netze liegen und folgten ihm. Als er ein Stück weiterging, sah er Jakobus, den Sohn des Zebedäus, und seinen Bruder Johannes; sie waren im Boot und richteten ihre Netze her. Sofort rief er sie, und sie ließen ihren Vater Zebedäus mit seinen Taglöhnern im Boot zurück und folgten Jesus nach.

Mk 1,16-20

Zum Beispiel: Der Zöllner Matthäus

Als Jesus weiterging, sah er einen Mann namens Matthäus am Zoll sitzen und sagte zu ihm: Folge mir nach! Da stand Matthäus auf und folgte ihm. Und als Jesus in seinem Haus beim Essen war, kamen viele Zöllner und Sünder und aßen zusammen mit ihm und seinen Jüngern. Als die Pharisäer das sahen, sagten sie zu seinen Jüngern: Wie kann euer Meister zusammen mit Zöllnern und Sündern essen?
Er hörte es und sagte: Nicht die Gesunden brauchen den Arzt, sondern die Kranken. Darum lernt, was es heißt: Barmherzigkeit will ich, nicht Opfer. Denn ich bin gekommen, um die Sünder zu rufen, nicht die Gerechten.

Mt 9,9-13

Zum Beispiel: Die geheilte Maria von Magdala, die reiche Johanna und Susanna

In der folgenden Zeit wanderte er von Stadt zu Stadt und von Dorf zu Dorf und verkündete das Evangelium* vom Reich Gottes. Die Zwölf begleiteten ihn, außerdem einige Frauen, die er von bösen Geistern und von Krankheiten geheilt hatte: Maria Magdalena, aus der sieben Dämonen ausgefahren waren, Johanna, die Frau des Chuzas, eines Beamten des Herodes, Susanna und viele andere. Sie alle unterstützten Jesus und die Jünger mit dem, was sie besaßen.

Lk 8,1-3

- *Wenn ihr auf Papier die Umrisse eurer Füße nachzeichnet und sie dann ausschneidet, könnt ihr damit die verschiedenen Möglichkeiten legen, wie man sich begegnen kann: z.B. seine Freundin treffen und mit ihr weitergehen ..., vor einer Gruppe stehen bleiben ..., aneinander vorbeigehen ..., einen falschen Weg einschlagen und umkehren ...*
  Überlegt einmal, welche Folgen eine solche Begegnung haben könnte!
  Versucht auch, die Begegnung der Männer und Frauen mit Jesus mit Fußspuren zu legen.
- *Betrachte das Bild* 97*. Versetze dich zuerst in den Blinden und dann in den Geheilten. Nach der heilenden Begegnung mit Jesus willst du Gott dafür danken. Schreibe einen eigenen Psalm:*
  Gott, als ich blind war, fühlte ich mich ... Als ich von Jesus geheilt wurde, konnte ich ...
  Ich danke dir für ... Ich bitte dich für ...
- *Ihr könnt euch auch mit weiteren Heilungserzählungen aus dem Neuen Testament beschäftigen: Mk 1,29-31; Mk 1,40-42; Mk 2,1-5.11-12; Mk 7,31-37; Lk 13,10-13; Joh 4,46b-53.*

Duccio di Buoninsegna, 1308

Blinde sehen, Lahme gehen …

Sie kommen nach Betsaida. Da bringt man einen Blinden zu Jesus und bittet ihn, er möge ihn berühren. Er nimmt den Blinden bei der Hand, führt ihn vor das Dorf hinaus, legt ihm die Hände auf und fragt ihn: Siehst du etwas? Der Mann blickt auf und sagt: Ich sehe Menschen, denn ich sehe etwas, das wie Bäume aussieht und umhergeht. Da legt er ihm nochmals die Hände auf die Augen; nun sieht der Mann deutlich. Er ist geheilt und kann alles ganz genau sehen.

Nach Mk 8,22-26

Tod und Auferstehung

Die letzten Tage im Leben des Jesus aus Nazaret sind von schrecklichen Ereignissen gekennzeichnet. Jesus pilgert mit seinen Jüngern und Jüngerinnen zum jährlichen Pessachfest nach Jerusalem und in den Tempel. Die römische Besatzungsmacht will jede öffentliche Unruhe und jeden möglichen Aufstand unterdrücken. Deshalb wird Jesus verhaftet und von den Römern am Kreuz hingerichtet.
Doch Jesu Jüngerinnen und Jünger begegnen bald danach dem Auferstandenen. Sie erhalten Aufträge von ihm, setzen sein Werk fort und tragen seine Frohbotschaft in alle Welt hinaus.

Am gleichen Tag waren zwei von den Jüngern auf dem Weg in ein Dorf namens Emmaus, das sechzig Stadien von Jerusalem entfernt ist. Sie sprachen miteinander über all das, was sich ereignet hatte. Während sie redeten und ihre Gedanken austauschten, kam Jesus hinzu und ging mit ihnen. Doch sie waren wie mit Blindheit geschlagen, sodass sie ihn nicht erkannten. Er fragte sie: Was sind das für Dinge, über die ihr auf eurem Weg miteinander redet? Da blieben sie traurig stehen, und der eine von ihnen – er hieß Kleopas – antwortete ihm: Bist du so fremd in Jerusalem, dass du als Einziger nicht weißt, was in diesen Tagen dort geschehen ist?
Er fragte sie: Was denn? Sie antworteten ihm: Das mit Jesus aus Nazaret. Er war ein Prophet, mächtig in Wort und Tat vor Gott und dem ganzen Volk. Doch unsere Hohenpriester und Führer haben ihn zum Tod verurteilen und ans Kreuz schlagen lassen. Wir aber hatten gehofft, dass er der sei, der Israel erlösen werde. Und dazu ist heute schon der dritte Tag, seitdem das alles geschehen ist. Aber nicht nur das: Auch einige Frauen aus unserem Kreis haben uns in große Aufregung versetzt. Sie waren in der Frühe beim Grab, fanden aber seinen Leichnam nicht. Als sie zurückkamen, erzählten sie, es seien ihnen Engel erschienen und hätten gesagt, er lebe. Einige von uns gingen dann zum Grab und fanden alles so, wie die Frauen gesagt hatten; ihn selbst aber sahen sie nicht.

Lk 24,13-24

- *„Und sie kreuzigten ihn" – Zur Passionsgeschichte: Überlegt euch, wie ihr das Klassenzimmer mit dem Bild 99 und Kerzen gestalten könnt. Dann lest Auszüge aus dem Markus-Evangelium mit verteilten Rollen vor: Mk 11,1-11; Mk 12,28-34; Mk 14,17-25; Mk 15,33-47.*
  Nach jeder Szene könnt ihr ein dazu passendes farbiges Tuch unter das Jesus-Bild legen und eine Kerze dazu entzünden.
  Vergleicht die farbigen Tücher, die ihr ausgewählt habt, mit den Farben auf dem Jesus-Bild.
  Wo seht ihr Gemeinsamkeiten?
- *„Er ist nicht hier!" – Zur Ostergeschichte: Ihr bekommt von eurem Lehrer, eurer Lehrerin ein Textblatt, auf dem der Ostertext Mk 16,1-8 Satz für Satz untereinandersteht. Neben jedem Satz ist ein freies Kästchen. Das könnt ihr mit der Farbe ausmalen, die jedem und jeder spontan einfällt, wenn die Sätze vorgelesen werden. Dann bekommt ihr ein Ausmalblatt, auf dem nur die schwarzen Balken des Jesus-Bildes auf der rechten Seite zu erkennen sind. Übertragt die von euch gewählten Farben zur Ostergeschichte in diese Vorlage und stellt euch gegenseitig eure Osterbilder vor.*
- *„Auf dem Weg" – Zur Emmausgeschichte: Erzählt die Begegnung Jesu mit den beiden Jüngern weiter. Vergleicht eure Geschichte mit dem Text aus dem Evangelium nach Lukas* 24,13-35.*
- *Was haben die Jüngerinnen und Jünger sich wohl beim Anblick des leeren Grabes gedacht?*
- *Gott hat Jesus nicht im Tod gelassen. Was bedeutet das für dich?*

Alexej Jawlensky, 1937

Beten im Alltag

T/M: Marco Frisina

Jesus,
halte mich fest,
wenn ich falle,
halte zu mir,
wenn ich allein bin,
halte mich ab,
wenn ich zuschlagen möchte,
halte mich aus,
wenn ich unausstehlich bin,
halte mir jederzeit
deine Liebe zu den Menschen
vor Augen.
Amen.

Sammelt aus Gebet- und Liederbüchern für Jugendliche Gebete, Lieder und Gedichte. Kopiert sie und klebt sie in euer Klassengebetsheft 22. Beginnt und schließt eure Religionsstunden mit den Texten und Liedern.

Bilder von Jesus Christus

Wie Jesus ausgesehen hat, wie groß er war, welche Haar- und Augenfarbe er hatte ..., weiß man nicht. Trotzdem wurde er im Lauf der Jahrhunderte von vielen Künstlern unzählige Male dargestellt. Sammelt Bilder von Jesus. Sucht nach Gemeinsamkeiten und Unterschieden. Ihr könnt euren Bildern passende Überschriften geben.

Christus auf der Himmelskugel, Trier, 10. Jh.

Christus – Gottes Sohn, Ikone, Sinai, 6. Jh.

Alexej Jawlensky, Dornenkrone, Russland, 1918

Was die Leute sagen ...

die lügner sagen
er ist ein lügner
die dichter sagen
er ist ein dichter
die propheten sagen
er ist ein prophet
die revolutionäre sagen
er ist ein revolutionär
die heiligen sagen
er ist ein heiliger
die mächtigen sagen
er ist gefährlich
die besitzenden sagen
er ist ein kommunist
die nichtssagenden
sagen nichts
die bürger fühlen
sich beunruhigt
die liebenden sagen
er empfindet wie wir
die verlorenen sagen
er hat uns gefunden
die hungrigen sagen
er ist unser brot
die blinden sagen
wir sehen alles neu
die stummen sagen
wir wagen es wieder
den mund aufzutun
die tauben sagen
es lohnt sich
ihm zuzuhören
die lügner sagen
er hat uns gemeint
die mächtigen haben
das letzte Wort
oder das vorletzte
auf jeden fall
weg mit ihm

wilhelm willms

Ein Satz aus der Botschaft Jesu

Jesus hat viele bemerkenswerte Sätze gesprochen. Suche dir einen heraus, der dir besonders gut gefällt. Du kannst auch in *Meine Schulbibel* nachlesen! Schreibe den Satz in eine Papierspirale und schneide sie aus! Du kannst die Spirale farbig gestalten und über deinem Schreibtisch aufhängen.

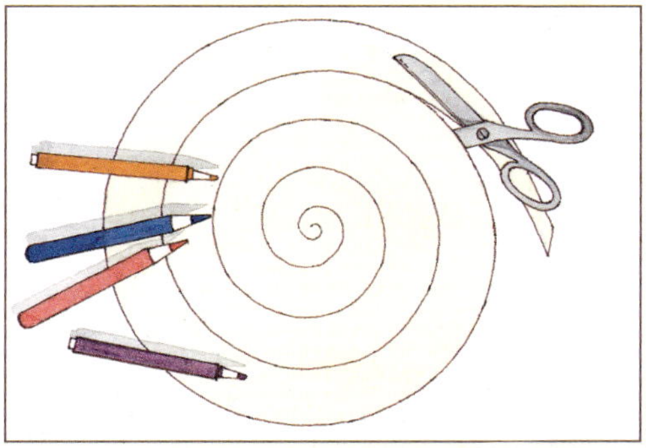

Elfchen dichten

Wähle allein oder in einer Gruppe ein Jesusbild aus diesem Kapitel aus und schreibe dazu ein kurzes Gedicht aus elf Worten, verteilt auf fünf Zeilen. Beachte die Wörter pro Zeile.

Z.B. zur Christus-Ikone:

1. Zeile: ein Wort,	*Augen*
2. Zeile: zwei Wörter,	*Offener Blick*
3. Zeile: drei Wörter,	*Licht im Dunkeln*
4. Zeile: vier Wörter,	*Du bist bei mir*
5. Zeile: ein Wort.	*Danke.*

Ikonen malen

Lasst euch von eurer Lehrerin, eurem Lehrer eine Ausmalvorlage für eine Christus-Ikone geben und malt sie mit den vorgeschriebenen Farben aus.

Rumänische Nonne aus dem Durãn-Kloster beim Malen einer Christus-Ikone.

Jesus im Markus-Evangelium begegnen

Eine Schriftrolle basteln

Du brauchst dazu zwei Holzstäbchen, kleine Holzperlen o.Ä. und einen Papierstreifen. Schreibe auf den Papierstreifen die Texte aus dem Markus*-Evangelium ab. Klebe nun die Enden der Papierstreifen an den Holzstäbchen fest und rolle den Streifen von beiden Seiten zusammen. Du kannst dir auch eine Schriftrolle mit anderen Sätzen aus den Evangelien* herstellen!

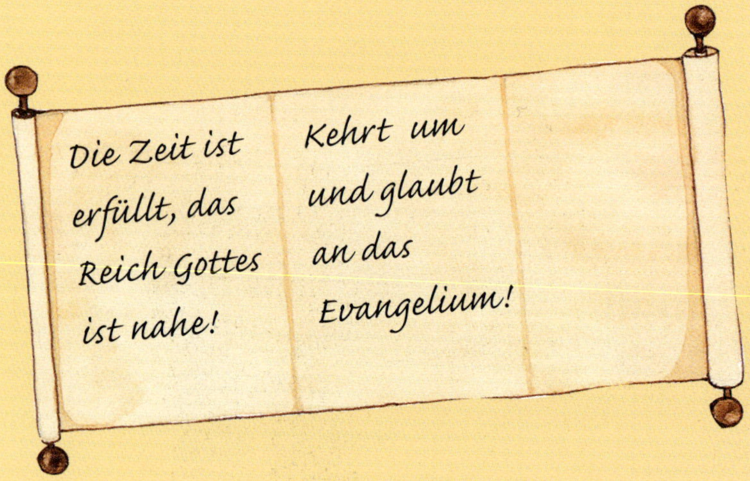

Wichtige Texte aus dem Markus-Evangelium

1. Mk 1,1-15
2. Mk 1,16-28
3. Mk 1,29 – 2,5 und 2,11-12
4. Mk 2,13-17
5. Mk 3,20-21 und 3,31-35
6. Mk 4,1-9
7. Mk 4,26-29 und 4,30-32
8. Mk 4,35-41
9. Mk 5,1-9 und 5,14b-15
10. Mk 5,21-43
11. Mk 6,1-6a
12. Mk 7,24-30 und 7,31-37
13. Mk 8,1-10
14. Mk 8,22-26 und 10,46-52
15. Mk 9,2-10
16. Mk 9,14-29
17. Mk 11,1-11
18. Mk 12,28-34
19. Mk 14,17-25
20. Mk 15,33-47
21. Mk 16,1-8

Eine Handschrift gestalten

Besprecht, wer von euch welche der angegebenen Geschichten aus dem Markus-Evangelium übernehmen möchte. Dann zeichnet ihr auf einer DIN-A4-Vorlage einen Entwurf. Ihr könnt z.B. den Text in Großbuchstaben und in besonders schöner Druckschrift auf das Blatt verteilen. Den ersten Buchstaben schreibt ihr groß in das Kästchen oben links auf eurem Blatt und malt dazu eine Szene aus eurem Text. Danach übertragt ihr das Ganze auf ein gleich großes Pergamentpapier und malt den ersten Buchstaben und das Bild farbig aus. Wenn ihr eure Pergamentblätter in Folie einschweißt und zusammenbindet, könnt ihr euer Buch auch für Feiern und Gottesdienste verwenden.

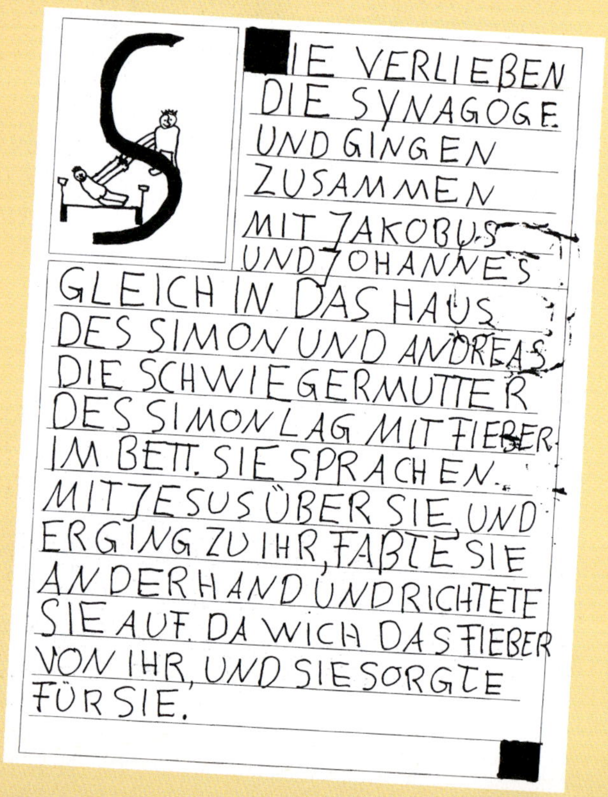

Ein Jesus-Spiel aufführen

Wenn ihr euch gerne mit Standbildern, Pantomime oder Spielen mit verteilten Rollen beschäftigt, könnt ihr aus den angegebenen Geschichten aus dem Markus-Evangelium einige auswählen. Diese könnt ihr in Kleingruppen vorbereiten und der ganzen Religionsgruppe oder auch bei einem Fest oder Gottesdienst in der Schule oder Pfarrgemeinde vorführen.
Ihr könnt aber auch ein ganzes Jesus-Spiel nach dem Markus-Evangelium zusammenstellen. Sucht eine/n Mitschüler/in als Regisseur/in aus, verteilt die Rollen, erarbeitet ein Drehbuch für die einzelnen Szenen, bastelt Bühnenbilder, schneidert Kostüme, wählt Hintergrundmusik aus oder macht selbst mit (Körper-)Instrumenten Musik dazu. Vergesst nicht Perücken, Bärte und Schminke. Übt die Szenen so lange ein, bis ihr eure Rollen gut beherrscht.
Wer mit einer digitalen Videokamera gut umgehen kann, kann das Jesus-Spiel zusammen mit einem Tonmeister und einer Beleuchterin aufnehmen. Nach der Bearbeitung im Studio eurer Schule könnt ihr das Jesus-Spiel auf CDs brennen und auch verkaufen. Vom Erlös werden eure Unkosten gedeckt, und vielleicht bleibt ja auch noch etwas übrig, das ihr für einen guten Zweck spenden könnt.

Rembrandt van Rijn, um 1652

Der Geist des Herrn ruht auf mir; denn der Herr hat mich gesalbt.
Er hat mich gesandt,
damit ich den Armen eine gute Nachricht bringe;
damit ich den Gefangenen die Entlassung verkünde
und den Blinden das Augenlicht;
damit ich die Zerschlagenen in Freiheit setze.

Lk 4,18

- *Suche dir eine Gestalt auf dem Bild aus, nimm ihre Körperhaltung ein und finde heraus, was sie wohl über Jesus denkt. Schreibe das in eine Sprechblase. Gestaltet mit dem Bild in der Mitte und euren Sprechblasen ein Plakat und gebt ihm eine Überschrift.*
- *Was denkst du selbst über Jesus? Was bedeutet er dir? Tausche dich mit einem Partner, einer Partnerin aus.*

7 Von Gottes Geist bewegt

Im Anfang schuf Gott Himmel und Erde;
die Erde aber war wüst und wirr,
Finsternis lag über der Urflut,
und Gottes Geist schwebte
über dem Wasser.

Gen 1,1-2

Zu dieser Zeit kam Jesus von Galiläa
an den Jordan zu Johannes,
um sich von ihm taufen zu lassen.
Kaum war Jesus getauft
und aus dem Wasser gestiegen,
da öffnete sich der Himmel,
und er sah den Geist Gottes wie eine
Taube auf sich herabkommen.

Mt 3,13.16-17

Geht zu allen Völkern,
und macht alle Menschen
zu meinen Jüngern;
tauft sie auf den Namen des Vaters
und des Sohnes und des Heiligen Geistes,
und lehrt sie alles zu befolgen,
was ich euch geboten habe.

Mt 28,19-20a

Der Geist des Herrn

T: Maria Luise Thurmair, 1941
M: Gotteslob Nr. 304: „Zieh an die Macht, du Arm des Herrn"

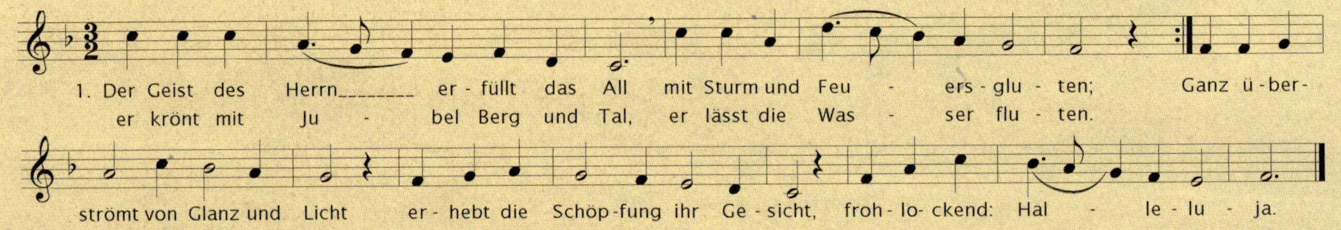

Ihr werdet meine Zeugen sein ...
bis an die Grenzen der Erde.

Apg 1,8

Die Frucht des Geistes aber ist Liebe, Freude, Friede, Langmut, Freundlichkeit, Güte, Treue, Sanftmut und Selbstbeherrschung.

Gal 5,22f.

Das Alte ist vergangen,
Neues ist geworden.

2 Kor 5,17

Denn die Liebe Christi drängt uns.

2 Kor 5,14

Von den Anfängen berichten

Die Christen haben ihren Glauben von Anfang an auf das Zeugnis der Apostel, der Jüngerinnen und Jünger Jesu gestützt.
Wähle ein Beispiel aus, lies in der Bibel nach und berichte den anderen darüber:

Mt 28,1-8:	Die Auferstehung Jesu
Apg 2,1-42:	Die Sendung des Geistes an Pfingsten
Apg 2,42-47:	Die Gemeinschaft
Apg 6,1-7:	Die Wahl der Sieben
Apg 7,51-60:	Die Steinigung des Stephanus
Joh 14,26:	Der Beistand des Geistes

Ein Mobile bauen

Meistens kennt man nur wenige Menschen, die in der Pfarrgemeinde einen Dienst übernehmen. Auf 120 findet ihr Leute und Gruppen, die in einer Pfarrei aktiv sind. Finde mit deinem Banknachbarn heraus, wie die Bilder und Sprechblasen zu den verschiedenen Tätigkeiten passen.
Sprecht mit eurer Lehrerin oder eurem Lehrer darüber, welche Dienste es in eurer Pfarrei gibt. Ihr könnt auch einige dieser Menschen in eure Klasse einladen und befragen.
Gestaltet ein „Dienste-Mobile“: Nehmt festes Papier oder Karton und schneidet die Ecken rund. Schreibt auf jedes Stück den Namen und den Dienst der Personen. Um den Faden an Ästen zu befestigen, stanzt in den Karton ein sauberes Loch. Hängt das Mobile an der Zimmerdecke auf!

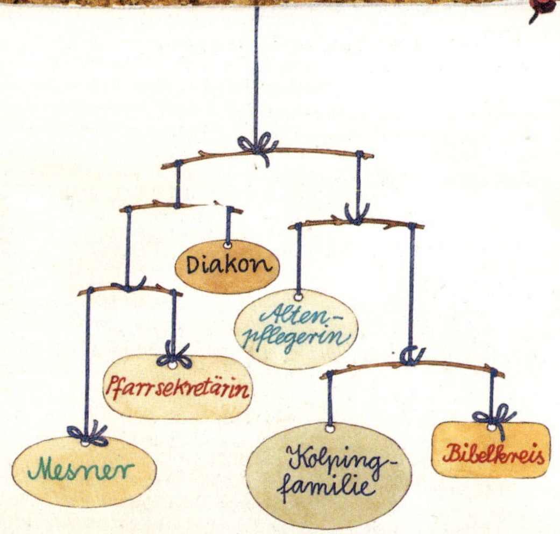

Gemeinden früher und heute

Sammelt Pfarrbriefe aus euren Pfarreien und vergleicht die heutigen Angebote und Aktivitäten mit der Erzählung über die frühen Christengemeinden in der Apostelgeschichte* (vgl. Apg 2,42-47).

Wer war Petrus?

Lest in der Bibel die folgenden Texte nach und stellt wichtige Stationen im Leben des Petrus* zusammen:
Mt 4,18-20; Mt 16,18; Mt 16,19; Mt 26,75; Joh 21,15-16.

Dem Wort „Geist“ nachspüren

Ihr gestaltet gemeinsam ein Plakat. Dazu nehmt ihr Bilder aus Zeitschriften, Zeitungen und Computerausdrucken.
Diese sortiert ihr unter folgenden Gesichtspunkten:
Hier herrscht ein guter Geist.
Hier herrscht ein unguter Geist.

Überlegt auch, bei welchen Bildmotiven es euch schwerfällt, sie einer bestimmten Seite zuzuordnen.

Der Geist Gottes bewegt die Welt

Sucht nach Beispielen, wo sich Menschen, die vom Geist Gottes getrieben sind, für das Leben einsetzen und so die Welt verändern. Fertigt dazu ein Plakat an.

Bilder aus Katakomben sammeln

Findet im Internet Bilder aus Katakomben und gestaltet eine Katakombe. Versetzt euch in die Lage der Menschen damals: Sammelt die Symbole, die die Hoffnung der frühen Christen auf Auferstehung ausdrückten. Welche würdest du für einen eigenen Schrein wählen? Findet heutige Symbole für die Hoffnung.

Darstellungen von Gottes Geist

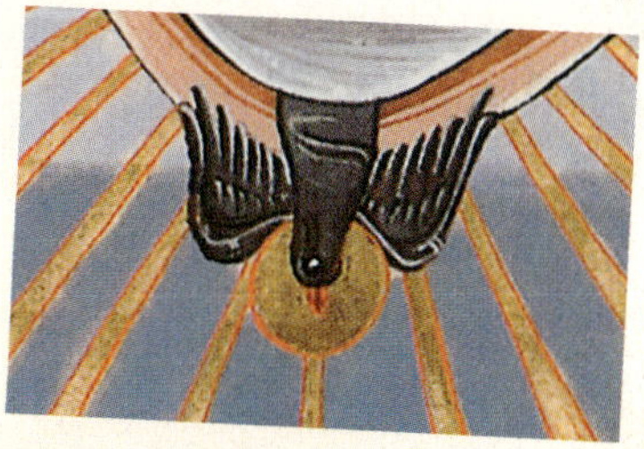

Es gibt verschiedene Symbole, um Gottes Geist darzustellen. Besucht gemeinsam eine Kirche und sucht darin nach Darstellungen von Gottes Geist. Wähle dir eine Darstellung aus und male sie in dein Religionsheft. Was könnte diese Darstellung bedeuten?
Manchmal sprechen Menschen von den sieben Gaben des Heiligen Geistes. Recherchiert im Gotteslob 241, was sie damit ansprechen.

Pfingsttag in Jerusalem

Lest in der Bibel Apg 2,1-42 und gestaltet in Gruppenarbeit für eine Nachrichtensendung einen Beitrag unter dem Titel „Pfingsttag in Jerusalem“. Ihr braucht dazu: einen Ansager, einen Berichterstatter „vor Ort“, Reporter, die Interviews mit den Leuten in Jerusalem* und den Aposteln führen, sowie einen Sprecher, der die Rede des Petrus* (Apg 2,14-36) wiedergibt.

Aus dem Geist Gottes handeln

Wählt in Partnerarbeit eine engagierte Christin oder einen engagierten Christen aus (im Heiligen-Lexikon, in eurer Umgebung, im Internet ...), die oder den ihr euren MitschülerInnen vorstellen möchtet.
Ihr könnt euch an folgenden Schritten orientieren:
Wie heißt die Person?
Wo und zu welcher Zeit lebt/e die Person?
Beschreibt, was diese Person Besonderes tut oder tat.
Beschreibt, inwiefern diese Person ein Vorbild für euch sein könnte.

Max Josef Metzger

Rupert Mayer

Vorbild im Alltag

Petrus fasst neuen Mut

Wieder einmal hatten sich die Jüngerinnen und Jünger in einem Haus in Jerusalem* hinter verschlossenen Türen versammelt.
Da saßen sie nun und dachten daran, wie Jesus sich ihnen nach der Auferstehung zum letzten Mal gezeigt hatte. „Geht", hatte er gesagt, „und erzählt allen Menschen die frohe Botschaft von Gott, und habt keine Angst, denn ich bin immer bei euch!"

Aber dann war er von ihnen gegangen.
Hatte er sie nun endgültig verlassen? Was würde passieren, wenn sie jetzt hinausgingen und von Jesus erzählten? Würde es ihnen dann nicht ebenso ergehen wie ihm selbst? Würde man sie nicht auch gefangen nehmen oder gar töten? Davor hatten sie große Angst.

Deshalb waren sie im Haus geblieben und hatten die Tür zugesperrt. Sie hatten allen Mut verloren. Zwar erinnerten sie sich daran, dass Jesus versprochen hatte, ihnen den Heiligen Geist als Helfer zu schicken. Aber darunter konnten sie sich nichts vorstellen. Wie sollte das zugehen? Diese Gedanken machten sie nur noch ratloser.
Sie waren mutlos, ratlos, traurig, ängstlich.

Aber dann ist etwas geschehen.
Es war am jüdischen Erntedankfest. Plötzlich kam Leben in die Jüngerinnen und Jünger. Ihre Angst war wie weggeblasen. Alles war anders.

Jetzt wagten sie die Türen zu öffnen. Sie eilten hinaus. Sie waren nicht mehr zu halten.
„Jesus lebt!", schrien sie über den Marktplatz.
Sie glühten vor Eifer und Begeisterung.
Da waren genug Leute, die sie hören konnten, denn viele feierten das Erntedankfest in der Stadt.
Viele waren sogar aus dem Ausland gekommen.
„Was hat das zu bedeuten?", fragten die einen.
„Die sind ja betrunken", sagten die anderen.

Und dann trat Petrus* auf, dieser Petrus, der sich bei der Verurteilung Jesu sogar vor einer Dienstmagd gefürchtet hatte.
Jetzt rief er mit feurigen Worten: „Hört, was ich euch zu sagen habe! Jesus, den ihr habt umbringen lassen, er lebt. Gott hat ihn auferweckt und ihn zum Herrn gemacht."
Als die Leute das hörten, traf es sie mitten ins Herz.
Sie sagten zu Petrus und den übrigen Aposteln:
„Was sollen wir tun?"
Petrus antwortete ihnen: „Glaubt an Jesus und lasst euch auf seinen Namen taufen! Dann werdet ihr auch den Heiligen Geist empfangen."

Alle, die sein Wort annahmen, wurden getauft und ihre Zahl war groß. Jetzt sind die Jüngerinnen und Jünger furchtlos, mutig, eifrig, entschlossen, begeistert.

- *Dieser Text ist eine Neuerzählung von Apg 2. Vergleicht diese Geschichte mit dem Bibeltext.*
- *Das Kommen des Geistes und die Veränderung der Menschen werden in kraftvollen Bildern erzählt. Versuche doch einmal, dies mit passenden Farben auszudrücken.*
- *„Sie waren mutlos, ratlos, traurig, ängstlich ... – ... Jetzt sind die Jüngerinnen und Jünger furchtlos, mutig, eifrig, entschlossen, begeistert." Diese gegensätzlichen Erfahrungen von Mutlosigkeit und von Aufbruchsstimmung und Neuanfang könnt ihr mit Gesten und Bewegungen ausdrücken.*
- *Thomas Zacharias hat das Pfingstereignis im Bild* 106 *gestaltet.*
  Ihr könnt darauf Hinweise auf den Geist Gottes und auf die Veränderung der Jünger entdecken.
- *In der Buchmalerei rechts werden die* Wirkungen *des Geistes mit anderen Symbolen ausgedrückt ...*
- *Wie kann heutiges Gemeindeleben aussehen, das vom Heiligen Geist erfüllt ist?*

Aus dem Perikopenbuch Heinrichs II., Anfang 11. Jh.

Paulus auf neuen Wegen

Paulus im ersten Brief an die Christengemeinde in Korinth

Paulus, durch Gottes Willen berufener Apostel Christi Jesu, und der Bruder Sosthenes an die Kirche Gottes, die in Korinth ist – an die Geheiligten in Christus Jesus, berufen als Heilige mit allen, die den Namen Jesu Christi, unseres Herrn, überall anrufen, bei ihnen und bei uns.
Gnade sei mit euch und Friede von Gott, unserem Vater, und dem Herrn Jesus Christus.

1 Kor 1,1-3

Er, der uns einst verfolgte, verkündigt jetzt den Glauben, den er früher vernichten wollte.

Gal 1,23

- *Erklärt euch gegenseitig, was Paulus wohl mit „durch Gottes Willen berufener Apostel Christi Jesu" meinen könnte.*
  Beachtet dabei, wie Paulus die Empfänger anspricht, und überlegt, was er damit zeigen möchte.
- *Lukas* hat in der Apostelgeschichte* die Bekehrung des Paulus erzählt. Im Brief an die Galater schreibt Paulus selbst über sein Erlebnis vor Damaskus (Gal 1,10-17).*
  Vergleicht Apg 9,1f. mit Gal 1,10-17.
  Folgende Fragen können euch dabei helfen:
  1. Warum verfolgte Paulus die Christen?
  2. Was wollte er mit den Christen tun?
  3. Wie zeigte sich ihm Christus?
  4. Wie erging es seinen Gefährten?
  5. Was geschah mit Paulus?
  6. Wer heilte ihn?
  Ihr könnt die Antworten in einer Tabelle einander gegenüberstellen.
- *Paulus hat sich gewandelt und ein neues Leben als Christ begonnen.*
  Wie würdest du eine solche Wandlung ausdrücken? Du kannst sie mit Farben gestalten.
  Ihr könnt die Erzählung mit einer Klangcollage aus euch zugänglichen Instrumenten und euren Körperinstrumenten begleiten.
- *Erzählt, was auf dem Bild dargestellt ist, und vergleicht es mit der Szene aus Apg 9,1f.*
- *Auf eigenwillige Weise hat der Maler die Paulusgeschichte dargestellt. Lasst euch eine Kopie geben und verdeutlicht mit Farbe die Wirkung des Geistes.*
- *„Vom hohen Ross stürzen ..." Was bedeutet diese Redewendung? Erzählt euch gegenseitig Beispiele dazu.*

Caravaggio, 1601

Paulus gründet Gemeinden

Paulus stammte aus Tarsus in Kleinasien, das damals wie alle Länder rund um das Mittelmeer unter römischer Herrschaft stand. Er war freier römischer Bürger. Seine Familie stammte aus Galiläa, dem Land, in dem Jesus aufgewachsen ist. Er gehörte zur Gemeinschaft der Pharisäer, besonders gesetzestreuer Juden. Als Jude trug er den Namen Saulus, als Römer den griechischen Namen Paulus, „der Kleine". Studiert hatte er in Jerusalem bei dem damals bekannten Gesetzeslehrer Gamaliel. Seinen Lebensunterhalt verdiente er als Zeltmacher. Nachdem er sich dem Christentum zugewandt hatte und einer seiner eifrigsten Anhänger geworden war, reiste er im damaligen Römischen Reich umher, um die Menschen vom Christentum zu überzeugen.

Paulus schreibt einen Brief. Elfenbein, um 420

Er gründete viele Gemeinden 115. Von seinen Reisen aus schrieb er ihnen Briefe, um sie im Glauben zu stärken und Konflikte unter ihnen zu schlichten. Weil seine Briefe von allgemeinem Interesse waren, wurden sie in den Gemeinden weitergegeben. So gelangten die Paulusbriefe an die Christenheit und schließlich ins Neue Testament 112, zum Beispiel:

Brief an die Römer:	Röm
1. Brief an die Korinther:	1 Kor
2. Brief an die Korinther:	2 Kor
Brief an die Galater:	Gal
Brief an die Philipper:	Phil
1. Brief an die Thessalonicher:	1 Thess
Brief an Philemon:	Phlm

Hilfsaktion für Jerusalem

Paulus versprach bei einem Zusammentreffen mit Petrus* in Jerusalem, dass er die Armen nicht vergessen würde. Deshalb sammelte er auf seinen Missionsreisen Geld für bedürftige Christen in Jerusalem.

Im ersten Brief an die Korinther schreibt er, wie die Christen in der griechischen Stadt Korinth die Sammlung durchführen sollen:

Jeder soll immer am ersten Tag der Woche etwas zurücklegen und so zusammensparen, was er kann. Dann sind keine Sammlungen mehr nötig, wenn ich komme.

1 Kor 16,2

Einmal lobt er sogar in einem Brief Gemeindemitglieder, die Geld gaben, obwohl sie selbst wenig hatten:

Ich bezeuge, dass sie nach Kräften und sogar über ihre Kräfte spendeten, ganz von sich aus, indem sie sich geradezu aufdrängten und uns um die Gunst baten, zur Hilfeleistung für die Heiligen (die Armen in Jerusalem) beitragen zu dürfen.

2 Kor 8,3f.

Für Paulus waren alle Christen ein Teil der großen Gemeinschaft, die an Jesus Christus glaubt.
Die freiwillige Gabe der Gemeindemitglieder für die Christen in Jerusalem war für ihn ein Ausdruck dieser Gemeinschaft der Gläubigen untereinander.
Paulus überbrachte das gesammelte Geld auf seiner letzten Reise nach Jerusalem.
Dort wurde er verhaftet, weil er angeblich Unruhe unter den Juden stiftete. Von Jerusalem aus brachten ihn die Römer als Gefangenen nach Rom, wo er vermutlich zwischen 63 und 67 n.Chr. als Märtyrer enthauptet wurde.

■ *Das Relief von einem Elfenbeinkästchen, um 420 n.Chr., zeigt Paulus, wie er einen Brief schreibt. Lest zum Bild Röm 16,22 und 1 Kor 16,21. Dabei erfahrt ihr Wissenswertes über die Entstehung der Paulusbriefe.*

Der christliche Glaube verbreitet sich in Wort und Schrift

Leben Jesu

Jüngerinnen und Jünger verkünden Christus an verschiedenen Orten.

Erste Briefe (von Paulus) und Erzählungen von Jesus werden aufgeschrieben, immer wieder abgeschrieben und an andere Gemeinden versandt.

Die Paulusbriefe werden gesammelt und die Evangelien geschrieben.

Die 27 einzelnen Schriften werden wahrscheinlich an einem Ort immer wieder abgeschrieben und verteilt.

Die frühen Christen haben ihre Schriften nicht auf Schriftrollen verfasst. Sie haben ihre Texte in Buchform weiterverbreitet. Dabei wurde ähnlich wie bei Schulheften verfahren: In den „Büchern" wurden beide Seiten des Blattes beschrieben.
Von den ersten Abschriften sind häufig nur noch kleine Stückchen erhalten (Abb.). Aber alle sind im Gegensatz zu Schriftrollen vorne und hinten beschrieben. Auch die Ärzte haben im Römerreich solche „Bücher" verwendet.
Wenn nun Christen verfolgt wurden, haben diese den römischen Soldaten oft alte Rezeptbücher der Ärzte gegeben, und diese wurden verbrannt. So haben die Christen ihre heiligen Schriften gerettet.

ΑΠΟ ΘεοΥ ΠΑΤΡΟΣ ΗΜΩΝ ΚΑΙ ΚυριοΥ ΙΗσοΥ ΧΡιστοΥ

„Von Gott Vater unser und Herrn Jesus Christus."

Abschrift eines Paulusbriefes, angefertigt ca. 200 n.Chr.

Eine Erzählung über Leben und Sterben der Christen im alten Rom

Das Brotbrechen. Fresko in der zentralen Nische der Priscilla-Katakombe

Gräbernischen im ersten Stockwerk der Priscilla-Katakombe

Im Norden von Rom, dort wo die Salzstraße, die Via Salaria, vom Meer in die Sabiner Berge hinaufführt, lag die Villa des Manius Acilius und seiner Frau Priscilla. Die Familie der Acilier war vornehm und reich. Man erzählt sich, dass Acilius und Priscilla ihren Reichtum aber nicht für sich behielten, denn sie waren Christen geworden. Eine Dienerin von Priscilla hatte ihnen von Jesus und seiner Botschaft erzählt. Es machte sie froh, dass Jesus alle Menschen liebte und dass er sie nicht dem Tod überlassen würde. Das war eine große Hoffnung für die Menschen im Römischen Reich, in dem das Leben der Armen wenig galt und in dem auch die Reichen und Angesehenen nicht sicher waren vor der Willkür des Kaisers. Acilius und Priscilla setzten ihr Vertrauen auf das Bekenntnis der ersten Christen:

Wenn du mit deinem Mund bekennst: „Jesus ist der Herr“ und in deinem Herzen glaubst: „Gott hat ihn von den Toten auferweckt“, so wirst du gerettet werden. Wer mit dem Herzen glaubt und mit dem Mund bekennt, wird Gerechtigkeit und Heil erlangen.

Röm 10,9-10

Sie hatten auch gehört, dass sich die Christen in Jerusalem in den Häusern trafen, um das Brot zu brechen und sich an das zu erinnern, was Jesus gesagt und getan hatte. Dabei priesen und dankten sie Gott. Priscilla und Acilius stellten den Christen einen großen Raum in ihrem Haus zur Verfügung, damit sie mit ihnen zusammen an jedem Sonntag die Eucharistie feiern konnten. Allmählich bildete sich aus dieser Hauskirche eine communio, d.h. eine Gemeinde, die sich gegenseitig unterstützte.
Als eines Tages ein Gemeindemitglied starb, fragten die anderen: „Was soll nun mit ihm geschehen? Sollen wir ihn zu den allgemeinen Bestattungsorten der Stadt bringen?“ Die Grabplätze am Stadtrand waren aber schwer zu bekommen und teuer geworden, weil die Bevölkerung stark angewachsen war und die Bestattung der Toten in der Erde üblich geworden war. „Wäre es nicht besser“, fragten sich die Christen der Gemeinde an der Via Salaria, „wenn

wir auf einem Grundstück gemeinsam mit unseren Toten auf das Kommen des Herrn hoffen könnten?" Bisher war es aber nur reichen Familien möglich, ihre Toten in ihrer Nähe zu bestatten, denn sie besaßen auf ihrem Grundstück eine Familiengruft. So war es auch bei Priscilla und Acilius. Sie sagten: „Unsere Hauskirche ist für uns wie eine Familie. Die verstorbenen Christen sind unsere Schwestern und Brüder. Warum sollten wir sie nicht bei uns beisetzen?"

Viele Jahre später

Priscilla und Acilius waren längst tot. Priscilla hatte ihren Gatten um einige Jahre überlebt und dann ihren Besitz der Kirche geschenkt. Die ehemalige Familiengruft wurde im Lauf der Zeit zu einem weitverzweigten Gräberfeld ausgebaut, einer sogenannten Katakombe. Das sind unterirdische Friedhöfe. Der weiche vulkanische Tuffstein ließ sich leicht bearbeiten, und so konnte man lange unterirdische Gänge anlegen und die Verstorbenen in die Nischen legen, die links und rechts in die Seitenwände hineingeschlagen waren. Nach der Bestattung wurden die Nischen zugemauert, mit einer Inschrift versehen und mit einem Bild bemalt, das den Auferstehungsglauben der Christen ausdrückte. Besonders beliebt waren die Bilder vom Guten Hirten, von der Auferweckung des Lazarus und von Jona im Fischbauch. Manchmal war nur eine Palme, eine Taube, ein Fisch oder das Christuszeichen ☧ eingeritzt. Doch wussten die Christen genau, was das bedeutete.

Wieder viele Jahre später

Immer wieder geschah es, dass römische Kaiser die Christen wegen ihres Glaubens verfolgen und hinrichten ließen. Sie glaubten nämlich, dass die Christen ihnen nicht treu ergeben waren, weil diese nicht den Kaiser, sondern Christus als ihren höchsten Herrn betrachteten. Diejenigen, die so ihr Leben für Christus hingegeben hatten, die Märtyrer, wurden ebenfalls in den Katakomben bestattet. Viele Christen verehrten besonders diese Gräber und pilgerten dorthin, um zu beten und die verstorbenen Märtyrer um Fürbitte bei Gott anzuflehen. Weil immer mehr Pilger kamen, wurde der Platz an den Gräbern zu eng. Deswegen errichtete man darüber eine Kirche. Unter der Regierung des Kaisers Konstantin, der den Christen freie Religionsausübung gewährt hatte, war dies möglich geworden.

Später vergaßen die Menschen, dass sich unter der Kirche ein ganzer christlicher Friedhof befand. Erst nach vielen Jahrhunderten hat man ihn wieder entdeckt. In der Katakombe an der Via Salaria fand man eine Inschrift aus dem 4. Jahrhundert, auf der eine DOMINA PRISCILLA um Hilfe angerufen wird. Man erkannte darin die Stifterin des Friedhofs und nannte ihn deswegen Priscilla-Katakombe.

In der Priscilla-Katakombe ist eine Grabkammer nach diesem Fresko „Die Schleiernahme" benannt. Gezeigt sind Szenen aus dem Leben einer Frau. Links: Eheschließung beim Bischof, rechts: mit Kind, Mitte: Die Frau wird als Verstorbene bei Gott lebend dargestellt.

Dieser Grabstein in der Priscilla-Katakombe trägt die Inschrift: M. ACILIUS V. C. V. PRISCILLA. Das heißt: Manius Acilius Verus und Priscilla

Das Christentum kann sich

Man mixte ein Pulver mit Wasser und verwendete das als Tinte. Geschrieben wurde meist mit einem zugespitzten Binsenstäbchen.

Im ganzen Römerreich konnten die meisten Menschen sich in Griechisch verständigen, gleich ob sie Römer oder Israeliten waren. Griechisch war damals „Weltsprache“, ähnlich wie Englisch heute. Das Neue Testament wurde in Griechisch geschrieben (vgl. 115).

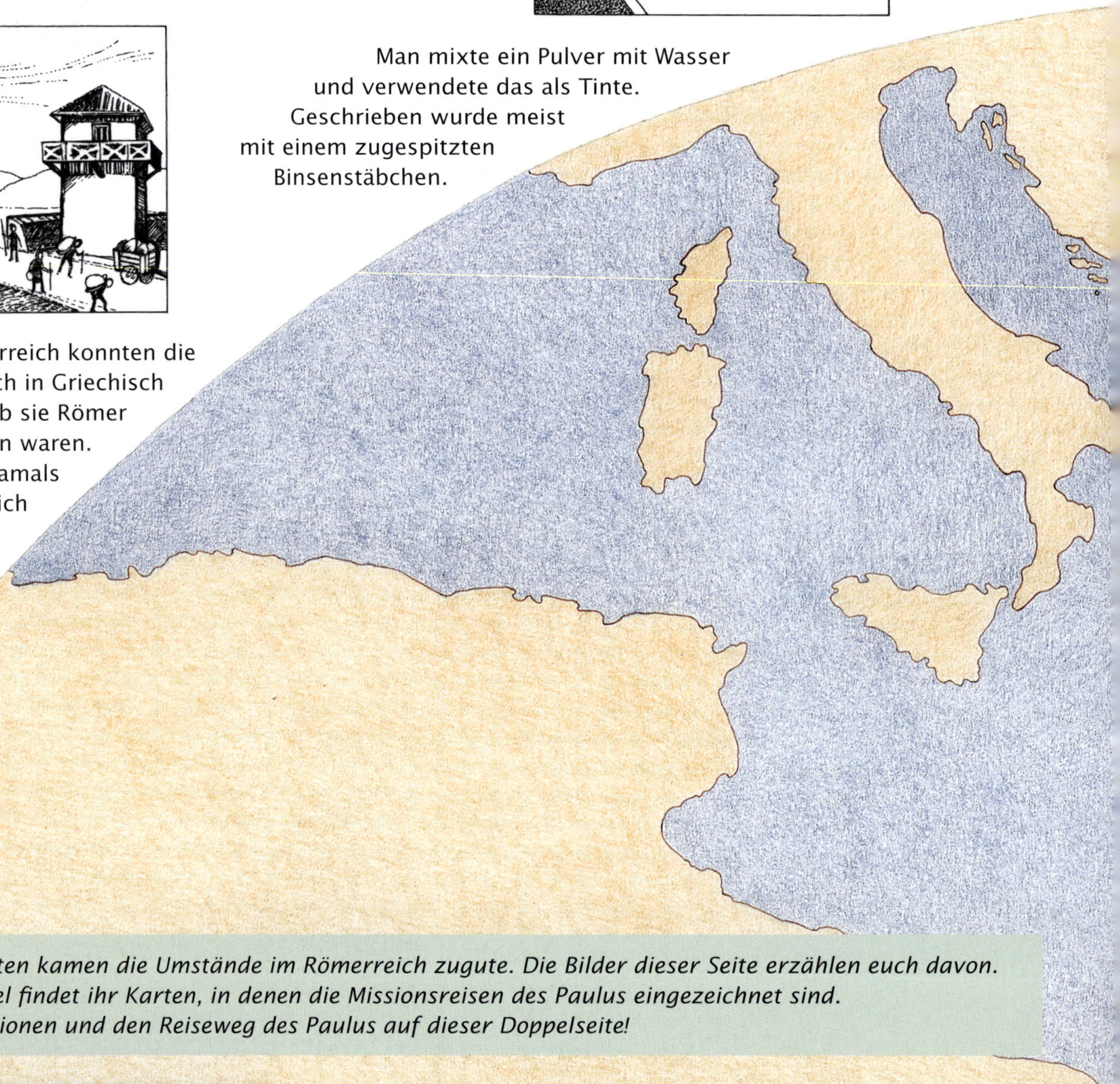

- *Den Christen kamen die Umstände im Römerreich zugute. Die Bilder dieser Seite erzählen euch davon.*
- *In der Bibel findet ihr Karten, in denen die Missionsreisen des Paulus eingezeichnet sind. Sucht Stationen und den Reiseweg des Paulus auf dieser Doppelseite!*

in einem Weltreich verbreiten

Die Römer hatten ein gut ausgebautes Verkehrssystem. Das nützte der Ausbreitung des Christentums. Auch Paulus kam dadurch auf seinen Missionsreisen schneller zu seinen Gemeinden.

Gemeinde gestalten

Ich gehe oft zu den alten und kranken Menschen. Sie freuen sich, wenn ich komme; dann ist es ihnen nicht langweilig. Und sie freuen sich auch, wenn ich ihnen beim Einkaufen, Kochen und Saubermachen helfe.

Kirchenpfleger/in

Kindergottesdienstkreis

Pfarrer

Missionskreis

Mesner

Pastoralreferent/in

Religionslehrer/in

Bibelkreis

Kolpingfamilie

Ak Umwelt

Lektor/in

Meine Arbeit ist sehr vielfältig. Nachmittags kommen Kinder oder Jugendliche in unsere Jugendgruppen. Wir spielen zusammen oder machen Ausflüge und reden miteinander. Abends treffen sich die Erwachsenen. Wir überlegen zum Beispiel gemeinsam mit dem Pfarrer, wie wir die Gottesdienste gut gestalten können.

Kaplan

Heute Nachmittag ist noch eine Trauung – da muss ich vorher die Kirche schmücken. Und am Abend findet ein Wortgottesdienst statt mit einer Lichterfeier. Dazu brauchen wir zweihundert kleine Kerzen. Ich muss noch mal telefonieren, damit die Lieferung pünktlich ankommt.

Ministrant/in

Gleich treffe ich mich mit unserem Kindergottesdienstkreis. Anschließend sehen wir uns beim Pfarrgemeinderat!

Pfarrsekretär/in

Altenpfleger/in

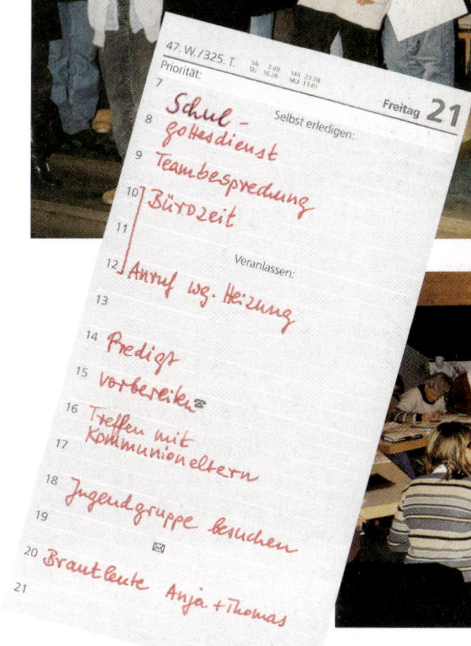

Ich freue mich, dass ich bei den Ministranten bin. Vielleicht darf ich nächsten Sonntag den Weihrauch schwingen ...!

Diakon

- *Vom Pfarrer oder seinen MitarbeiterInnen könnt ihr einen Pfarrbrief bekommen. Darin findet ihr viele Informationen über Gruppen und Unternehmungen. Schreibt doch mal einige Seiten neu, sodass ein Pfarrbrief für Kinder und Jugendliche entsteht!*

Eine freudige Nachricht breitet sich aus

T/M: Martin Gotthard Schneider

2. Erst war die Nachricht noch wie versteckt.
   Drei oder vier, die haben's entdeckt
   und haben die Nachbarn aufgeschreckt.
3. Türen und Fenster rissen sie auf,
   schrien's die Straße hinunter, hinauf.
   Und so nahm die Freude ihren Lauf.
4. Einer fragte den andern: „Du!
   Hast du's gehört? Was sagst du dazu?"
   Und Hunderte, Tausende wussten's im Nu.
5. Alle kamen, Alt, Jung, Klein und Groß,
   Erwachsene, Kinder und freuten sich bloß.
   Der Großvater sagte: „Was ist heute los?"
6. Das war ein Singen und Fröhlichsein,
   ein Klatschen und Tanzen und Ringelreihn
   und jeder fiel in den Jubel ein.
7. Und wer es hörte, irgendwann,
   die Nachricht, die viele Menschen gewann,
   für den fing ein neues Leben an.

Wir gehen auf Spurensuche

Auch in eurem Ort gibt es Spuren der Geschichte des christlichen Glaubens, z.B. Gebäude, Straßennamen, Wegkreuze ... Geht gemeinsam auf Spurensuche.

Planung:
Schaut auf euren Stadt- oder Ortsplan: An welchen Plätzen finden sich Zeugnisse des christlichen Glaubens? Markiert die Plätze farbig und schreibt die Zeugnisse des christlichen Glaubens an den Rand des Plans.
Überlegt euch gemeinsam, welchen Weg ihr gehen müsst, um alle Fundstätten an eurem Schulort zu besuchen. Tragt diesen Weg farbig in euren Stadt- oder Ortsplan ein.

Erarbeitung:
Macht gemeinsam einen Lerngang zu den Zeugnissen des christlichen Glaubens und fotografiert sie. Ihr könnt sie auch abmalen. Sammelt Informationen über sie, z.B. in Prospekten, die ihr im Rathaus findet, oder in Kirchenführern, die in den Kirchen oder im Pfarrhaus zu bekommen sind. Ihr könnt auch Leute im Rathaus und im Pfarrhaus nach der Geschichte dieser Zeugnisse des christlichen Glaubens befragen.

Gestaltung:
Fertigt in Gruppen auf großen Plakaten eine Dokumentation an: Befestigt in der Mitte des Plakats den Stadt- oder Ortsplan und markiert die Plätze mit den Zeugnissen des christlichen Glaubens. Zieht Linien an den Rand und schreibt dort den Namen des christlichen Zeugnisses hin. Klebt dann eine Zeichnung oder ein Foto dazu. Wenn ihr etwas über die besondere Geschichte dieses christlichen Zeugnisses herausbekommen habt, schreibt es in Stichwörtern dazu.

Präsentation:
Stellt euch gegenseitig eure Plakate vor. Erzählt euch, welche Zeugnisse christlichen Glaubens euch besonders gefallen haben, und begründet eure Wahl.

Wenn viele gemeinsam träumen

Das Christentum hat klein begonnen. An Pfingsten* haben die ersten Christinnen und Christen den Heiligen Geist in „Sturm“ und „Feuer“ erlebt. Sie waren feurige Redner und begeistert von der Sache Jesu.

- *Christen haben für ihren Glauben ihr Leben aufs Spiel gesetzt – damals, aber auch in unserer Zeit. Was hast du für eine Meinung dazu?*

- *Was hat dir aus der frühen Zeit des Christentums und aus der Zeit seiner Verbreitung am meisten imponiert? Begründe deine Auswahl!*

- *Kennst du weitere Redewendungen, in denen Sturm, Feuer und Geist in symbolischer Bedeutung gebraucht werden? Was sagen sie über den Heiligen Geist aus?*

Wenn eine/r alleine träumt

T: Dom Helder Camara
M: Ludger Edelkötter

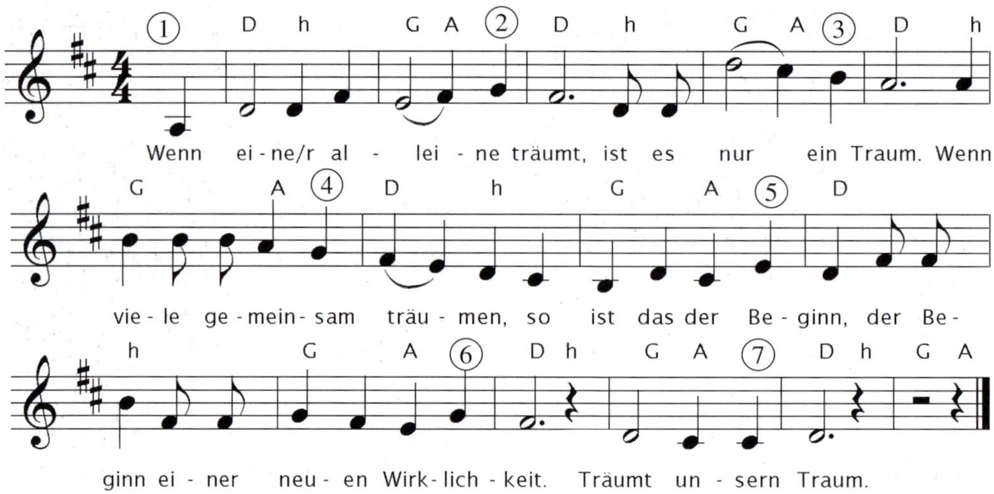

- *Hast du eine Idee, wie Christen heute in den Familien, in Schulklassen und im Freundeskreis den Traum von einer neuen Wirklichkeit wahr werden lassen können?*

8 Christliche Konfessionen erkunden

„Die Mauern zwischen den Kirchen sind zwar hoch, aber sie reichen nicht bis zum Himmel."

Orthodoxer Metropolit Platon von Kiew (1882-1891)

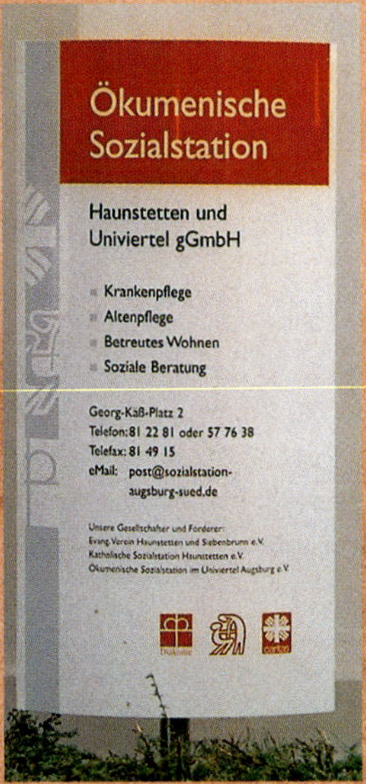

katholisch

„Das, was uns verbindet, ist stärker als das

„Dialog der Liebe meint nicht, dass wir künftig Probleme ausklammern werden. ... Helft, den Abstand zwischen den Kirchen kleiner zu machen.“

Bartholomaios I., seit 1991 griechisch-orthodoxer Patriarch von Konstantinopel

„Die Einheit der Christen wieder herstellen zu helfen, ist eine der Hauptaufgaben des Heiligen Ökumenischen Zweiten Vatikanischen Konzils.“

Zweites Vatikanisches Konzil (1962-1965)

orthodox

evangelisch

was uns unterscheidet oder trennt.“

Ev. Landesbischof Christian Krause bei der Unterzeichnung der Gemeinsamen Erklärung zur Rechtfertigungslehre am 31.10.1999 in Augsburg

Gottesdienstschilder am Ortsrand dokumentieren

Geht in kleinen Gruppen an die verschiedenen Ortsränder eures Wohn- und Schulortes und sucht nach Gottesdienstschildern. Ihr könnt sie fotografieren oder abmalen und in euer Arbeitsheft kleben.
Im Telefonbuch und im Internet lässt sich herausfinden, welche katholischen und evangelischen Pfarrgemeinden es am Ort gibt.
Recherchiert in den Pfarrbüros oder im Internet, wo und wann Gottesdienste gefeiert werden. Und wer von euch geht mit wem in welchen Gottesdienst?
Berichtet euch von euren Eindrücken!

Kirchen im Stadtplan hervorheben

Besorgt euch einen Plan von eurem Schulort und markiert katholische und evangelische Kirchen farbig. Wenn es auch eine orthodoxe Kirche bei euch gibt, könnt ihr die auch hervorheben. Zeichnet die Straßenverbindung zwischen eurer Schule und den Kirchen ein.

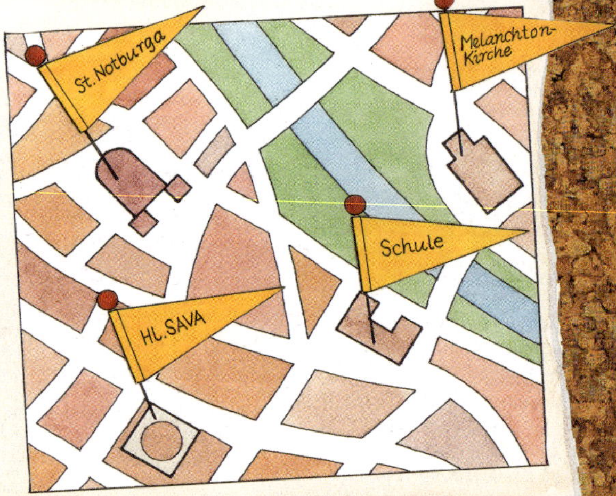

Kirchen erkunden

Fragt im Pfarrbüro nach, ob ihr die Kirche erkunden dürft und ob euch jemand aus der Gemeinde dabei unterstützen kann: Vielleicht kann euch der Pfarrer* oder die Pfarrerin das Besondere der Kirche erklären, der Küster oder Mesner euch die Sakristei und den Kirchturm mit den Glocken zeigen und der Organist euch auf der Orgel vorspielen oder euch bei einem Kirchenlied begleiten. Was ihr alles vorbereiten könnt, um eine Kirche zu erkunden, findet ihr auf der Projektseite 140.
Stellt Gemeinsamkeiten und Unterschiede in katholischen und evangelischen (vielleicht auch orthodoxen) Kirchen auf einem Plakat gegenüber.

Nach ökumenischen Gottesdiensten suchen

Besorgt euch Zeitungen und Pfarrbriefe aus den verschiedenen Gemeinden und sucht nach gemeinsamen evangelisch-katholisch, ökumenischen Gottesdiensten. Manchmal stehen auch Hinweise auf der Internetseite der Pfarrgemeinden. Druckt sie aus und stellt alles, was ihr gefunden habt, auf einem Plakat zusammen. Gebt ihm eine Überschrift, z.B. „Ökumene bei uns“ oder „Ökumenische Veranstaltungen in unserer Nähe“. Schneidet Berichte und Fotos dazu aus der Zeitung aus oder druckt sie von der Internetseite der Gemeinden aus.

Vielleicht könnt ihr einen Pfarrer/eine Pfarrerin in eure Religionsgruppe einladen, damit er oder sie euch von der ökumenischen Arbeit erzählt.

Szenen aus einem Comic spielen

Besorgt euch das Comicbuch von Werner Tiki Küstenmacher. Schaut euch die Bilder an und lest den Text. Sucht euch Szenen heraus, die ihr gerne eurer Religionsgruppe vorspielen wollt. Lernt eure Texte auswendig und macht euch auch Kostüme zurecht. Ihr könnt die Szenen auch zusammen mit der evangelischen Religionsgruppe eurer Klasse vorbereiten. Wählt einen Termin im Kirchenjahr* aus, zu dem eure Szene besonders gut passt, und spielt sie euren Mitschülerinnen und Mitschülern vor.

Ein Kreuzworträtsel zusammenstellen

Entwickelt ein Kreuzworträtsel zu „katholisch“ und „evangelisch“, z.B.:

5. Wie heißt das goldene Gerät, in dem an Fronleichnam die geweihte Hostie getragen wird?
10. Wie heißt die älteste christliche Konfession?

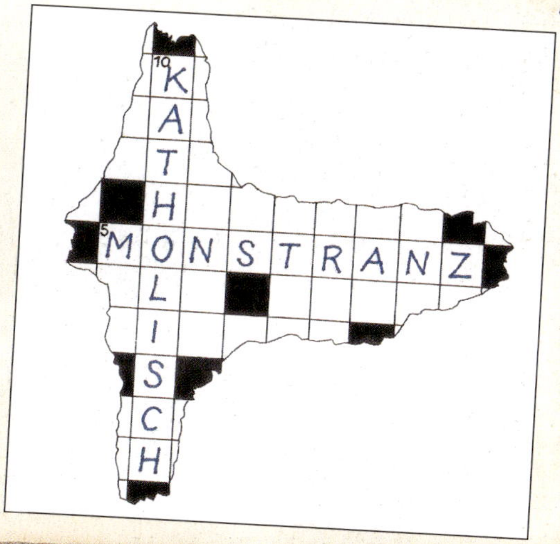

Katholische und evangelische Christen –

Ihre Gotteshäuser

Von außen sieht man es einem Kirchengebäude nicht an, ob sich dort katholische oder evangelische Christen versammeln. Auch wenn man die Innenräume vergleicht, muss man genau hinschauen, um Unterschiede zu erkennen. Einen Altar zum Feiern des Gottesdienstes, Bilder und Kirchenbänke gibt es in beiden. Aber in Einzelheiten unterscheiden sie sich doch.
Das erste sichere Zeichen, dass wir uns in einer katholischen Kirche befinden, ist das sogenannte „ewige Licht“. Es weist darauf hin, dass im Tabernakel die Hostien aufbewahrt werden. Das geweihte Brot, das von der Eucharistiefeier übrig geblieben ist, wird dort aufbewahrt als Zeichen, dass Jesus bei den Menschen bleibt. Der Priester bringt dieses Brot den Kranken, die nicht mehr selbst zur Kirche kommen können. In der evangelischen Kirche gibt es keinen Tabernakel. Dafür liegt dort oft eine aufgeschlagene Bibel auf dem Altar. Damit will man sagen: Das Wort Gottes ist Nahrung für die Seele.
Auch an den Bildern in einer Kirche kann man erkennen, ob sie katholisch oder evangelisch ist. Nur in katholischen Kirchen werden Heilige dargestellt und als Vorbilder im Glauben verehrt. In evangelischen Kirchen werden hauptsächlich biblische Szenen dargestellt. Typisch für eine katholische Kirche sind außerdem die 14 Kreuzwegstationen an den Wänden, auf denen der Leidensweg Jesu nachgestaltet ist. Den Kreuzweg können die Gläubigen betend nachgehen.

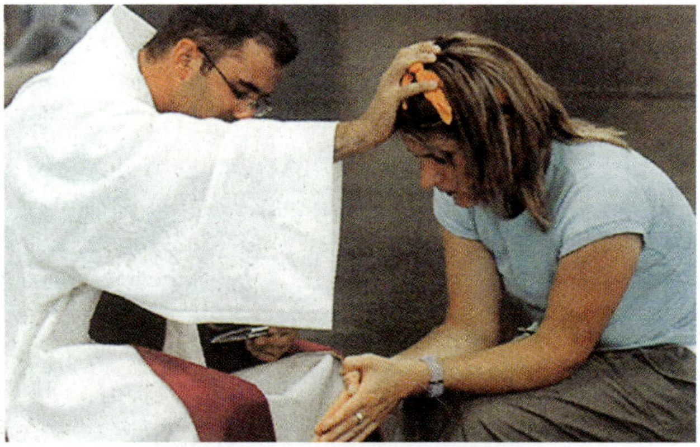

Wie sie den Glauben feiern

Die Hauptfeste des Kirchenjahres* – Weihnachen, Ostern und Pfingsten – werden selbstverständlich von allen Christen gefeiert. Daneben gibt es aber einige Feste, die nur in der katholischen oder nur in der evangelischen Kirche gefeiert werden.
Das Fronleichnamsfest, bei dem in einer feierlichen Prozession die Hostie in der Monstranz durch die Straßen getragen wird, das Allerheiligenfest am 1. November und die Marienfeste gelten als typisch katholisch.
Das Reformationsfest und der Buß- und Bettag sind typisch evangelisch. Am dritten Mittwoch im November feiern die evangelischen Christen den Buß- und Bettag, an dem in besonderer Weise zur Besinnung und zur Verantwortung für die Not leidende Welt aufgerufen wird.
Im Kern haben Katholiken und Evangelische den gleichen Glauben, aber sie setzen unterschiedliche Schwerpunkte, besonders beim Gottesdienst. Die katholischen Gottesdienste sind meistens prächtiger, die Priester tragen farbige Gewänder, es gibt Ministrantinnen und Ministranten am Altar.
In der evangelischen Kirche trägt der Pfarrer oder die Pfarrerin ein schlichtes schwarzes Gewand mit einem weißen Kragen.

ihre Gotteshäuser und Feste

Katholische und evangelische Christen –

Welche Schwerpunkte die Konfessionen setzen

Man sagt, dass die evangelische Kirche eine Kirche des Wortes sei und die katholische eine Kirche der Sakramente. Das heißt, dass in der evangelischen Kirche das Wort Gottes – Evangelium* und Predigt – im Mittelpunkt steht. In der katholischen Kirche stehen jene Zeichen im Zentrum, mit denen Gott den Menschen nahe sein will. In der katholischen Kirche gibt es sieben Sakramente*: Taufe, Firmung, Eucharistie, Versöhnung, Krankensalbung, Ehe und Priesterweihe. In der evangelischen Kirche gelten Taufe und Abendmahl als Sakramente. Während die evangelischen Christen die Sakramente als Erinnerung an Jesus feiern, zeigt sich für Katholiken in der sakramentalen Handlung die Wirkung der Gnade.

Bildnis Martin Luthers im 50. Lebensjahr, 1533, gemalt von Lukas Cranach d.Ä.

Katholischer Bischof bei der Firmung

Wie es zur Trennung kam

Gab es diese Unterschiede schon immer? Warum nennen sich die einen „katholisch", die anderen „evangelisch"? Angefangen hat es mit einem Streit, der vor 500 Jahren innerhalb der gemeinsamen Kirche ausbrach und der von Deutschland seinen Ausgang nahm. Im Jahr 1517 wollte der Augustinermönch und Theologieprofessor Martin Luther die Kirche reformieren, weil er sah, dass viele Menschen, bis hinauf in die Spitzen der Kirche, nicht mehr ernsthaft nach dem Evangelium lebten. Leider kam es dabei nicht zu einer Erneuerung, sondern zu einer Spaltung der Kirche. Die Anhänger Luthers nannten sich bald „evangelisch", weil sie das Evangelium zur alleinigen Richtschnur ihres Glaubens und Handelns machen wollten. Der Tag, an dem Martin Luther seine Reformvorschläge in der Stadt Wittenberg veröffentlicht hat, der 31. Oktober, wird von der evangelischen Kirche seitdem als Reformationsfest gefeiert.

Portal der Schlosskirche in Wittenberg

Schwerpunkte und Trennendes

Als „katholisch" bezeichneten sich die Christen schon in der frühen Zeit der Kirche. Das Wort „katholisch" kommt aus dem Griechischen und bedeutet „allumfassend", weil sich die Kirche an alle Menschen wendet. Heute denkt man bei diesem Stichwort allerdings an die Christen, die die Autorität des Papstes anerkennen. Zur genaueren Unterscheidung nennt man sie deswegen auch „römisch-katholisch". Alle Christen glauben an den einen Herrn Jesus Christus. Aber die Christenheit unterscheidet sich nach verschiedenen Konfessionen (von lateinisch „confessio" = Bekenntnis).

Diakonie

Margot Käßmann war von 1999 bis 2010 Landesbischöfin der Evangelisch-Lutherischen Landeskirche Hannover.

Brot für die Welt

caritas

MISEREOR
DAS HILFSWERK

- *Auf den Infoseiten sind Besonderheiten der evangelischen und der katholischen Kirche dargestellt. Erstellt eine Tabelle mit zwei Spalten, in denen ihr diese gegenüberstellt! Vielleicht findet ihr im Gespräch mit evangelischen Mitschülerinnen und Mitschülern oder mit evangelischen Lehrkräften weitere Besonderheiten heraus.*
- *Erkundigt euch auch, welche Unterschiede es beim Beruf des Pfarrers gibt! Tipp: Wenn ihr im Internet die Begriffe: „Priester*", „Pfarrer*", „Pfarrerin" eingebt, kommt ihr schnell zu einem Ergebnis!*
- *Auf diesen Seiten wird auf verschiedene kirchliche Hilfswerke* hingewiesen. Findet heraus, zu welcher Kirche sie jeweils gehören!*
- *Im Internet findet ihr die Seiten der katholischen (www.katholisch.de) und evangelischen Kirche (www.ekd.de). Dort erfahrt ihr auch, wie die Kirchen organisiert sind und wer sie leitet.*
- *Ihr könnt evangelische Mitschülerinnen und Mitschüler einladen und euch gegenseitig eure Kenntnisse über und eure Erfahrungen mit der eigenen Kirche erzählen!*

Orthodoxe Christen

Vielfalt und weite Verbreitung

Fast in jeder Großstadt Deutschlands gibt es heute orthodoxe Christengemeinden. Viele der Orthodoxen kamen schon vor Jahrzehnten als Gastarbeiter her und sind aus unserer Gesellschaft nicht mehr wegzudenken. Wenn man „zum Griechen“ essen geht, hat man wahrscheinlich mit orthodoxen Christen zu tun.
Unter dem Begriff „Orthodoxe“ fasst man alle Kirchen zusammen, die sich im Ostteil des ehemaligen Römischen Reiches entwickelt haben.
Die größten von ihnen gibt es heute in Griechenland und Russland. In anderen Ländern wie Syrien, Ägypten und der Türkei wurden sie wegen der Ausbreitung des Islams stark zurückgedrängt.
Zurzeit leben in Deutschland ungefähr 350.000 griechisch-orthodoxe Christ/innen, 150.000 zählen sich zur serbisch-orthodoxen Kirche. Mit der Zugehörigkeit zu einer Nation ist auch die Zuordnung zu einem Teilbereich der orthodoxen Kirche verbunden. Ein wichtiges Kennzeichen ist damit die Vielfalt: Nicht nur in Osteuropa, auch in Ägypten, dem Libanon, Syrien, in der Türkei oder Indien leben orthodoxe Christinnen und Christen, wenn auch zum Teil nur in einer Minderheit.
Von alters her sind einige Städte von großer Bedeutung, vor allem das heutige Istanbul (Türkei), aber auch Alexandrien (Ägypten), Antiochien (Syrien) und Jerusalem (Israel). Von dort aus hat sich der christliche Glaube in alle Welt verbreitet, sie sind sozusagen

Papst Benedikt XVI. und der orthodoxe Patriarch Bartholomaios I. bei ihrer Begegnung im November 2006 in Konstantinopel – auf dem Weg zur Ökumene.

die „Vaterstädte“ des Christentums – oder, wie die Orthodoxen sagen: die Patriarchate. Seit 1589 gibt es auch eine russisch-orthodoxe Kirche mit einem Patriarchat in Moskau.

So entstanden die orthodoxen Kirchen

In den ersten nachchristlichen Jahrhunderten, in denen sich das Christentum ausbreitete, entwickelten sich zwei wichtige Zentren: Rom und Byzanz, das später Konstantinopel und dann Istanbul genannt wurde. Während in Rom die lateinische Sprach- und Denkwelt wichtig war, bestimmte in Byzanz die griechische Sprache und Philosophie das Denken. Im Laufe der Jahrhunderte entwickelten sich unterschiedliche Arten des kirchlichen Lebens – dies zeigt sich heute noch in der Verschiedenheit der Gottesdienste. Ereignisse im Römischen Reich, die schließlich 476 zum Niedergang des römischen Staates führten, ließen die Kirche immer wichtiger werden. Gerade in Zeiten der Unsicherheit – vor allem während der Völkerwanderung – gab die Kirche Hoffnung und Orientierung für das Zusammenleben. Im Osten des Mittelmeerraumes hingegen waren die politischen Verhältnisse ruhiger: Dort regierte ein Kaiser, der seine große Macht auch für religiöse Fragen beanspruchte.

Vor diesem vielschichtigen Hintergrund entwickelten sich seit dem 5. Jahrhundert Spannungen zwischen der Kirche des Westens und der Kirche des Ostens. Keine Seite wollte sich dem Einfluss der anderen beugen. Auseinandersetzungen zwischen dem römischen Papst und dem Patriarchen von Konstantinopel führten 1054 zu einer Kirchenspaltung.
Als die Kreuzfahrer 1204 Konstantinopel erobert, geplündert und zerstört hatten, wurde das Verhältnis zwischen Katholiken und Orthodoxen endgültig zerrüttet. Bei seinem Griechenlandbesuch im Mai 2001 hat Papst Johannes Paul II. die orthodoxen Kirchen öffentlich um Vergebung gebeten für die Leiden, die die Katholiken den Orthodoxen zugefügt hatten.

In der orthodoxen Kirche „Verklärung Christi" in Baden-Baden

Orthodoxer Gottesdienst

Das Wort „orthodox" wird häufig mit „rechtgläubig" wiedergegeben. Gemeint ist: „Gott auf rechte Weise preisend". Damit ist gesagt, dass für die orthodoxen Christen der feierliche Gottesdienst (Liturgie) eine zentrale Bedeutung hat. Wer schon einmal einen orthodoxen Gottesdienst besucht hat, ist erstaunt über die großartigen vielstimmigen Gesänge, die ununterbrochen den gesamten Gottesdienst begleiten. Die feierlichen Prozessionen, der Kerzen- und Weihrauchduft, die vielen goldgefassten Bilder (Ikonen*) sprechen alle Sinne der Gläubigen an, die dadurch das Geheimnisvolle und Heilige des Glaubens tiefer erleben können. Die Ikonen sind besonders wichtig, sie werden in Klöstern von Mönchen und Nonnen angefertigt.
Orgelmusik oder instrumentale Musik, wie sie bei uns in vielen Gottesdiensten zu hören ist, fehlt im orthodoxen Gottesdienst. Im Mittelpunkt steht vielmehr der Gesang der menschlichen Stimme, der das Wort der Bibel übermittelt.
Die Kirche ist der Ort, an dem Gott gegenwärtig ist. Dabei werden Vorstellungen des Alten* Testaments des heiligen Gottes in unterschiedlicher Qualität aufgegriffen: So wie im Tempel Israels die Nähe erfahren werden kann, so sind auch orthodoxe Kirchen aufgeteilt in einen Vorraum, das Kirchenschiff und schließlich den heiligen Altarraum, den nur Bischöfe, Priester und Diakone betreten dürfen. Dieser ist oft durch eine prächtige Bilderwand abgetrennt (Ikonostase).

Weihnachten und Ostern

Das Geburtsfest Jesu wurde ursprünglich in vielen christlichen Gemeinden am 6. Januar zusammen mit der Taufe Jesu gefeiert (vgl. Mk 1,11). An diesem Tag feierte man auch die Anbetung der Weisen. Erst später, im 4. Jahrhundert, entstand in Rom das Weihnachtsfest am 25. Dezember und das Fest der Anbetung der Weisen am 6. Januar. Die orthodoxen Kirchen halten dagegen am alten Termin für das Kommen Jesu in die Welt fest.
Auch das Osterfest wird zurzeit noch nicht von allen Christen an einem Datum gemeinsam gefeiert. Die Beibehaltung des julianischen Kalenders führt zum Beispiel dazu, dass es manchmal mit Protestanten und Katholiken gefeiert wird, manchmal aber auch ein bis vier Wochen später.

- *Im Text werden viele Orte genannt, die für die orthodoxe Kirche wichtig sind. Suche sie im Schulatlas!*
- *Vielleicht gibt es in eurer Schule griechische Kinder oder orthodoxe Kinder aus dem ehemaligen Jugoslawien. Ihr könnt sie über ihren Glauben und ihre Feste befragen.*

Was die Christen verbindet – Ökumene

Was die ersten Christen in Jerusalem miteinander verbunden hat, davon erzählt der Evangelist Lukas* in seiner Apostelgeschichte*: Männer und Frauen trafen sich mit Maria, der Mutter Jesu, und den Verwandten Jesu, um täglich gemeinsam zu beten (Apg 1,14). Die Apostel berichteten ihnen immer wieder von den Taten Jesu und wiederholten seine Worte. Sie feierten in ihren Familien Eucharistie* (Apg 2,42 und 2,46). Aber auch schon bei den ersten Christen gab es Streit darüber, wie Christen zu leben haben. Es gab eine Gruppe um Petrus* und eine um Paulus 114, und schon damals entschieden die Apostel, auf dem gemeinsamen Weg als Christen unterschiedliche Weisen des Christseins zuzulassen (Apg 15,1-29).
Im Laufe der Jahrhunderte haben sich verschiedene Weisen des Christseins entwickelt: katholische, orthodoxe, evangelische und andere Christen.

Was Christen auch heute noch verbindet:

- Jesus Christus, der Gekreuzigte und Auferstandene selbst,
- die Bibel aus Erstem (Altem) und Neuem Testament ist die heilige Schrift aller Christen,
- die Taufe ist das Sakrament, das die christlichen Konfessionen gegenseitig anerkennen,
- das Apostolische Glaubensbekenntnis 138 sprechen alle Christen in ihren Gottesdiensten,
- das Vaterunser ist das gemeinsame Gebet aller Christinnen und Christen,
- Christen der verschiedenen Konfessionen machen Anstrengungen, zu einer neuen Gemeinschaft zusammenzufinden. Das Wort dafür heißt Ökumene*.

- *Führt zu zweit eine Befragung in eurer Fußgängerzone durch mit Mikrofon und Kassettenrekorder oder mit Videokamera. Fragt die Leute: „Was wissen Sie von der Ökumene der Christen?“*
- *Erkundet, was in eurer Gemeinde für die Ökumene mit den evangelischen Christinnen und Christen getan wird.*
- *Wo hast du Lust, dich zu beteiligen? Zu zweit hinzugehen, fällt leichter …*

Heute feiern die katholischen und evangelischen ChristInnen gemeinsam, z.B.:
zwischen dem 18. und 25. Januar die „Weltgebetswoche für die Einheit der Christen“,
in der vorösterlichen Fastenzeit den ökumenischen Kreuzweg der Jugend,
am 8. März den „ökumenischen Weltgebetstag der Frauen“,
den Pfingstmontag als Tag der Ökumene,
im Advent ist in Deutschland das ökumenische Hausgebet verbreitet.

Romanisches Kreuz aus Erp, 2. Hälfte des 12. Jh

- *Dieses Kreuz mit einem romanischen Christus stammt aus dem 12. Jahrhundert, das war Jahrhunderte vor der Reformation mit ihrer Trennung in evangelische und katholische Kirchen.
Vielleicht findet ihr auch in eurer Umgebung Kreuze aus der Zeit vor der Reformation. Dokumentiert sie, erfragt im Pfarrbüro oder bei Kirchenführern etwas über ihre Entstehungszeit. Stellt die Kreuze in eurer Religionsgruppe vor.*

Ökumenische Gebete und Texte

Zum Kreuzzeichen
Im Namen des Vaters und des Sohnes und des Heiligen Geistes. Amen.

Gotteslob 2/2

Ehre sei dem Vater und dem Sohn und dem Heiligen Geist, wie im Anfang, so auch jetzt und allezeit und in Ewigkeit. Amen.

Gotteslob 2/3

Vater unser im Himmel.
Geheiligt werde dein Name.
Dein Reich komme.
Dein Wille geschehe wie im Himmel,
so auf Erden.
Unser tägliches Brot gibt uns heute.
Und vergib uns unsere Schuld, wie auch wir vergeben unseren Schuldigern.
Und führe uns nicht in Versuchung,
sondern erlöse uns von dem Bösen.
Denn dein ist das Reich und die Kraft und die Herrlichkeit in Ewigkeit. Amen

Gotteslob 2/4

Ich glaube an Gott,
den Vater, den Allmächtigen,
den Schöpfer des Himmels und der Erde.
Und an Jesus Christus,
seinen eingeborenen Sohn, unsern Herrn,
empfangen durch den Heiligen Geist,
geboren von der Jungfrau Maria,
gelitten unter Pontius Pilatus,
gekreuzigt, gestorben und begraben.
Hinabgestiegen in das Reich des Todes,
am dritten Tage auferstanden von den Toten,
aufgefahren in den Himmel;
er sitzt zur Rechten Gottes des allmächtigen Vaters,
von dort wird er kommen, zu richten
die Lebenden und die Toten.
Ich glaube an den Heiligen Geist,
die heilige katholische Kirche,
Gemeinschaft der Heiligen,
Vergebung der Sünden,
Auferstehung der Toten
und das ewige Leben. Amen.

Gotteslob 2/5

Ökumenische Lieder

257 ö

2. Alles, was dich preisen kann,
Kerubim und Serafinen
stimmen dir ein Loblied an;
alle Engel, die dir dienen,
rufen dir stets ohne Ruh
„Heilig, heilig, heilig“ zu.
3. Heilig, Herr Gott Zebaot!
Heilig, Herr der Himmelsheere!
Starker Helfer in der Not!
Himmel, Erde, Luft und Meere
sind erfüllt von deinem Ruhm;
alles ist dein Eigentum.
4. Der Apostel heil‘ger Chor,
der Propheten hehre Menge
schickt zu deinem Thron empor
neue Lob- und Dankgesänge;
der Blutzeugen lichte Schar
lobt und preist dich immerdar.
5. Dich, Gott Vater, auf dem Thron,
loben Große, loben Kleine.
Deinem eingebornen Sohn
singt die heilige Gemeinde,
und sie ehrt den Heilgen Geist,
der uns seinen Trost erweist.

Im Gotteslob findet ihr einige Lieder mit „ö“.
Sucht das heraus, das ihr kennt, oder eines, das euch besonders gut gefällt. Vielleicht wollt ihr es gemeinsam mit der evangelischen Lerngruppe im Gottesdienst singen.

Ein Symbol für die Ökumene der Christen gestalten

Das Wort „Ökumene“ stammt aus dem Griechischen und meinte ursprünglich „die ganze bewohnte Erde umfassend“. Heute bezeichnet das Wort „Ökumene“ die Schritte der verschiedenen christlichen Konfessionen hin zu einer Einheit aller Christen und zu Gemeinsamkeiten bei Gebet, Gottesdienst, Sakramenten und karitativ-diakonischem Engagement in der Welt.

Ein bekanntes Symbol für die Ökumene ist das Zeichen des „Ökumenischen Rates der Kirchen“, der in Genf in der Schweiz seine Zentrale hat.

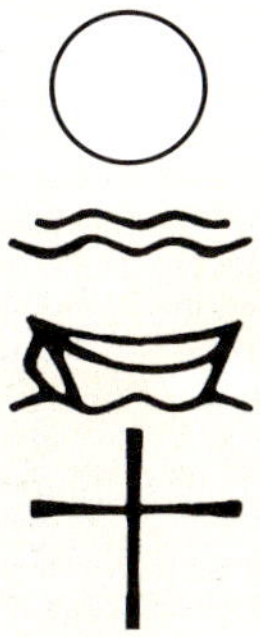

Der Kreis ist ein Symbol für die Erde.
Die Wellen sind ein Symbol für das bewegte, unruhige Leben.
Das Schiff ist ein Symbol für die Gemeinde.
Der Mast sieht aus wie ein Kreuz und erinnert an den Grund des Glaubens: Jesus Christus.

Stellt euch vor, ihr sollt für den Ökumenischen Rat der Kirchen in Genf Vorschläge für weitere Symbole der Einheit der Christen, der Ökumene, gestalten. Setzt euch zu zweit zusammen und arbeitet euren Vorschlag aus. Dann stellt ihr ihn der Religionsgruppe vor und erläutert euer Symbol.
Ihr könnt auch ein Plakat mit Symbolen für Ökumene für einen ökumenischen Gottesdienst gestalten.

Einen ökumenischen Gottesdienst vorbereiten und feiern

Für einen ökumenischen Gottesdienst braucht ihr eine ganze Reihe von Vorbereitungsschritten.

1. Sprecht mit der evangelischen Religionsgruppe einen gemeinsamen Termin ab und einigt euch auf ein Thema.
2. Wählt einen Raum aus in der Schule, in einer Kirche oder im Gemeindehaus.
3. Lasst euch von euren Religionslehrerinnen und Religionslehrern Bücher geben mit ökumenischen Gottesdiensten.
4. Wählt selbst zu eurem Thema passende Gebete, Texte, Lieder und anderes aus.
5. Bereitet den Gottesdienst vor ...
6. ... und feiert ihn gemeinsam.

Wir erkunden eine Kirche

Sabine, eine Schülerin der Klasse 5 b, erzählt: „Am Anfang waren wir alle sehr überrascht, als unsere Religionslehrerin das Wort „Projekt“ an die Tafel schrieb. Wir konnten uns eigentlich nichts darunter vorstellen. Sie hat es uns genau erklärt: Bei einem Projekt nimmt man sich viel Zeit für ein Thema, man arbeitet in kleinen Gruppen und erforscht eine Sache ganz gründlich. Aber wir haben erst bei unserem Projekt gemerkt, wie das genau geht.
Zuerst haben wir überlegt, was wir in unserer Klasse eigentlich bearbeiten wollen. Frau Held hat uns dabei geholfen, ein Thema zu finden.

Ideen sammeln

Wir haben in unserem Buch *Reli konkret* dieses Kapitel durchgeblättert und Ideen gesammelt. Jedes Kind hat dann drei Papierstreifen bekommen und auf jeden Streifen ein Thema geschrieben, das es interessiert, zum Beispiel Weihrauch oder Altar oder Glasfenster oder Kirchturm. An der Tafel haben wir die Streifen geordnet.

Arbeitsgruppen bilden

Zusammen haben wir Themen ausgesucht, wie wir unsere Kirche erkunden wollen. Eine Gruppe wollte wissen, wie die Kirchenglocken klingen, und wollte sie mit dem Kassettenrekorder aufnehmen.

Eine andere Gruppe wollte feststellen, wie groß die Kirche ist, und brauchte dazu das lange Bandmaß aus dem Sportunterricht ... Alle Gruppen haben überlegt, was sie für die Kirchenerkundung vorbereiten müssen.

Einen Zeitplan aufstellen

An der großen Seitentafel haben wir anschließend die Gruppen eingetragen. Wir haben überlegt, wie viele Stunden wir für unsere Kirchenerkundung hernehmen wollen und was einzelne Gruppen auch außerhalb der Schulzeit machen können. Dann wurde festgelegt, an welchen Tagen wir in die Kirche gehen. Und zum Schluss haben wir noch eingetragen, wann wir in der Klasse an unseren Ergebnissen weiterarbeiten wollten.

Die Erkundung durchführen

Zweimal haben wir unsere Religionsstunden in der Kirche verbracht und dort in unseren Gruppen gearbeitet. Weil Frau Held vorher mit dem Pfarrer* und dem Mesner gesprochen hatte, waren alle Türen offen. So konnte eine Gruppe sogar zu den Glocken und eine andere zur Kirchenorgel hinaufsteigen. Zum Glück war auch unser Musiklehrer dabei. Denn die Orgel ist sehr kompliziert gebaut, und unser Musiklehrer hat die meisten Fragen beantworten können. Bei einer anderen Gruppe war der Werklehrer dabei und hat geholfen, in einem kleinen Eimer Gips für die Abdrücke anzurühren.

Eine Ausstellung aufbauen

Im Klassenzimmer haben wir dann in einigen Büchern nachgelesen, was wir an uns unbekannten Dingen gesehen hatten. Wir haben ein kleines Lexikon zu den Gegenständen angelegt, die uns in der Kirche aufgefallen sind. Schließlich haben wir eine Ausstellungswand aufgebaut, um den anderen Klassen zeigen zu können, was wir kennengelernt haben. Die waren überrascht!“

Sich in einer Kirche angemessen verhalten: Wie geht das?

In einer Kirche verhalten sich die Besucherinnen und Besucher anders als in anderen Räumen und an anderen Orten. Besprecht mit eurer Religionslehrerin oder eurem Religionslehrer, bevor ihr eine Kirche erkundet, wie ihr euch angemessen in einer katholischen, evangelischen und orthodoxen Kirche verhaltet. Lasst euch erklären, wie und warum Besucher beim Betreten einer katholischen Kirche ein Kreuzzeichen mit Weihwasser machen, sich vor dem Tabernakel verbeugen oder eine Kniebeuge machen und sich im Kirchenraum still verhalten. Sucht die besonderen Orte in der Kirche auf, an denen Sakramente* gespendet werden. Erzählt in der katholischen Kirche von euren eigenen Erfahrungen mit Taufe, Erstkommunion, Erstbeichte und vielleicht auch einer Hochzeit, die ihr miterlebt habt.

Was könnte das bedeuten?

Manche Dinge in der Kirche sind euch noch nicht bekannt: feine Schnitzereien an der Eingangstür, goldene Figuren an den Säulen, fremde Zeichen am Taufbecken.
Sucht in der Kirche nach solchen Darstellungen, die euch interessant erscheinen, und zeichnet sie genau ab. Wenn ihr dadurch nichts zerstört, könnt ihr die Oberfläche vielleicht mit einem Bleistift auf das Papier durchrubbeln.
Konzentriert euch dann auf das Kirchengebäude:
Welche Besonderheiten gibt es an der ganzen Kirche zu entdecken?
Hat vielleicht die Anzahl der Säulen eine besondere Bedeutung?
Wie sieht die Kirche aus, wenn ihr sie von außen betrachtet?
Will das Kirchendach etwas erzählen?

Aus Büchern und aus der Chronik der Pfarrgemeinde erfahrt ihr, was es mit diesen besonderen Stellen auf sich hat. Vielleicht könnt ihr für andere Klassen ein Kirchenquiz entwerfen?

Eine Kirche planen

Bevor eine Kirche gebaut oder erneuert wird, machen sich die Leute in der Pfarrei viele Gedanken dazu. Stellt euch einmal vor, ihr wärt im Pfarrgemeinderat und könntet mit überlegen, wie die Kirche werden soll:
Sprecht in eurer Gruppe zuerst darüber, was unbedingt in die Kirche hineingehört, und macht euch Notizen. Wo sollte zum Beispiel der Altar stehen?
Ihr könnt dann überlegen, wie die Kirche sein müsste, damit ihr euch darin wohlfühlt. Wie soll man darin sitzen können? Wie würdet ihr die Wände oder die Fenster gestalten?
Ihr könnt nun einen Entwurf erstellen, wie es auch die Architekten machen. Malt, schreibt und zeichnet eure Ideen auf ein Plakat und findet eine Überschrift.

„Ich bin gerne katholisch.“/„... evangelisch.“

- *Vielleicht hast du Ähnliches wie die Mädchen und Jungen hier schon erlebt. Dann berichte deiner Partnerin oder deinem Partner oder auch der gesamten Religionsgruppe davon.*
- *Kannst du von dir selbst sagen: „Ich bin gern katholisch“? Dann kannst du sicherlich auch begründen, warum du es bist oder warum du es nicht bist!*
- *Fragt doch einmal die evangelischen MitschülerInnen, ob sie gern evangelisch sind und welche Erfahrungen sie mit ihrer Kirche machen.*

9 Feste im Kirchenjahr feiern

Ohne Werktag kein Sonntag.
Ohne Fastenzeit kein Osterfest.
Ohne Advent kein Weihnachten.
Ohne Zustimmung zur Welt
kein Grund zum Feiern.
Ohne Gott kein Fest.

Was feierst du?
Wann feierst du?
Wie feierst du?
Wo feierst du?
Mit wem feierst du?
Warum feierst du?
Kannst du überhaupt feiern?

Unser Leben sei ein Fest

T: J. Metternich Team
M: Peter Janssens

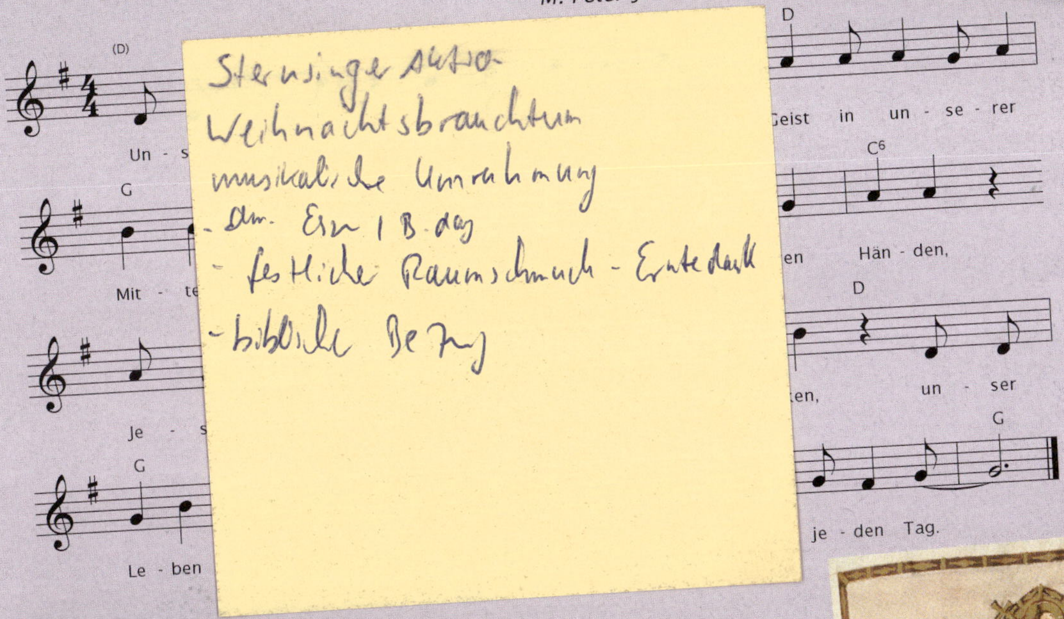

Auf dem Weg zum Feiern

Das Titelbild „Chair Events" 143 zeigt verschiedene Elemente (Stühle, Brot, Blumen …), die wir für ein stimmmungsvolles Fest brauchen. Überlegt in Partnerarbeit, was noch dazugehört, und schreibt die Tätigkeiten (Raum schmücken etc.) und Gegenstände (Essen …) in einer Festliste zusammen.

Anlässe zum Feiern finden

In unserem Leben gibt es viele Anlässe und Ereignisse, die wir feiern können. Einige Fotos von Festen sind auf 144 und 145 zu sehen. Findet den Anlass, das Ereignis für das Fest oder die Feier heraus. Legt eine Liste von Anlässen an, die es wert sind, gefeiert zu werden:

- in der Familie …,
- unter Freunden …,
- in der Schule …,
- in der Kirchengemeinde …,
- in eurem Ort …

Geburtstage und Namenstage feiern

Habt ihr schon einmal daran gedacht, wie ihr eure Geburtstage oder auch Namenstage in der Klasse feiern könnt?
Finde etwas über deine/n Namenspatron/in heraus und schau nach, wann du Namenstag hast.
Manche in eurer Klasse kennen keinen Namenstag. Erstellt einen Klassenkalender mit euren Namenstagen und Geburtstagen.

Feste im Jahreslauf erkunden

In jeder Familie werden verschiedene Feste im Jahreslauf gefeiert. Bringe eigene Fotos von solchen Festen in deiner Familie bzw. von deinen Freunden mit und erzähle den anderen, welches Fest ihr gefeiert habt. Du kannst die anderen auch raten lassen, um welches Fest es sich handelt. Welche Feste sind kirchliche Feste?

Anschließend fertigt ihr ein Plakat an, auf das ihr eure Fotos klebt und den Anlass des Festes mit einem Stichwort notiert.
Ihr habt bisher sicherlich schon schöne, vielleicht aber auch misslungene Feste erlebt. Sammelt stichwortartig Gründe, die ein Fest scheitern oder gelingen lassen.

Einen Festkalender gestalten

In Partner- oder Gruppenarbeit könnt ihr für jeden Monat zu einem christlichen Fest ein Blatt gestalten. Dazu braucht ihr einen Kalender, aus dem ihr die Festtage heraussuchen könnt.

Zeitungsartikel verfassen

Es gibt in unserem Land Menschen, die nicht wissen, was an den christlichen Hochfesten Weihnachten, Ostern* und Pfingsten* gefeiert wird.

Bildet Redaktionsteams und verfasst für solche Leserinnen und Leser einen Zeitungsartikel zu jedem dieser Feste.

Überlegt in den Teams gute Überschriften, eine Bebilderung und vergesst nicht zu erklären, wie bei euch diese Feste gefeiert werden (vgl. Infoseite 148 und 149).

Einen Gottesdienst feiern

Feiert in eurer Klasse einen Gottesdienst zu einem Fest im Kirchenjahr. Plant und gestaltet ihn so, dass alle etwas beitragen und der Gottesdienst für euch ein Fest wird.

Ihr braucht dazu:
einen passenden Bibeltext, den ihr in einem Rollenspiel oder einer Aktion umsetzen könnt, Gebete und Lieder zum Fest und einen dem Fest entsprechend geschmückten Raum, Einladungskarten, die ihr selbst gestaltet habt und mit denen ihr Gäste zum Gottesdienst einladen könnt.

Sich auf Ostern vorbereiten

Nehmt buntes Tonpapier und schneidet für jede Fastenwoche ein Blütenblatt aus.

Überlegt euch für jede Woche ein Bild, einen Satz ..., die zu Ostern hinführen, und schreibt, malt oder klebt sie auf das Blatt.

Die Mitte der Blüte könnt ihr in besonderer Weise gestalten!

Im Dunkeln ein Licht anzünden

In vielen Pfarrgemeinden treffen sich Menschen in der Adventszeit frühmorgens zu einer Gebets- oder Meditationsfeier, der „Frühschicht".
Welche anderen Möglichkeiten für eine Lichterfeier kennt ihr?

Bringt Kerzen mit und sucht aus *Reli konkret* oder eurer Klassenbibliothek Gebete, Geschichten oder Lieder aus! Überlegt, wie ihr in eurer Klasse oder eurem Schulhaus eine Lichterfeier gestalten könnt!

Feste Zeiten ...

Nun sprach Gott:
„Es sollen Leuchten werden am Firmament des Himmels, damit sie scheiden zwischen dem Tag und der Nacht: sie sollen als Zeichen dienen, für Festzeiten und Tage und Jahre ..."

Gen 1,14

Die Bahn der Erde um die Sonne (oder, wie man früher glaubte, die Bahn der Sonne um die Erde) bestimmt das Sonnenjahr. Der Lauf des Mondes um die Erde bestimmt die Dauer eines Monats. Die Drehung der Erde um sich selbst bestimmt den Tag. Schon früh bemerkten die Sternforscher, dass das Sonnenjahr 365 Tage und 6 Stunden lang ist. Das Mondjahr hat aber mit zwölf Mondumläufen zu je 29 Tagen und 12 Stunden nur 354 Tage.
In vielen Kulturen wurden deshalb Tage oder Monate eingeschoben.
Den Kalender, so wie wir ihn kennen, haben wir von den Römern übernommen, genauer gesagt, von Julius Cäsar (geb. 102, gest. 44 v.Chr.). Man nennt ihn deshalb auch den „Julianischen" Kalender. Julius Cäsar legte den in Ägypten entwickelten Sonnenkalender von 365 Tagen zugrunde. In ihm wurde alle vier Jahre am letzten Monat des Jahres – das war damals der Februar – ein Tag zugeschaltet. Der alte römische Jahresanfang war der 1. März; daran erinnern noch die Monatsnamen „September" (septimus = der siebte) bis „Dezember" (decimus = der zehnte).

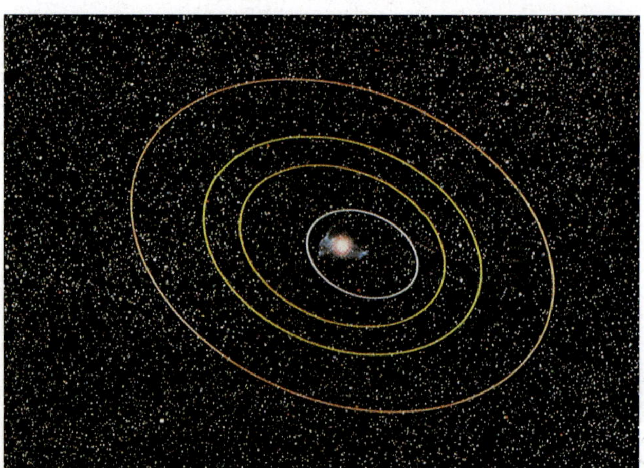

Papst Gregor XIII. korrigierte den Julianischen Kalender. Nach der neuen Berechnung war nämlich das Jahr nun durchschnittlich um 11 Minuten und 14 Sekunden zu lang. Über die Jahrhunderte hatten sich insgesamt 10 Tage zu viel angesammelt.
Deshalb ließ Gregor XIII. das Jahr 1583 um 10 Tage kürzen: Auf den 4. Oktober folgte der 15. Oktober. Dieser nach dem Papst benannte Gregorianische Kalender gilt bis auf den heutigen Tag.

„Anno Domini"

Anno Domini heißt „im Jahr des Herrn". Seit dem 8. Jahrhundert gilt das Geburtsjahr Jesu als das Jahr 0, von dem aus gezählt wird. Dabei hat man sich damals allerdings um ein paar Jahre verrechnet. Heute nimmt man an, dass Jesus etwa 4-7 v.Chr. geboren ist.
Für Christen ist die Geburt Jesu der Beginn einer neuen Zeitrechnung. Juden und Muslime folgen einem anderen Kalender.

Der Geburtstag Jesu

Das Geburtsdatum Jesu ist nicht bekannt.
Dass man Weihnachten schon seit dem 4. Jahrhundert am 24./25. Dezember feiert, hängt wieder mit den Römern zusammen: Kaiser Aurelian führte im Jahr 274 ein hohes Fest zu Ehren des syrischen Sonnengottes ein, das „Geburtsfest des unbesiegten Sonnengottes". Die römischen Kirchengemeinden griffen dieses Fest auf und gaben ihm eine neue Bedeutung: Jesus ist die „Sonne der Gerechtigkeit", er allein ist der unbesiegbare Herr der Welt!
Schon sehr früh feierte man außerdem um den 25. Dezember herum verschiedene Feste zur Wintersonnenwende (heute 21./22. Dezember). Das ist der kürzeste Tag und die längste Nacht im Jahr. Danach verlängern sich die Tage wieder.
Wir feiern also die Geburt Jesu genau an dieser Wende in dem Glauben, dass Jesus für uns das „Licht ins Dunkel" bringt!

... Festzeiten

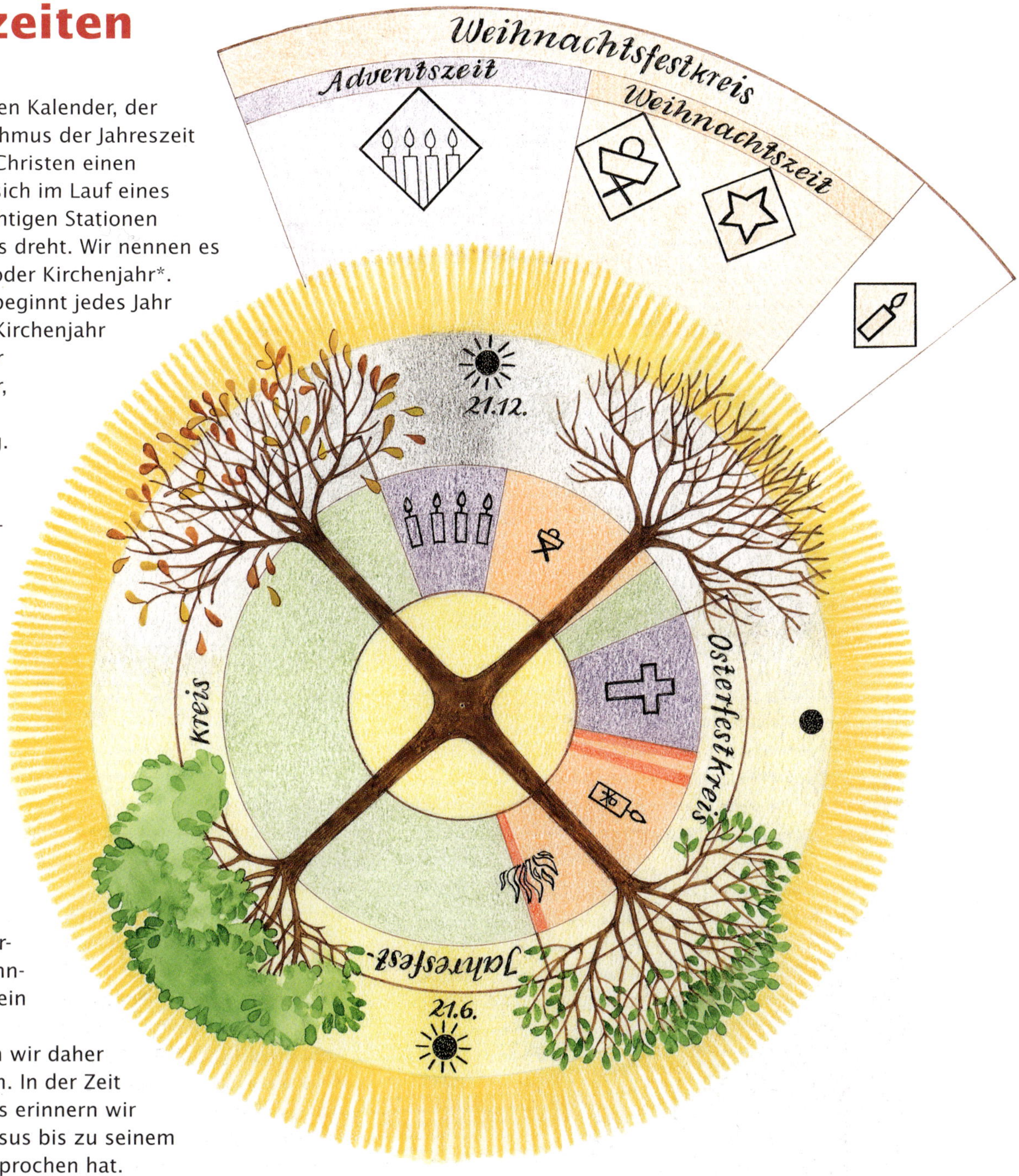

Neben dem üblichen Kalender, der sich aus dem Rhythmus der Jahreszeit ergibt, haben wir Christen einen Festkalender, der sich im Lauf eines Jahres um alle wichtigen Stationen im Leben von Jesus dreht. Wir nennen es daher Herrenjahr oder Kirchenjahr*. Das Kalenderjahr beginnt jedes Jahr am 1. Januar, das Kirchenjahr hingegen ungefähr vier Wochen früher, nämlich mit dem 1. Adventssonntag. Die Ereignisse der Geburt Jesu feiern wir im Weihnachtsfestkreis. Er dauert vom 1. Adventssonntag bis zum Fest der Taufe Jesu, die am Sonntag nach Erscheinung* des Herrn gefeiert wird. Die Ereignisse vom Sterben, der Auferstehung und der Geistsendung an Pfingsten* gehören zum Osterfestkreis. Jeder Sonntag* ist eigentlich ein kleines Osterfest. Diesen Tag nennen wir daher auch Tag des Herrn. In der Zeit während des Jahres erinnern wir uns an das, was Jesus bis zu seinem Tod getan und gesprochen hat.

Im Gottesdienst kann man die verschiedenen Festzeiten auch an den sogenannten liturgischen Farben erkennen. Liturgisch nennen wir sie, weil sie im Gottesdienst vorkommen. An den Hochfesten Weihnachten und Ostern* trägt der Priester* ein weißes (oder goldenes) Messgewand, an Pfingsten ein rotes. In der Adventszeit* und in der österlichen Vorbereitungszeit gilt als liturgische Farbe Violett, während des Jahres Grün.

Feiern und danken

Es ist Sonntag. Im Zentrum eines kleinen Ortes in Kolumbien stehen die Türen der Kirche weit offen. Viele Menschen haben sich dort an einem heißen Sommertag versammelt. Sie kommen von weit her, manche sind bis zu drei Stunden zu Fuß gegangen, um zum Gottesdienst zu kommen: Männer und Frauen, Kinder und Jugendliche, Alte und Kranke ... Alle sind gekommen, um zu feiern und sich von den Strapazen der vergangenen Woche zu erholen. Sie wollen in dieser Stunde ihre Sorgen und Nöte, ihre Probleme und Mühen Gott anvertrauen. Denn so können sie wieder Hoffnung schöpfen und die Woche leichter beginnen.

Heute ist ein besonderer Tag. Endlich ist für diese Menschen wieder ein Priester da, der den Gottesdienst hält und mit ihnen feiert. Vorher kam ein Pfarrer aus einer Nachbargemeinde, aber nur selten. Doch jetzt haben sie wieder einen eigenen. Alle wollen ihn sehen, hören, kennenlernen!

Der Gottesdienst beginnt mit einem schönen Lied. Jetzt stellt sich der neue Priester vor und hält eine kurze Ansprache. Die Mütter nehmen die Kinder auf den Arm. Es soll ruhig werden. Der Priester geht zum Altar, hält inne. Und dann geschieht etwas, was noch nie geschehen ist. Er wendet sich an die Gemeinde und sagt: „Ja, wir wollen gemeinsam Gottesdienst feiern. Aber wenn wir feiern, müssen wir auch wissen, warum wir feiern. Darum bitte ich euch, mir zu sagen, was wir feiern sollen."

Es ist still in der Kirche. Was denkt sich der Priester wohl? Wir haben Sorgen und Ängste. Aber einen Grund zum Feiern? Und sollen wir denn hier, vor all den anderen Leuten reden? Vom Hunger und von der Arbeitslosigkeit, von den Problemen in der Familie, von den Sorgen im Alltag? Die anderen haben doch die gleichen Nöte!

Nach einer langen Zeit des Schweigens spricht der Priester wieder: „Ja, wenn wir keinen Grund zum Feiern haben, dann wollen wir auch nicht so tun als ob." Und er beginnt, den Kelch vom Altar wegzunehmen und sein Messgewand abzulegen.

Da kommt von ganz hinten aus der Kirche eine Stimme: „Wir, unsere ganze Familie, hat sich die ganze Woche satt essen können. Das will ich feiern." Der Priester sieht auf. Langsam zieht er sein Gewand wieder an.

Und dann ist noch eine Stimme in der Kirche zu hören: „Ich hatte in diesem Monat genug Geld, das Schulgeld für meinen Sohn zu bezahlen." – „Ich hatte solche Angst, dass ich krank werden würde, aber nun sind die Bauchschmerzen wieder weg." – „Mein Mann hat in dieser Woche an jedem Tag Arbeit gehabt." Immer mehr Leuten fällt ein, dass sie Grund haben, Gott zu danken. Und das zu feiern.

Diesmal ist der Gottesdienst anders als sonst ...

Wenn ich einen Tag Zeit hätte ...

„Guten Tag", sagte der kleine Prinz.
„Guten Tag", sagte der Händler. Er handelte mit höchst wirksamen, durststillenden Pillen. Man schluckt jede Woche eine und spürt überhaupt kein Bedürfnis mehr zu trinken.
„Warum verkaufst du das?", sagte der kleine Prinz.
„Das ist eine große Zeitersparnis", sagte der Händler. „Die Sachverständigen haben Berechnungen angestellt. Man spart dreiundfünfzig Minuten in der Woche." „Und was macht man mit diesen dreiundfünfzig Minuten?"
„Man macht damit, was man will ..."
„Wenn ich dreiundfünfzig Minuten übrig hätte", sagte der kleine Prinz, „würde ich gemächlich zu einem Brunnen laufen ..."

Antoine de Saint-Exupéry

Eine afrikanische Geschichte

Eines Tages kamen unter einem großen Baum die Tiere zusammen, weil auch sie einen Sonntag haben wollten wie die Menschen.
Der König der Tiere, der Löwe, erklärte: „Das ist ganz einfach. Wenn ich eine Gazelle verspeise, dann ist für mich Sonntag."
Das Pferd meinte: „Mir genügt schon eine weite Koppel, dass ich stundenlang austraben kann, dann ist für mich Sonntag."
Das Schwein grunzte: „Eine richtige Dreckmulde und ein Sack Eicheln müssen her, dann ist für mich Sonntag."
Das Faultier gähnte und bettelte: „Ich brauche einen dicken Ast, um zu schlafen, wenn es bei mir Sonntag werden soll."
Der Pfau stolzierte einmal um den Kreis, zeigte sein prächtiges Federkleid und stellte höflich, aber bestimmt fest: „Nur ein Satz neuer Schwanzfedern, er genügt für meinen Sonntag."
So erzählten und erklärten die Tiere stundenlang, und alle Wünsche wurden erfüllt. Aber es wurde kein Sonntag. Da kamen Menschen vorbei und lachten die Tiere aus:
„Ja, wisst ihr denn nicht, dass es nur Sonntag wird, wenn man mit Gott wie mit einem Freund spricht?"

- *Ein Sonntag ist schön für mich, wenn ...*
  Den Sonntag finde ich langweilig, weil ...
- *Am Sonntag* kann man in der Familie viele schöne Dinge machen: zu Freunden fahren, eine Fahrradtour machen, Gesellschaftsspiele spielen, ein Museum besichtigen, essen gehen, eine Nachtwanderung machen ... Ihr habt sicherlich viele andere Ideen. Sprecht auch in der Familie darüber.*
- *Ihr könnt den Sonntag auch besonders gestalten, z.B. so, dass sich reihum jeder aus der Familie wünschen darf, was gemacht wird, oder so, dass jeder einmal die anderen verwöhnt, ihnen den Tisch deckt, für sie kocht, für die Unterhaltung sorgt ... (Auch hier gibt es wieder viele andere Möglichkeiten.)*
- *Findet im Gespräch heraus, was die Geschichte vom kleinen Prinzen mit dem Sonntag zu tun hat.*
- *Geht auf die Straße und befragt die Leute, was sie davon halten, dass die Läden am Sonntag geöffnet sein sollen. Fragt auch eure Familien danach.*
- *Je nach dem Ergebnis eurer Beratungen wollt ihr euch vielleicht an der Unterschriftenaktion des Bonifatiuswerks „Sonntags nie!" beteiligen.*

Weihnachten und ...

Die Geburt Jesu

In jenen Tagen erließ Kaiser Augustus den Befehl, alle Bewohner des Reiches in Steuerlisten einzutragen. Dies geschah zum ersten Mal; damals war Quirinius Statthalter von Syrien. Da ging jeder in seine Stadt, um sich eintragen zu lassen. So zog auch Josef von der Stadt Nazaret in Galiläa hinauf nach Judäa in die Stadt Davids, die Betlehem heißt; denn er war aus dem Haus und Geschlecht Davids. Er wollte sich eintragen lassen mit Maria, seiner Verlobten, die ein Kind erwartete. Als sie dort waren, kam für Maria die Zeit ihrer Niederkunft, und sie gebar ihren Sohn, den Erstgeborenen. Sie wickelte ihn in Windeln und legte ihn in eine Krippe, weil in der Herberge kein Platz für sie war.
In jener Gegend lagerten Hirten auf freiem Feld und hielten Nachtwache bei ihrer Herde. Da trat der Engel des Herrn zu ihnen, und der Glanz des Herrn umstrahlte sie. Sie fürchteten sich sehr, der Engel aber sagte zu ihnen: Fürchtet euch nicht, denn ich verkünde euch eine große Freude, die dem ganzen Volk zuteilwerden soll: Heute ist euch in der Stadt Davids der Retter geboren; er ist der Messias*, der Herr. Und das soll euch als Zeichen dienen: Ihr werdet ein Kind finden, das in Windeln gewickelt in einer Krippe liegt. Und plötzlich war bei dem Engel ein großes himmlisches Heer, das Gott lobte und sprach:

Verherrlicht ist Gott in der Höhe,
und auf Erden ist Friede
bei den Menschen seiner Gnade.

Als die Engel sie verlassen hatten und in den Himmel zurückgekehrt waren, sagten die Hirten zueinander: Kommt, wir gehen nach Betlehem, um das Ereignis zu sehen, das uns der Herr verkünden ließ. So eilten sie hin und fanden Maria und Josef und das Kind, das in der Krippe lag. Als sie es sahen, erzählten sie, was ihnen über dieses Kind gesagt worden war. Und alle, die es hörten, staunten über die Worte der Hirten.
Maria aber bewahrte alles, was geschehen war, in ihrem Herzen und dachte darüber nach. Die Hirten kehrten zurück, rühmten Gott und priesen ihn für das, was sie gehört und gesehen hatten; denn alles war so gewesen, wie es ihnen gesagt worden war.

Lk 2,1-20

Wilhelm Geyer, 1938

- *Betrachtet und beschreibt das Bild.*
- *Weihnachten feiern: Zusammen ein Fest vorbereiten, sich beschenken, in den Gottesdienst gehen ... Erzählt, wie ihr zu Hause Weihnachten feiert! Was ist euch daran besonders wichtig? Schaut dazu auf die Themenseite* 144.
- *Für manche Menschen ist Weihnachten einer der schlimmsten Tage im Jahr. Überlegt, was sie wohl belastet und was sie vermissen könnten.*

... Ostern feiern

Die Entdeckung des leeren Grabes

Am ersten Tag der Woche kam Maria von Magdala frühmorgens, als es noch dunkel war, zum Grab und sah, dass der Stein vom Grab weggenommen war. Da lief sie schnell zu Simon Petrus und dem Jünger, den Jesus liebte, und sagte zu ihnen: Man hat den Herrn aus dem Grab weggenommen, und wir wissen nicht, wohin man ihn gelegt hat.
Da gingen Petrus und der andere Jünger hinaus und kamen zum Grab; sie liefen beide zusammen dorthin, aber weil der andere Jünger schneller war als Petrus, kam er als Erster ans Grab. Er beugte sich vor und sah die Leinenbinden liegen, ging aber nicht hinein.
Da kam auch Simon Petrus, der ihm gefolgt war, und ging in das Grab hinein. Er sah die Leinenbinden liegen und das Schweißtuch, das auf dem Kopf Jesu gelegen hatte; es lag aber nicht bei den Leinenbinden, sondern zusammengebunden daneben an einer besonderen Stelle. Da ging auch der andere Jünger, der zuerst an das Grab gekommen war, hinein; er sah und glaubte.

Joh 20,1-8

Rupprecht Geiger, 1949

Erschreckt nicht! Ihr sucht Jesus von Nazaret, den Gekreuzigten. Er ist auferstanden; er ist nicht hier.

Mk 16,6a

- *Sucht euch aus dem Bibeltext die Stellen heraus, die zeigen, wie sich Maria von Magdala, Petrus und der andere Jünger verhalten haben, als sie vom leeren Grab hörten.*
- *Was haben sie wohl beim Anblick des Grabes gedacht?*
- *Schon sehr früh bekannten Christen ihren Glauben an die Auferstehung Jesu. Lest dazu im Neuen Testament Röm 10,9 sowie 1 Kor 15,2-5 und 1 Thess 4,14.*
- *Betrachtet das Bild, denkt an den Text und findet heraus: Wie hat der Künstler das Thema Ostern gestaltet?*

T: Alois Albrecht/M: Peter Janssens

Durch die Geschichte „Feiern und danken" 150 werdet ihr aufmerksam auf das, wofür ihr Gott danken könnt.

Schlagt im Gotteslob Lieder zu dem Fest nach, das ihr demnächst feiert. Entscheidet euch für ein Lieblingslied und singt es so oft, bis ihr es auswendig könnt.

Findet Lieder zu Festen im Kirchenjahr aus anderen Ländern. Ihr könnt auch eure Mitschülerinnen und Mitschüler oder eure/n Musiklehrer/in dazu befragen.

Wir feiern ein Fest

Feiert gemeinsam ein Fest!

Für ein Fest braucht ihr einen Anlass und Mitfeiernde. Überlegt euch also, wen ihr einladen wollt und warum ihr feiert. Ob mit oder ohne Eltern und Lehrkräfte. Mit einer schönen, ansprechenden Einladungskarte werden die eingeladenen Gäste gerne zu eurem Fest kommen. Wenn ihr dann noch etwas Leckeres zum Essen vorbereitet und euch interessante Spiele und Aktionen einfallen, dann wird es ein gelungenes Fest. Daran werden alle gerne zurückdenken!

Das Fest musikalisch gestalten

Für den feierlichen Rahmen des Festes überlegt ihr euch eine musikalische Darbietung. In eurer Klasse gibt es bestimmt einige, die ein Instrument spielen oder gut singen. Bildet eine kleine Musikgruppe und sucht Lieder heraus, die euch gefallen und zu eurem Fest passen. In *Reli konkret* findet ihr einige schöne Lieder. Aber auch andere Liederbücher bieten geeignete Stücke. Wenn ihr weitere Anregungen braucht, dann fragt am besten eure/n Musiklehrer/in.

Spiele entwerfen

Wie wäre es mit ein paar Spielen bei eurem Fest? Entwerft selbst in verschiedenen Gruppen Spiele für drinnen und draußen. Sucht euch passendes Material (Papier, Karton etc.) und gestaltet die Spielpläne farbig.
Denkt auch an eine leicht verständliche Spielanleitung!

Ein Fest fängt bei uns selber an

Nachrichten an Ostern

ein fest
fängt
bei mir
selber
an
ich
halt mich
nicht
zurück
denn
wenn
ein fest
für alle
glückt
bin ich
ein stück
von diesem glück
die freude
die
beim fest
sich zeigt
ist vorschein
von
dem
glück
das aufsteigt
und was
alle
eint
als ewigkeit
im augenblick

wilhelm wilms

In jeder Feier liegt ein Geheimnis. Wer feiern will, muss sich vorbereiten, braucht Zeit, braucht Abstand zum Gewöhnlichen, braucht alle seine Sinne.

Herkunft unbekannt

Das Hochzeitsgeschenk

Die Brautleute hatten nicht viel Geld, waren aber doch der Meinung, dass viele Menschen mitfeiern sollten. Geteilte Freude ist doppelte Freude, dachten sie. Es sollte ein großes Fest werden, mit vielen Gästen. Auch wenn sie selbst wenig besaßen, sollte doch ihre Freude ansteckend sein und allen Trübsinn überwinden.
Also baten sie ihre Gäste, jeder möge zum Fest ein Maß Wein mitbringen. Am Eingang würde ein großes Fass stehen, in das alle ihren Wein gießen könnten. So solle jeder die Gabe des anderen trinken, und alle sollten mit allen froh und ausgelassen sein.
Als nun das Fest eröffnet wurde, schöpften alle aus dem großen Fass. Doch wie groß war das Erschrecken der Gastgeber und ihrer Gäste, als sie merkten, dass nur Wasser in den Trinkbechern war! Versteinert starrten sie sich an, als ihnen bewusst wurde, was geschehen war: Jeder hatte gedacht: Den einen Krug Wasser, den ich hineingieße, wird wohl niemand schmecken. Nun wussten sie, dass jeder so gedacht hatte: Heute will ich auf Kosten der anderen feiern. Unsicherheit und Scham erfasste sie alle, und als um Mitternacht das Flötenspiel verstummte, gingen alle schweigend nach Hause und wussten: Das Fest hatte nicht stattgefunden.

- *Welche Gefühle und Gedanken hinterlässt das „Hochzeitsfest“? Habt ihr eine Idee, wie man dieses Fest doch noch retten könnte?*
- *Lest die Texte dieser Seite und überlegt euch, was zum Gelingen eines Festes beiträgt und was das Besondere eines Festes ist.*

10 Sakramente verstehen und feiern

Brot und Wein

Brot, Wein: Früchte
der Sonne, der Erde,
der Göttinnen, Götter einst.

Und jetzt
der Leib, das Blut.

Und jetzt
seine Auferstehung.

Und jetzt
das Teilen.

Etwas wird
möglich, etwas
wie Heimat für alle.

Kurt Marti

Besonders wertvoll ist mir ein großer Plüschbär, weil mein Vater ihn mir zum fünften Geburtstag geschenkt hat.

Junge, 12 Jahre

Meine Familie und meine Freunde sind das Wertvollste für mich. Denn es ist schön, mit ihnen zusammen zu sein, oder man kann mit ihnen über alles reden und Spaß machen. Meine ersten Fußballschuhe sind mir heilig, weil ich mit ihnen viel Schönes erlebt habe. Auch meine ersten CDs sind mir wichtig, weil ich diese von meinen Eltern und Verwandten geschenkt bekommen habe. Ein paar habe ich auch von meinem ersten Taschengeld gekauft.

Junge, 11 Jahre

Heilig sind mir meine Eltern, weil ich mit ihnen über alles reden kann. Das gilt besonders für meine Mutter. Auch meine Freunde, weil sie immer für einen da sind, wenn man sie am meisten braucht, und mein Verein, weil alle meine Freunde dabei sind. Heilig ist mir auch mein Stofftier, weil ich es von meiner Freundin geschenkt bekommen habe.

Mädchen, 12 Jahre

Meine persönlichen Heiligtümer

Hast du schon einmal darüber nachgedacht, was dir „heilig" ist? Folgende Schritte helfen dir dabei:
Schreibe „Heilig ist mir" in die Mitte eines Blattes und umkreise es. Was kommt dir in den Sinn? Überlege nicht lange, sondern schreibe es um die Kernfrage herum und ziehe um jeden Einfall einen Kreis. Verbinde Wörter, die zusammengehören, durch Striche oder Pfeile. Wenn dir nichts einfällt, kannst du einfach weitere Striche und Kreise malen, vielleicht kommen dir dann anschließend noch Wörter in den Sinn, die du einträgst.
Lies durch, was du geschrieben hast, und unterstreiche, wozu du etwas schreiben willst. Schreibe nun einen Text zu dem Thema „Heilig ist mir". Fange einfach an! Er braucht nicht lang zu werden. Es gibt kein „richtig" oder „falsch". Wichtig ist allein, dass es deine Gedanken sind.

Ein besonderes Band knüpfen

Alles begann in Brasilien, dem Land der Farben und der Zauberkünste. Die jungen Brasilianer verflechten farbenprächtige Baumwollfäden zu einem schmückenden Armband, das einfach und leicht herzustellen ist und zu einer Tradition geworden ist. Wenn sie es mit drei Knoten am Handgelenk befestigen, erbitten sie gleichzeitig die Erfüllung ihrer innigsten drei Wünsche. Nie trennen sie sich von ihrem Glücksbringer, bis zu dem Tag, an dem sich das Armband abgenutzt hat und zerreißt. Freundschaftsbänder sind auch bei uns sehr beliebt. Wenn ihr selbst welche herstellt, braucht ihr drei farbige Garne von jeweils ca. 70 cm Länge. Nach dem Verknoten flechtet ihr einen Zopf und sichert das Band am anderen Ende wiederum mit einem Knoten.
Ihr könnt auch die fertigen Bänder miteinander zu einem einzigen Band verbinden und im Klassenzimmer aufhängen.
Woran wird euch das Band erinnern?
Womit könnte man Freundschaft noch vergleichen?
Schreibt eure Ideen auf Zettel (Freundschaft ist wie ...) und befestigt diese am verknoteten Klassenfreundschaftsband!

„Mehr als es ist"

Die Farbe „Rot" ist nicht einfach nur die Farbe „Rot", ein Brot nicht nur ein Brot. Jede/r von euch begegnet Situationen und Gegenständen auf eigene Weise, und jeder Mensch gibt ihnen eine eigene Bedeutung, weil wir unterschiedliche Erfahrungen mitbringen.
Wenn ihr euch gegenseitig erzählt, wie ihr zu den Dingen steht, die auf dem Bild 157 zu sehen sind, erscheinen sie in einem eigenen Licht.

„Der Duft der Freiheit ..."

Sicherlich kennt ihr solche Formulierungen aus der Werbung. Beim genaueren Hinsehen und Hinhören werdet ihr in Zeitschriften und im Fernsehen viele Symbole finden. In einer Collage könnt ihr Bildsymbole und Bildwörter aus der Werbung zusammenstellen und übertragen, was der Verfasser damit meint.
Was sollen diese Symbole dem Verbraucher wohl andeuten?
Warum arbeitet die Werbung so stark mit Symbolen?
Ihr könnt auch eine eigene Werbung für eure Klasse oder Schule entwerfen und darin zum Ausdruck bringen, was euch besonders wichtig ist.

Mit dem Körper sprechen

Manchmal sieht man einem Menschen schon an, wie es ihm geht, ohne dass er ein einziges Wort gesagt hat.
Suche dir eine Person von 158f. aus und überlege, was sie wohl gerade denken und fühlen könnte.
Fallen dir Körperhaltungen auf, die bestimmte Gefühle der Person verraten?
Dasselbe könnt ihr mit Bildern und Zeichnungen aus Zeitschriften und mit eigenen Fotos ausprobieren.

Brot und Wein

Wenn ihr das Gemälde auf der Titelseite 157 eine Weile still betrachtet habt, tauscht euch darüber aus, wie euch das Bild anspricht und wozu es einladen kann.
Mit Brot und Wein verbinden Christen eine besondere Erinnerung und Aufforderung. Lest dazu Lk 22,14-23 und das Stichwort Eucharistie* im Lexikon.

Fragen zu meiner Taufe stellen

Frage deine Eltern:
Wann und wo bin ich getauft worden?
Wie heißt der Pfarrer, der mich getauft hat?
Wie lautet mein Taufspruch?
Wie verlief das Tauffest?
Warum habt ihr mich taufen lassen?

Wasser ist wie ...

Wasser fließt über meinen Kopf.
Das ist wie ...
Schneide aus blauem Tonpapier Wassertropfen aus. Schreibe und male in diese Tropfen, wie der Satz: „Das ist wie ..." weitergeht.
Lege dann diese Tropfen aus Papier in eine Schale.

Mehr und tiefer sehen

Was sind Symbole?

Symbole sind Zeichen, die etwas bedeuten und an etwas erinnern. So erinnert zum Beispiel das Kreuz an Tod und Auferstehung Christi. Ein Ehering bedeutet, dass zwei Menschen miteinander verheiratet sind, eine Taube gilt als Friedenssymbol. Die Rose, die ein junges Mädchen von ihrem Freund geschenkt bekommt, ist für das Mädchen mehr als nur ein Blumengeschenk. Die Rose symbolisiert die Liebe und Freundschaft der beiden zueinander. Sie ist Symbol für eine Wirklichkeit, die man nicht sehen kann wie Dinge, die aber dennoch existiert. Wer das Zeichen kennt, weiß auch ohne Worte, was damit gemeint ist. Aber auch Worte oder Gesten können Symbole sein, etwa die Bildworte in der Bibel. Wenn von Gott gesagt wird: „Er weidet mich auf grüner Aue", dann bedeutet das: „Gott kümmert sich um mich". Wenn Menschen einander in die Arme schließen, so bedeutet das: „Ich mag dich sehr gern."
Andererseits gibt es Zeichen, die uns beleidigen, auch wenn kein böses Wort dabei gesagt wird, z.B. wenn jemand mit dem Finger an die Stirn tippt.

> Man sieht nur mit dem Herzen gut. Das Wesentliche ist für die Augen unsichtbar.
>
> *Antoine de Saint-Exupéry*

Wasser, Wein und Brot

Wasser, Wein und Brot sind besonders bedeutsame Symbole für das Leben und für den Glauben. Wasser ist das Lebensmittel schlechthin. Ohne Wasser gibt es kein Leben. Man kann längere Zeit ohne feste Nahrung auskommen, ohne Wasser nicht. Gleichzeitig kann Wasser aber als Hochwasser und Sturmflut Leben zerstören.
Als Symbol mit doppelter Bedeutung kommt „Wasser" auch in den Gebeten der Bibel vor, besonders in den Psalmen, je nachdem, ob der Beter sich nach dem Gott des Lebens sehnt oder ob er ein großes Unglück erfahren hat:

„Wie der Hirsch lechzt nach frischem Wasser, so lechzt meine Seele, Gott, nach dir" (Ps 42,3) oder: „Hilf mir, o Gott! Schon reicht mir das Wasser bis an die Kehle" (Ps 69,2).
Ebenso symbolisieren Brot und Wein bedeutende Situationen in unserem Leben.
Brot bedeutet nicht nur das Gebäck, das der Bäcker aus Getreide herstellt, sondern alles, was der Mensch zur Nahrung braucht. Wir sagen: „Jemand muss sein Brot verdienen" und meinen damit alles, was er zum Leben braucht.
Wein symbolisiert die schönen Seiten des Lebens, z.B. wenn die Menschen sich Zeit nehmen, um Feste zu feiern und miteinander fröhlich zu sein, auch wenn es auf einem Fest noch etwas anderes zum Essen und Trinken gibt als Brot und Wein. Beide zusammen, Brot und Wein, sind ein Symbol für Gemeinschaft und Fest.

Die Herkunft des Wortes

Das Wort Symbol kommt aus dem Griechischen und bedeutet „zusammenwerfen", „zusammenfügen". Wenn sich zwei Menschen für längere Zeit getrennt haben, zerbrachen sie ein Tontäfelchen, von dem jeder eine Hälfte bei sich behielt. Die beiden Teile galten als Erkennungszeichen, wenn sie bei einer späteren Begegnung wieder zusammenpassten oder wenn ein Bote ihnen den anderen Teil überbrachte.

Was ist ein Sakrament?

Sakramente sind symbolische Handlungen, die auf eine andere Wirklichkeit hinweisen und diese zugleich bewirken. Sakramente verbinden die Glaubenden mit Gott und zeigen, dass sie erlöst und zu neuem Leben befreit sind. Sie sind wirksame Zeichen der Nähe Gottes, der Leben gibt und zum Leben ermutigt.

Die katholische Kirche kennt sieben Sakramente: Taufe, Firmung, Eucharistie, Buße, Krankensalbung, Weihe und Ehe. Sie werden in entscheidenden Lebenssituationen gespendet. Christen erfahren in den Sakramenten, dass Gott ihnen in Jesus Christus nahe ist und dass sie zur Gemeinschaft aller Gläubigen gehören.

Das Sakrament der Taufe

In der Bibel wird erzählt, wie Jesus in einem Fluss (Jordan) von Johannes getauft wurde. Im Fluss strömt und fließt das Wasser. Zwar wird heute in der Taufe nur noch wenig Wasser verwendet, aber es fließt auch über den Kopf des Täuflings. Wasser reinigt, Fließen ist eine Bewegung. Wie das Wasser beim Waschen den Schmutz von der Haut löst, so kann der Getaufte das Alte zurücklassen und neu gereinigt sein Leben fortsetzen. Die fließende Bewegung macht deutlich: Die Taufe ist ein Anfang. Es beginnt ein Leben, das sich immer bewusster auf Gott – den Vater, den Sohn und den Heiligen Geist – einlassen kann.
Die Gemeinschaft der Kirche, in die jeder Täufling sichtbar aufgenommen wird, ermöglicht dies.
Die Taufe wird in der Firmung bestätigt, indem die Firmlinge sagen: Ich will weiterleben, was in der Taufe meine Eltern und Taufpaten für mich und mein Leben gewünscht haben.

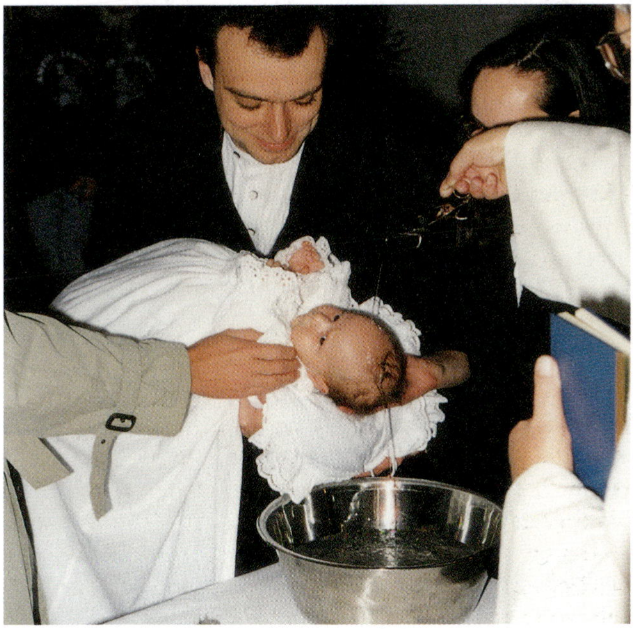

Immer mehr Menschen, die als Kind nicht getauft wurden, entscheiden sich als Erwachsene, Christin oder Christ zu werden. Nach einer Vorbereitungszeit werden sie in die Gemeinde aufgenommen und erhalten die sogenannte Erwachsenentaufe.

Das Sakrament der Eucharistie

Als Jesus zum letzten Mal vor seinem Tod mit seinen Aposteln aß, nahm er das Brot, sprach das Dankgebet, brach das Brot und reichte es ihnen mit den Worten:
Das ist mein Leib, der für euch hingegeben wird.
Tut dies zu meinem Gedächtnis (Lk 22,19).
Jesus war während seines Lebens ein „Mensch für die anderen". Er kümmerte sich um die, die am Rande standen. Er ging auf sie zu, holte sie aus ihrer Isolation heraus und heilte die Kranken. Einige änderten ihr Leben vollkommen und gingen mit ihm. Auch nach seinem Tod und seiner Auferstehung begegnete er den enttäuschten und verbitterten Emmaus-Jüngern. Sie erkannten ihn, als er mit ihnen das Brot brach (Lk 24,13-35). Von Anfang an suchten die Glaubenden die Begegnung mit Jesus Christus im gemeinsamen Mahl. Die ersten Christen sagten dazu „Herrenmahl" oder „Eucharistie*". Dort holten sie sich Kraft zu einem Leben im Sinne Jesu.

Sakramente der Kirche

Gott will, dass es auch mir in jeder Hinsicht gut geht. – Gibt es einen Kranken in meiner Umgebung?

Gott begleitet uns in unserer Ehe von Anfang an. – Laden wir ihn dazu ein?

Ich kann selbst Verantwortung für meinen Glauben übernehmen. Vertrete ich meine Meinung in Gesellschaft und Kirche?

Gemeinschaft ist etwas, wonach wir „hungern und dürsten“.

„Allmächtiger Gott, wir bitten dich, gib deinem Knecht die priesterliche Würde.“

„Ich spreche dich los von deinen Sünden im Namen des Vaters und des Sohnes und des Heiligen Geistes.“

Gemeinschaft und Vertrauen braucht jeder Mensch – von der ersten Lebensminute an.

Jugendliche wachsen heran und werden selbstständig. Sie brauchen Kraft und Unterstützung für wichtige Lebensentscheidungen.

Austausch der Ringe. Ineinanderlegen der Hände.

Ich bekenne meine Sünden.

Menschen brauchen Partner, auf deren Treue und Zuneigung sie sich in allen Situationen verlassen können.

Der Bischof legt die Hände auf und spricht das Weihegebet.

Manche Christen haben besondere Fähigkeiten und Berufungen.

Brot und Wein teilen.

In Gemeinschaft mit anderen Christen kann ich Gott spüren. – Wo suche ich Verbindung mit anderen Christen?

Der Bischof – oder sein Beauftragter – legt die Hände auf und salbt die Stirn mit Chrisamöl.

Krankheit und Sterben führen uns vor Augen, wie wir auf Heilung angewiesen sind.

Der Priester salbt mit Chrisamöl, das weiße Kleid und die brennende Kerze werden übergeben.

„Das ist mein Leib, das ist mein Blut."

„Durch diese heilige Salbung helfe dir der Herr in seinem reichen Erbarmen, er stehe dir bei mit der Kraft des Heiligen Geistes. Der Herr, der dich von Sünden befreit, rette dich, in seiner Gnade richte er dich auf."

„Ich taufe dich im Namen des Vaters und des Sohnes und des Heiligen Geistes."

Der Priester salbt den Kranken auf der Stirn und auf den Händen.

Wir werden schuldig, haben ein schlechtes Gewissen oder ärgern uns über jemanden.

Wir suchen nach Mitmenschen, die uns zeigen, dass Gott uns liebt und sich um uns sorgt.

Ich kann immer wieder neu anfangen! Gebe ich auch anderen diese Chance?

„Ich nehme dich an als meine Frau, ich nehme dich an als meinen Mann."

„Sei besiegelt durch die Gabe Gottes, den Heiligen Geist."

- *In diesen Puzzleteilen findest du Textstücke zu den sieben Sakramenten* der Kirche: Sakrament der Taufe, Versöhnung, Eucharistie, Firmung, Ehe, Weihe und Krankensalbung.*
- *Lege in deinem Heft eine dreispaltige Tabelle an. Schreibe in Spalte 1 das Sakrament und in Spalte 2 die passenden Textstücke hinein. Überprüft (z.B. mithilfe des Gotteslobs Nr. 48, 51, 53, 58, 71, 72, 76) und diskutiert gemeinsam die richtigen Zuordnungen.*
- *Überlegt euch Symbole zu jedem Sakrament. Ihr könnt sie in Spalte 3 eintragen oder zeichnen.*
- *Stellt eine Dokumentation der sieben Sakramente mit Fotos und Informationen zusammen.*

Taufe macht lebendig

Ich bin getauft.
Das bedeutet: Gott hat mir seine Freundschaft für mein ganzes Leben zugesagt.
Diese Freundschaft ist bedingungslos: Gott nimmt mich so an, wie ich bin und wie ich sein werde.
Die Taufe macht sichtbar, dass ich ein Ebenbild Gottes bin.
Das kann mir keiner nehmen, nicht die anderen, wenn sie mir übel mitspielen, nicht ich selbst, wenn ich Fehler mache.
Das Wasser, mit dem ich bei der Taufe übergossen wurde, zeigt, dass jeder Zweifel an der Zusage von Gottes Freundschaft weggespült ist.
Durch die Taufe traut Gott mir viel zu: ein sprudelndes, helles Leben.
Viele andere Menschen sind getauft. Mit ihnen bin ich verbunden. Das ist die Kirche.

Du sagst: „Das ist schön und gut, aber ich merke von der Freundschaft Gottes nichts."
Es ist so wie mit jeder Freundschaft: Wenn dir jemand eine gute, anhaltende Freundschaft anbietet, wirst du erst merken, was sie bringt, wenn du dich auf dieses Angebot einlässt und ihr die Freundschaft gemeinsam gestaltet.

- *In den Sätzen sprechen Menschen in Vergleichen darüber, wie es ihnen geht. Du kannst deine Gefühle ebenfalls mit Bildern vom Wasser ausdrücken.*
- *Der Text erzählt von der Bedeutung der Taufe*. Ihr könnt eine Taufkerze entwerfen, die etwas von der Bedeutung der Taufe zeigt.*
- *In der Taufe bekennen Eltern und Paten, bei Erwachsenentaufe der Taufbewerber selbst im Glaubensbekenntnis, dass sie ihr Leben auf Gott aufbauen. Ihr könnt den Text des Glaubensbekenntnisses* 138 *nachlesen.*

Die Feier der Eucharistie

Schon die Christen und Christinnen der frühen Gemeinden kamen regelmäßig an einem Tag der Woche zusammen, meist am ersten Tag der Woche. Dieser Tag erinnerte sie an die Auferstehung des Herrn.
Deswegen feiern Christen auch heute jeden Sonntag* als wöchentliches „kleines Osterfest".
Die Feier der Eucharistie* ist der eigentliche Mittel- und Höhepunkt des Sonntags und des christlichen Lebens.

III.
EUCHARISTIEFEIER
Nr. 359-360
KOMMUNION
Nr. 361-365

II.
WORTGOTTESDIENST
Nr. 355-358

I.
ERÖFFNUNG
Nr. 353-354

IV.
ENTLASSUNG
Nr. 366

Deinen Tod, o Herr,
verkünden wir,
und deine Auferstehung
preisen wir,
bis du kommst
in Herrlichkeit.

Aus der heiligen Messe

Osnabrücker Altar, um 1375

- *Auf dieser Seite findet ihr vier Puzzleteile mit Verweisen auf Nummern im Gotteslob, mit deren Hilfe ihr den Aufbau der heiligen Messe nachvollziehen könnt. Teilt euch in Gruppen ein und lasst euch von eurer Lehrerin, eurem Lehrer je ein vergrößertes und unbeschriebenes Puzzleteil geben.*
- *Schlagt die angegebenen Nummern im Gotteslob nach und notiert den Ablauf in Stichworten auf die Teile. Wenn ihr alle fertig seid, könnt ihr die Teile zusammensetzen.*
- *Im Gebet kommen wesentliche Punkte der Eucharistiefeier zur Sprache. Lasst sie euch von eurer Lehrerin, eurem Lehrer erklären.*

Du bist du

T./M.: Paul Janz/Dt. T: Jürgen Werth

2. Vergiss es nie: Niemand denkt und fühlt und handelt so wie du,
und niemand lächelt, so wie du's grad tust.
Vergiss es nie: Niemand sieht den Himmel ganz genau wie du,
und niemand hat je, was du weißt, gewusst.
Du bist gewollt ...

3. Vergiss es nie: Dein Gesicht hat niemand sonst auf dieser Welt,
und solche Augen hast alleine du.
Vergiss es nie: Du bist reich, egal ob mit, ob ohne Geld,
denn du kannst leben, niemand lebt wie du.
Du bist gewollt ...

Gott – Wasser ist wie du

Gott,
Wasser ist etwas Köstliches.
Es erfrischt, wenn wir verschwitzt sind.
Es macht sauber, wenn wir schmutzig sind.
Es stillt unsere Sehnsucht, wenn wir Durst haben.
Wasser ist etwas Köstliches.

Im Wasser ist Leben.
Ohne Wasser verwelken die Blumen.
Ohne Wasser sterben die Keime.
Ohne Wasser verschmachten die Menschen
und Tiere.
Im Wasser ist Leben.

Wasser ist wie du, Gott, köstlich und lebendig.
Durch das Wasser rettest du die Menschen.
Durch das große Wasser hindurch hast du Noach
und seine Familie gerettet.
Durch das große Wasser hindurch hast du Mose
und sein Volk gerettet.

Dein Sohn Jesus Christus ist wie köstliches
Wasser.
Es erfrischt und macht rein und sauber.
In Jesus leben wir auf.
In ihm entfalten sich alle Keime in uns.
Durch ihn sind wir gerettet. Amen.

„Ich bin bei euch alle Tage!“

Wer würde so etwas zu dir sagen? Was erwartest du von ihm?
Im Alten* Testament stellt sich Gott dem Mose durch die Worte „Ich bin der Ich-bin-da“ (Ex 3,14) vor 77. Gott hat keinen Namen, sondern ist da und nah bei den Menschen. Im Johannes*-Evangelium des Neuen Testaments wird von Jesus erzählt, dass er sich ebenfalls durch Sätze vorstellt, die mit „Ich bin“ beginnen. In bildhafter Sprache sagt auch Jesus, wer er für uns ist:

Zu jedem der sieben „Ich-bin“-Worte gehören je eine Verheißung und eine Einladung. Teilt euch in sieben Gruppen auf und versucht, euer „Ich-bin“-Wort durch Gesten oder bildlich in Farben und Formen zu symbolisieren.
Ihr könnt wichtige Stationen in eurem Leben grafisch als Linie, Spirale, Welle oder auf andere Weise darstellen. Besondere, schwierige oder aufregende Zeiten werden dabei hervorgehoben, beschriftet oder mit Zeichnungen versehen. An welchem Knotenpunkt deines Lebens hattest du das Gefühl, dass dir Jesus weitergeholfen hat? Welches „Ich-bin“-Wort könntest du damit verbinden?
Sucht im Gotteslob oder in anderen Liederbüchern Lieder zur Mahlfeier und singt die, die euch gefallen, z.B. GL 505:
Du hast uns, Herr, gerufen.

Einen Segen gestalten

Ihr sollt ein Segen sein

T/M: Andy Lang

2. Ihr sollt ein Segen sein; gegen Kräfte,
   die euch entzwei'n,
   gebe ich euch die Macht, die Frieden schafft,
   so seid ihr, denn ihr seid mein.
   Ihr sollt ein Segen sein, wie ein Fels steht ihr da und sagt: Nein.
   Ihr erhebt eure Stimmen, sollt Freiheit gewinnen,
   habt Mut, denn ihr seid ja mein.
   Ihr sollt ein Segen sein!

3. Ihr sollt ein Segen sein! Teilt das Brot
   und auch den Wein.
   Ein Bild jener Welt, die Gott gefällt,
   seid ihr, denn ihr seid mein.
   Ihr sollt ein Segen sein. In sein Lob stimmt ihr mit ein,
   Schöpfungsklänge und Engelsgesänge
   führ'n euch in mein Reich hinein.
   Ihr sollt ein Segen sein!

- *Wenn Menschen andere Menschen segnen, sprechen sie ihnen die Zuwendung Gottes zu. Sie tun das mit Gesten und Worten. Sie legen der Person die Hand auf oder bezeichnen sie mit dem Kreuzzeichen. So könnt ihr euch gegenseitig segnen: Stellt euch im Kreis auf, wendet euch zu zweit einander zu. Zeichnet die Stirn des Gegenübers mit einem kleinen Kreuz und sprecht: „Gott segne dich!" Wenn ihr dazu ein Tröpfchen duftendes Rosenöl benutzt, wird euer Segenswunsch auch sinnlich erfahrbar.*
- *Ein berühmter biblischer Segen ist von Aaron überliefert (Numeri 6,24-26). Findet Gesten zu diesem Aaronitischen Segen und lernt den alten Text auswendig zu sprechen:*
  Der Herr segne dich und behüte dich; der Herr lasse sein Angesicht leuchten über dir und sei dir gnädig; der Herr hebe sein Angesicht über dich und gebe dir Frieden.

11 Musliminnen und Muslimen begegnen

„Ich war heute ohne Kopftuch in der Schule. Wenn ich plötzlich mit Kopftuch ankäme, dann würde nicht nur meine Klasse, sondern die ganze Schule mich angucken, und dann würden sie mich die ganze Zeit mit Fragen volllabern."

Ajda, 13 Jahre

„Ich habe Freundinnen,
die sagen: ‚Ich würde lieber sterben als Kopftuch tragen.'
Ich selbst bin eigentlich ziemlich stolz drauf,
dass ich das trage."

Nazmir, 12 Jahre

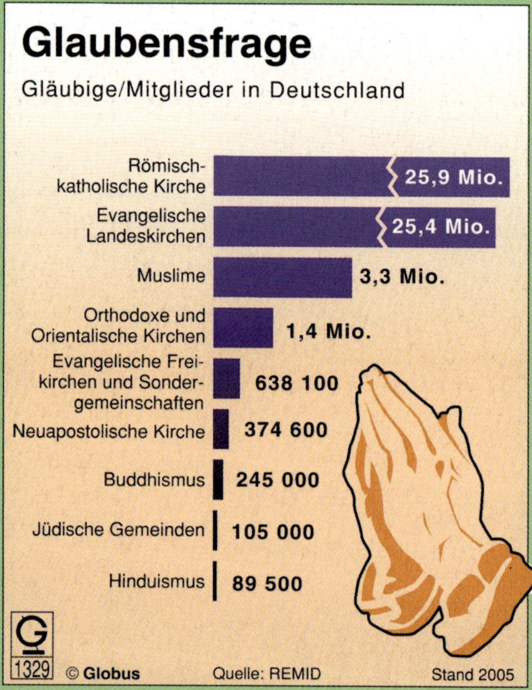

Das Minarett der neuen Moschee in Mannheim neben dem Turm der katholischen Liebfrauenkirche

ein Weiterleben nac
an eine
faste
b

Christen

Schahâda*, das islamische Glaubenszeugnis:

Ich bezeuge, dass es keine Gottheit gibt außer Gott und dass Muhammad der Gesandte Gottes ist.

Der Islam ist die zweitgrößte Religionsgemeinschaft.

Religion und Leben: In vielen islamischen Ländern sind sie eng verbunden.

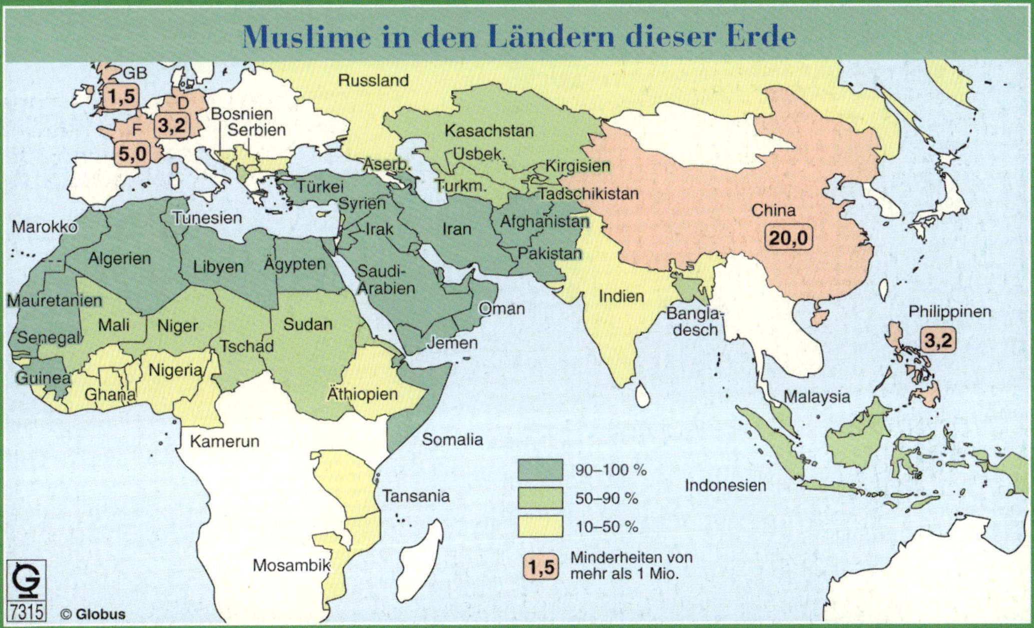

em Tod bekennen
ott glauben
nd feiern
en

Wichtige Begriffe des Islams zusammenstellen

Schreibt zum Alphabet passend die wichtigsten Begriffe des Islams heraus. Sucht einen kurzen Text zu dem Begriff und schreibt wichtige Sätze heraus. Ihr könnt im Internet nach geeigneten Fotos suchen. Schreibt aber immer die Internetadresse dazu, damit ihr wisst, woher ihr das Foto genommen habt. Vielleicht dürft ihr ja auch beim Moschee-Besuch Fotos vom Innenraum und seiner Ausstattung machen. Bittet aber vorher um Erlaubnis dafür. Seid nicht enttäuscht, wenn es nicht gestattet wird. Der Gebetsraum ist für Muslime ein besonderer Ort.

christenundmuslime.at

Zusammenarbeit zwischen ChristInnen und MuslimInnen

Sucht in Tageszeitungen, im Veranstaltungskalender, im Telefonbuch eures Ortes oder auch im Pfarrbrief eurer Pfarr- und Kirchengemeinden nach christlich-muslimischer Zusammenarbeit. Nehmt Kontakt mit verantwortlichen Personen auf, informiert euch über ihre Arbeit, führt eventuell ein Interview und berichtet in eurer Religionsgruppe davon. Ihr könnt diese Personen auch zum Gespräch in eure Schule einladen.

Sich kennenlernen

Es ist spannend, Menschen zu besuchen, deren alltägliche Gewohnheiten anders sind als unsere. Erkundigt euch, wie ihr euch verhalten und benehmen müsst, wenn ihr eine türkische Familie besucht.

Bastelbogen „Moschee"*

Frage deinen Lehrer oder deine Lehrerin nach einem Bastelbogen für eine Moschee. Es gibt auch Bastelbögen für die Inneneinrichtung einer Moschee. Die Bauteile der Bastelbögen kannst du aus Papier ausschneiden und farbig kolorieren. Wenn die Teile zusammengeklebt sind, ist ein Bauwerk entstanden, das sich dir gut einprägt.

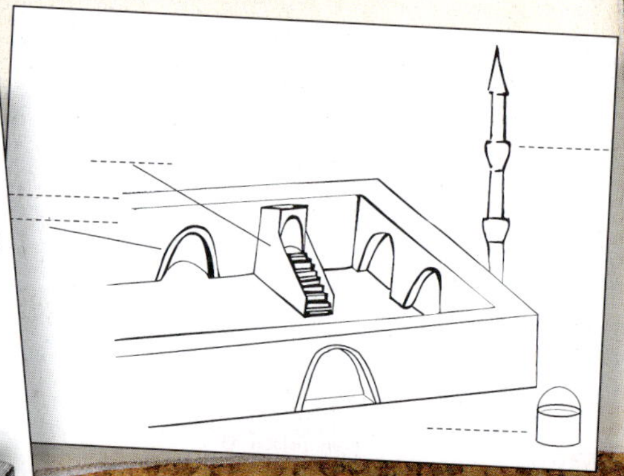

Austauschbar – verwechselbar – eindeutig bestimmbar?

Die heilige Schrift des Christentums ist die Bibel, im Islam ist es der Koran*. Leider haben viele Christen noch nie einen Koran gesehen und in ihm gelesen. Ebenso ist die Bibel vielen Muslimen unbekannt. Einerseits erzählen beide auf eigene Weise von Gott und den Menschen, andererseits ähneln sich wichtige Aussagen. Das könnt ihr leicht überprüfen: Legt einen Koran – natürlich in deutscher Sprache (z.B. www.islam.de) – neben eine Bibel und schreibt euch folgende Stellen heraus:

Sure 7,19-7,23	Gen 3,4-8
Sure 51,24-30	Gen 18,1-16
Sure 4,142	Mt 6,1-4
Sure 25,63	Mt 5,5

Da „Allah“ nichts anderes bedeutet als „Gott“ oder „der Herr“, könnt ihr die Begriffe in den Suren des Korans austauschen. Dann legt die Liste euren Eltern, Priestern, Lehrkräften, Muslimen u.a. vor. Sie sollen bestimmen, welche Texte aus der Bibel und welche aus dem Koran stammen.

Der Islam auf unserer Erde

Die Karte auf Themenseite 173 zeigt euch, in welchen Ländern der Islam verbreitet ist. In welchen Erdteilen leben die meisten Musliminnen und Muslime?
In den Nachrichten hört ihr die Namen einiger islamischer Länder. Erzählt doch, was ihr über sie wisst, und sammelt weitere Informationen.

Ausstellung: Moscheen in Deutschland

Wenn ihr wissen wollt, wo in deutschen Städten bisher Moscheen gebaut wurden, dann besorgt euch eine Landkarte und sucht im Internet nach Fotos von Moscheen in Deutschland. Ihr werdet eine große Zahl zum Teil wunderschöner Gebäude finden. Kopiert die Fotos und heftet sie zu der entsprechenden Stadt dazu. Erkundigt euch auch nach ihren Namen und Besonderheiten außen und innen. Gestaltet damit eine Ausstellung in eurer Schule und ladet auch Eltern und Nachbarn dazu ein.
Moscheeadressen in den jeweiligen Bundesländern findet ihr unter www.islam.de.

Muslime feiern ihre Feste

Im Christentum fängt die Zeitrechnung mit Christi Geburt an 148. Für Muslime beginnt die Zeitrechnung mit dem Jahr 622 n.Chr., als Muhammad begann, die Umma* in Medina zu gründen. In christlicher Zeitrechnung gilt das Sonnenjahr, der Islam teilt seine Zeit nach dem Mondjahr ein. Dies ist 11 Tage kürzer, die Monate dauern also 29 oder 30 Tage. Im Vergleich zu unserem Kalender verschieben sich wie der Jahresbeginn auch die religiösen Festzeiten für die Muslime Jahr für Jahr um 11 Tage.
Das Jahresrad und die Angaben zu den islamischen Festen helfen dir, für dieses oder für das folgende Jahr die Termine der islamischen Feste zu berechnen. Dann könnt ihr einen gemeinsamen christlich-islamischen Jahresfestkalender entwerfen.

Erinnerung an die Auswanderung Muhammads
muharram (arabisch), hiçret (türkisch)
In Erinnerung an die Auswanderung Muhammads aus Mekka nach Medina (Hidschra) beschenken sich die Muslime am 1. Tag des ersten Monats mit Süßigkeiten und freiwilligen Spenden.

- *Einen aktuellen Kalender findet ihr z.B. unter www.islam.de.*
- *Noch interessanter ist es, wenn ihr selbst Beginn und Ende des nächsten Fastenmonats herausfindet.*

Geburtstagsfest von Muhammad
maulid (arabisch), mevlid kandili (türkisch)
Am 12. Tag des dritten Monats wird an den Geburtstag Muhammads erinnert. Vor allem in der Nacht lesen Muslime im Koran und in anderen Schriften über das Leben des Gesandten.

Himmelsreise Muhammads
radschab (arabisch), miraç kandili (türkisch)
Am 27. Tag des siebten Monats feiern Muslime die Himmelsreise des Gesandten.

Ramadan (arabisch), ramazan (türkisch*)*
Der Ramadan ist der neunte Monat des islamischen Kalenders. Der Fastenmonat beginnt in der „Nacht der Sichtung" bei Neumond. Das Fasten gehört zu den fünf Säulen des Islams.

Nacht der Bestimmung
lailat al-qadr (arabisch), kadir gecesi (türkisch)
In der 27. Nacht des Fastenmonats gedenken die Muslime der Offenbarung der ersten fünf Verse des Korans, die Muhammad erhielt (Sure 96,1-5).

Fest des Fastenbrechens
id al-fitr (arabisch), şeker bayramı (türkisch)
Am Beginn des zehnten Monats beendet dieses dreitägige Fest den Fastenmonat Ramadan. Es gibt Süßigkeiten und Geschenke. Viele Familien besuchen sich gegenseitig. Zu diesem Tag gehört ein besonderes Feiertagsgebet.

Opferfest
id al-adha (arabisch), kurban bayramı (türkisch)
Dieses viertägige Opferfest im 12. Monat erinnert an Ibrahim, der seinen Sohn Ismael opfern sollte. Es ist das höchste Fest des Islams. Muslime feiern, dass Gott keine Opfer – schon gar keine Menschenopfer – will, sondern rechte Hingabe im Gehorsam gegenüber seinem Willen. Zu diesem Fest werden Schafe geopfert und Geschenke getauscht. Das zeigt die Geschwisterlichkeit der Muslime: Sie teilen das Fleisch mit ärmeren Menschen.

Eine religiöse Feier von Christen und Muslimen gestalten

Eure Schule plant einen „Tag der Besinnung", an dem vor allem christliche und muslimische SchülerInnen teilnehmen, zu dem aber auch VertreterInnen anderer Religionsgemeinschaften eingeladen werden. Zuerst soll ein Solidaritätslauf zugunsten von christlichen und muslimischen Hilfsprojekten stattfinden. Musik-, Theatergruppen, der Kochkurs und viele andere Klassen bereiten sich mit unterschiedlichen Angeboten auf diesen Tag vor.
Im Zentrum wird eine religiöse Besinnungsfeier stehen, bei der katholische und evangelische Christen und Muslime mitwirken. Eure Religionsgruppe erhält den Auftrag, diese Feier vorzubereiten. Sie soll ungefähr eine halbe Stunde dauern und von Schülerinnen, Schülern und Lehrkräften gestaltet werden.
Ihr macht euch an die Arbeit:
Zunächst sucht ihr ein Thema für diese Feier, z.B. „Miteinander lernen und feiern" oder „Frieden in der Schule und in der Welt" oder „Ein Gott – viele Menschen".
Dann sucht ihr in der Bibel und im Koran nach Textstellen, die zum Thema passen.
Nun müsst ihr entscheiden, wie in dieser Feier gebetet wird. Dafür gibt es verschiedene Positionen:

- Die einen schlagen vor, dass das „Vaterunser" und ein muslimisches Gebet von allen gebetet wird.
- Andere meinen, man müsste ein oder zwei Gebete formulieren, die weder aus dem Christentum noch aus dem Islam kommen, damit sie von allen gesprochen werden können.
- Eine dritte Gruppe vertritt die Ansicht, jede/r sollte zu Gott auf eigene Weise beten können. Deshalb müsse es getrennte Gebete geben: Einmal beten Christen und die Muslime schweigen, dann beten Muslime und die Christen schweigen.
- Schließlich gibt es auch noch die Position, überhaupt nicht zu beten, sondern nur zu singen. Aber welche Lieder werden ausgewählt, und sollen sie von allen gesungen werden?

Zustimmung findet die Idee, in den Mittelpunkt der Feier eine Bildmeditation zu stellen. Eine Fotografie, ein Bild aus der Kunst oder eine von euch selbst entworfene und ausgeführte Arbeit stehen zur Diskussion.

- *In verschiedenen Gruppen könnt ihr den Ablauf einer solchen Feier erstellen. Es ist wichtig, dass ihr die einzelnen Elemente sorgfältig auswählt und eure Entscheidungen gut begründet.*

Feste und Festzeiten in einen gemeinsamen Kalender eintragen

Besorgt euch einen Jahreskalender, markiert alle wichtigen christlichen Feste mit einer Farbe und malt jeweils ein Symbol dazu. Dann erkundigt euch nach den genauen Terminen der muslimischen Feste und Festzeiten (Ramadan). Markiert die Tage mit einer anderen Farbe und malt ebenfalls ein passendes Symbol dazu.

- *Überlegt gemeinsam, wie Christinnen und Christen sich muslimischen Mitbürgern gegenüber verhalten können, wenn diese ihre Feste feiern.*
- *Wenn muslimische Jugendliche zu eurer Klasse gehören: Denkt darüber nach, wie auch die muslimischen Feste in das Schulleben einbezogen werden können.*

Muhammad

Mekka* war eine Handelsstadt, in der viele Kaufleute verkehrten. Unter ihnen gab es Juden, Christen, Anhänger von Naturreligionen und Menschen, die als wichtigsten Gott Allah verehrten. Im Jahre 610 n.Chr. lebte dort ein etwa 40-jähriger Mann mit Namen Muhammad. Auch er war Kaufmann. Die reiche Kadidscha, für die er erfolgreich Handelskarawanen geleitet hatte, hatte ihm die Ehe angeboten, und sie heirateten. Er galt als fleißig und erfolgreich. Schon früh hatte er seine Eltern verloren und war bei seinem Großvater und dann bei seinem Onkel aufgewachsen. Sein Leben war bis dahin nicht außergewöhnlich verlaufen. Im Jahr 610 aber überkamen ihn in einer Höhle am Berg Hira, wohin er sich öfter zurückzog, Stimmen und Bilder. Sie verwirrten ihn zunächst. Nach vielen Gesprächen mit seiner Frau und nach neuen Visionen wurde ihm klar, dass er einen göttlichen Auftrag erhalten hatte. Er wandte sich an die Araber, erzählte ihnen von seinen Visionen, gewann aber nur wenige Menschen, die ihm glaubten. Nach dem Tod seiner Frau lehnten die Mekkaner ihn und seine Botschaft des Glaubens an den einen Gott immer stärker ab.
Die Einwohner von Medina* – diese Stadt liegt ungefähr 450 km nördlich von Mekka – boten ihm an, zu ihnen zu ziehen. Sie wollten seinen Visionen glauben, wenn es ihm gelänge, unter ihnen Frieden zu stiften. Dies geschah 12 Jahre nach der ersten Offenbarung. Nach Verhandlungen übersiedelte Muhammad nach Medina und leitete dort die Umma*, die Gemeinde der Muslime.
Von nun an bezogen sich seine Visionen stärker auf die praktischen Probleme, die in der Gemeinschaft zu regeln waren. Wie sollten Frauen und Männer miteinander umgehen? Welche Bestimmungen musste es für das öffentliche Leben geben? Es wurde versucht, möglichst alle Bereiche menschlichen Lebens unter göttliche Weisung zu stellen. Deshalb kennen viele Muslime bis heute keine Trennung von Religion und Staat. Alles wird mit dem Glauben in Verbindung gebracht. Die Stadt blühte auf und die Umma vergrößerte sich nun rasch. Das bemerkten auch die Mekkaner. Muhammads Einfluss stieg, und sechs Jahre nach seiner Auswanderung gestatteten sie ihm für den Ramadan den freien Zugang zum

Muhammad im Gebet bei der Kaaba. Aus Ehrfurcht vor dem Geschehen bleibt das Gesicht des Propheten verhüllt.*

Heiligtum, der Kaaba. Als er zwei Jahre darauf mit seinen Truppen in Mekka erschien, ergaben sich die Einwohner ohne großen Widerstand.
Mekka wurde zur heiligen Stadt der Muslime. In ihre Richtung wenden sie sich bei jedem rituellen Gebet. In dieser Zeit festigte sich in Muhammad die Vorstellung, dass die ihm von Gott anvertraute Botschaft die wahre Religion für alle Menschen sei, nicht nur für Araber. Großzügig verzieh Muhammad seinen Gegnern und gewann auf diese Weise neue Anhänger. Am 8. Juni 632 starb er im Haus seiner neuen Lieblingsfrau Aischa ohne einen männlichen Erben; einen Nachfolger in der Leitung der Umma hatte er nicht bestimmt. Er wurde in Medina begraben.

- *Wenn ihr ein klein wenig rechnet, könnt ihr einen kurzen Lebenslauf Muhammads in Form einer Tabelle mit den wichtigsten Jahreszahlen erstellen.*

Wort Gottes in Koran und Bibel

Für Muslime heißt Wort Gottes:

Der Koran ist das abschließende, gültige Wort Gottes.

Muslime sagen, wenn sie eine Stelle des Korans wiedergeben: Gott sagt ...
Sie sagen nie: Muhammad sagt ...!

Für Christen heißt Wort Gottes:

Zuerst ist Jesus Christus das Mensch gewordene Wort Gottes. Von ihm her kann alles, was in der Bibel steht, verstanden werden.

Christen sagen, wenn sie eine Stelle der Bibel wiedergeben: Paulus schreibt ..., der Evangelist Lukas erzählt ...

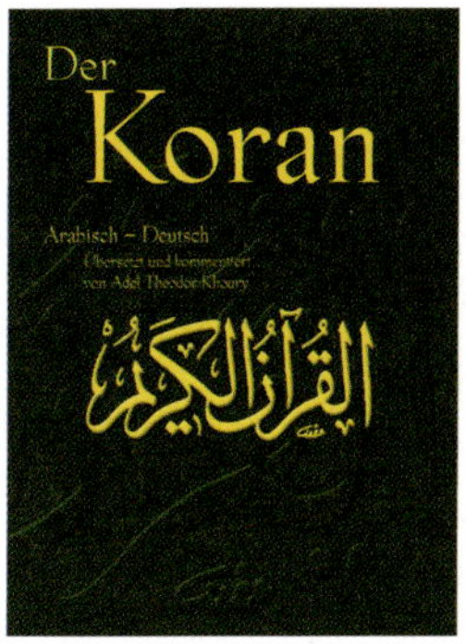

Wie hat Gott zu den Menschen gesprochen?

Muslime verstehen das so:

Das Wort Gottes kam zu Muhammad durch Gott, seinen Geist oder den Engel Gabriel (Jibril). Muhammad ist nur der Sprecher Gottes, sein Mund. Er hat keinen Anteil an der Wahl der Worte, der Ausdrücke und Sätze, die ihm zum Sprechen aufgetragen werden.

Muslime lesen den Koran auf Arabisch. Das vollkommene Wort Gottes gibt es nur in der ursprünglichen arabischen Sprache.
Muslime unterscheiden, was für die Zeit Muhammads und was für alle Zeiten im Koran geoffenbart ist.

Christen verstehen das so:

Gott spricht durch die Menschen. Gott spricht in der Sprache der Menschen, in ihrer Situation, in ihrer Zeit. Deshalb kommt das Wort Gottes in verschiedenen Bildern, Schriften und Ausdrücken, in denen wir die Schreiber erkennen, zu uns.

Christen lesen die Bibel in ihrer jeweiligen Muttersprache.
Sie beachten auch die Auslegungsgeschichte der biblischen Texte.

„Im Koran steht alles drin, was Gott uns an Gesetzen gegeben hat, und die muss man dann einhalten, wenn man richtig am Islam interessiert ist. Alles, was im Koran steht, ist ja nur zum Besten."

Muslimische Schülerin, 13 Jahre

„Ich finde es spannend, dass die Bibel von der Geschichte Gottes mit den Menschen erzählt. Mich wundert, wie man das Wort Gottes immer neu verstehen kann und wie es auch heute unser Leben betrifft."

Christlicher Schüler, 13 Jahre

■ *Kann man in den Äußerungen der Schülerin und des Schülers Bibel und Koran austauschen?*

Ritual und Gebet

Wenn du einer Person zum Geburtstag gratulierst, läuft dies häufig in folgender Weise ab: Du stehst dem Geburtstagskind gegenüber, gibst ihm die Hand und sagst z.B. : „Herzlichen Glückwunsch zum Geburtstag!" Erst dann überreichst du dein Geschenk. Danach kann der Nächste kommen, der seine Wünsche ähnlich übermittelt. Es gibt eine feste Form, einem Menschen zum Geburtstag zu gratulieren. Diese festen Formen bestehen aus mehreren Teilen und werden Ritual genannt. Das Ritual hat Vorteile:

- Es wird von vielen Menschen eingeübt, von ihnen verstanden und in ähnlichen Situationen ausgeübt.
- Wenn du ein Ritual oft vollziehst, brauchst du dir seinen Ablauf kaum mehr zu überlegen. Das erleichtert vieles.
- Wenn du einer Person gratulierst, die du nicht gut kennst, gibt dir das Ritual Sicherheit. Du hast in der schwierigen Situation die richtigen Worte gesprochen und die passenden Bewegungen vollzogen.

Ihr findet im Alltag weitere Rituale, die ihr selbst ausführt (z.B. beim morgendlichen Aufstehen, in der Schule) oder beobachtet (z.B. im Sport, bei Festen und Konzerten). Wenn ihr sie beschreibt, ist es wichtig, jede Einzelheit aufzuzählen. Um mehr über ihre Bedeutung zu erfahren, könnt ihr bekannte Rituale verändern, indem ihr einen Teil auslasst oder hinzufügt, Worte und Bewegungen austauscht, aus bekannten Abläufen fremde macht.

Außen – Innen

Häufig bringt deine Körperhaltung zum Ausdruck, wie du dich fühlst. Das Außen – dein Körper – spiegelt dein Innen – deine Stimmung, dein Gefühl – wider. Drückt eine Stimmung aus, stellt sie als Pantomime dar und lasst eure Mitschülerinnen und Mitschüler raten, was ihr auszudrücken versucht.
Umgekehrt kann auch deine äußere Körperhaltung deine innere Lage beeinflussen:
Viele Religionen – auch der Islam – wissen: Die gleichen, oft wiederholten Bewegungen und Worte eines (äußeren) Rituals helfen den Menschen, ihr Denken und ihre (innere) Haltung zu formen.
Beim rituellen Gebet vollziehen Muslime fünfmal täglich den gleichen Bewegungsablauf, um mit dem Körper zu beten. Sie stärken damit ihren Glauben von außen nach innen und drücken ihn von innen nach außen aus.

- *Findet heraus, was die Muslime mit ihren verschiedenen Körperhaltungen beim Beten ausdrücken.*
  Folgende Sätze können euch helfen:
  Ich öffne mich für Gott.
  Ich verehre Gott.
  Ich unterwerfe mich Gott und erkenne seine Macht.
  Ich wünsche meinen Mitmenschen Frieden.
  Ich stehe vor Gott und bin bereit, ihm zu folgen.
  Ich denke über das nach, was Gott von mir will.
  Ich verneige mich vor der Größe Gottes.
- *Macht euch die Gebetshaltungen bei der Eucharistiefeier bewusst:*
  Überlegt gemeinsam, wie die verschiedenen Teile einer Messe aussehen.
  Zeichnet die verschiedenen Körperhaltungen der Christinnen und Christen auf. Schreibt aus dem Gotteslob heraus, was dabei gesprochen wird.
  Fangt an beim Eintritt in die Kirche und beim Kreuzzeichen mit Weihwasser.
  Schreibt zu den Körperhaltungen beim Gottesdienst kurze Erklärungen, z.B.:
  - *Beim Hören des Wortes Gottes in den Lesungen sitzen Christen aufmerksam,*
  - *beim Hören des Evangeliums stehen Christen aus Ehrfurcht vor Jesus Christus usw.*

Gebetshaltung beim muslimischen Pflichtgebet

Gott ist größer!

1. *takbir* (Beginn des Gebets)

Ich habe mich an den gewandt,
der Himmel und Erde erschaffen hat.

2. *qiyam* (Stehen)

Heilig ist mein Herr.

3a. *ruku'u* (Verbeugung)
3b. *qama* (aufrechtes Stehen, Hände an den Seiten)

Gott ist größer, heilig ist mein Herr, Schöpfer und Helfer.

4. *sadschda* (Niederwerfen)

O Gott, verzeih mir die Sünden, sei mir gnädig
und leite mich auf dem rechten Weg,
behüte mich vor allem Bösen.

5. *dschalsa* (Sitzen)

Friede sei mit euch und Gottes Gnade.

6. *salam* (Kopf nach rechts und links wenden)

Wie Muslime und Christen …

Das Glaubenszeugnis – die Schahâda

Zum gläubigen Muslim – das bedeutet „ein Gottergebener“ oder „eine Gottergebene“ – wird jemand, der oder die vor Zeugen aus innerer Überzeugung die Schahâda spricht:
„Es gibt keinen Gott außer Gott (Allah),
und Muhammad ist der Gesandte Gottes.
la ilaha illa-llah; Muhammadun rasulu'llah.“

Das gemeinsame tägliche Gebet als Gottesdienst – die Salat

Der Tagesablauf der MuslimInnen erhält durch das fünfmalige Pflichtgebet seinen Rhythmus. Gebetet wird vor dem Sonnenaufgang, am Mittag, nachmittags, bei Sonnenuntergang und vor dem Schlafen. Dadurch werden die Muslime immer wieder daran erinnert, dass sie ihr Leben vor Gott führen und verantworten müssen. Die verschiedenen Körperhaltungen 181 drücken die innere Hingabe aus. Sie stammen aus der Gebetspraxis Muhammads und werden überall in gleicher Weise vollzogen. Die Muslime richten sich beim Gebet von überall auf der Welt her nach Mekka. Das gemeinsame Mittagsgebet am Freitag in der Moschee ist für Muslime der wichtigste Gottesdienst in der Woche.

Der Fastenmonat – der Ramadan

Der neunte Monat eines islamischen Jahres heißt Ramadan. In ihm fasten alle gesunden und erwachsenen Muslime von Sonnenaufgang bis Sonnenuntergang. Weil die Muslime tagsüber nicht essen, trinken und rauchen, entwickeln sie eine große Dankbarkeit für die Nahrung und teilen mit den Hungrigen. Zwischen Sonnenuntergang und Sonnenaufgang wird gegessen, getrunken und in einigen Nächten auch gefeiert.

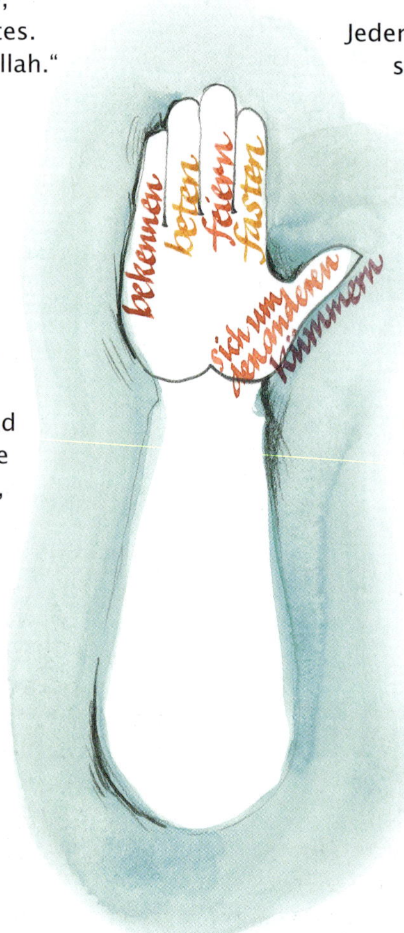

Die Sozialabgabe – die Zakat

Jeder Gläubige ist verpflichtet, einen Teil seines Besitzes für Arme und Bedürftige zur Verfügung zu stellen. Der vierzigste Teil des jährlichen Einkommens gilt als angemessen. Die Abgabe wird nicht kontrolliert, die Ehrlichkeit der Spender ist wichtiger. In der Regel zahlen Muslime ihre Abgabe nach dem Ramadan. Das arabische Wort „Zakat“ bedeutet „Reinigung, Reinheit“. Durch die Spende will man sich von vorherigen Sünden reinigen.

Die Pilgerfahrt nach Mekka – der Hadsch

Jede und jeder Gläubige sollte sie einmal im Leben unternommen haben, wenn die Familie während der Abwesenheit versorgt werden kann. Pilgerinnen und Pilger dürfen sich nach Beendigung der Wallfahrt „Hadschi“ nennen. Sie genießen nach ihrer Rückkehr besonderes Ansehen. Zur Wallfahrt gehören viele Zeremonien, im Mittelpunkt steht der Gang um die Kaaba.

Die fünf Säulen des Islams

Die fünf Grundpflichten des Islams können durch eine geöffnete Hand bezeichnet werden: Dann sind sie zugleich ein Schlüssel zum Leben.

i... eligion leben

I... sbekenntnis

D... n des Bekenntnisses zum drei-
f... et: „Im Namen des Vaters und des Sohnes und des Heiligen Geistes. Amen."
Eine längere Fassung stellt das Apostolische Glaubensbekenntnis dar.

Die Eucharistiefeier am Sonntag und andere Gottesdienste

Jeden Sonntag* feiern katholische Christen in der Kirche die Eucharistiefeier, der der Priester vorsteht. Sie vergegenwärtigen Sterben und Auferstehung Jesu Christi und feiern so die Gemeinschaft mit ihm und untereinander. Christen kennen noch andere Gottesdienste: Wortgottesdienste, Andachten, Stundengebete.

Die Feier der Sakramente

Die Sakramente* sind Zeichen der Nähe Gottes im Leben der einzelnen Christen und der Gemeinschaft der Glaubenden. Evangelische und katholische Kinder empfangen die Taufe, katholische Jungen und Mädchen gehen zu Erstkommunion und Erstbeichte und dürfen dann voll an der Eucharistie teilnehmen. Als Heranwachsende empfangen sie das Sakrament der Firmung.
Evangelische Jugendliche gehen zur Konfirmation und dürfen dann am Abendmahl teilnehmen.
In der katholischen Kirche gibt es weitere Sakramente: das Sakrament der Versöhnung, die Krankensalbung, die Ehe, die Priesterweihe.

Das Kirchenjahr

Christliche Feste geben dem Jahr einen besonderen Rhythmus. Im Mittelpunkt stehen die beiden großen Festzeiten Weihnachten und Ostern. Auf Weihnachten bereiten sich Christen durch die Adventszeit vor, das Fest der Geburt Christi bildet den Höhepunkt, die Feier der Taufe Jesu den Abschluss dieses Festkreises. In der österlichen Bußzeit (Fastenzeit) bereiten sich Christen auf Karfreitag und Ostern vor.

Die Fastenzeit

In den 40 Werktagen vor Ostern – an Sonntagen wird gefeiert und nicht gefastet – bereiten sich Christen auf das Gedenken an Jesu Sterben und Auferweckung an Karfreitag und Ostern vor. Diese Zeit wird durch eine besondere Lebensführung hervorgehoben, die man Fasten nennt: Zeichen des Verzichts, besondere Rücksicht anderen gegenüber, Zeit der Stille u.Ä. Christen spenden, worauf sie in der Fastenzeit verzichtet haben, für die international tätigen Hilfswerke „Brot für die Welt" (evangelisch) und „Misereor" (katholisch).

Das Liebesgebot und die Taten der Nächstenliebe

Jesus hat die Christen aufgefordert: Hungernden zu essen, Durstigen zu trinken zu geben, Bedürftigen Kleidung zu schenken, Menschen ohne Heimat Wohnung zu geben, Kranke zu pflegen und ihnen Zuwendung zu schenken, ungerecht Verurteilte solidarisch zu unterstützen. Jesus hat gesagt: „Alles, was ihr den notleidenden Brüdern und Schwestern tut, das tut ihr für mich" (Mt 25,40).
In Caritas (katholisch) und Diakonie (evangelisch) wird mit den freiwilligen Spenden der Gläubigen professionelle Hilfe im In- und Ausland geleistet.

Verse aus dem Koran kennenlernen

Der Koran besteht aus 114 Suren (Abschnitten).
Die erste Sure heißt:

Im Namen Gottes,
des Erbarmers, des Barmherzigen!
Lob sei Gott, dem Herrn der Welten,
dem Erbarmer, dem Barmherzigen,
dem König am Tag des Gerichts!
Dir dienen wir und zu dir rufen wir.
Leite uns den rechten Pfad,
den Pfad derer, denen du gnädig bist,
nicht derer, denen du zürnst,
und nicht den der Irrenden.

Kalligrafie erproben

Kalligrafie ist die Kunst des schönen Schreibens. Sie hat im Islam eine besondere Bedeutung, weil die Muslime sich sehr gründlich mit den Worten ihrer heiligen Schrift (Koran) befassen. Sie lernen sie auswendig, und sie schreiben wichtige Worte oder Sätze besonders schön auf.
Außerdem wird Gott im Islam nicht dargestellt, weil er so anders ist, dass er sich in einem Bild nicht einfangen lässt.
Wie viel Zeit und Schönheit in dieser Schrift steckt, merkst du, wenn du diese Form sorgfältig abmalst. Du kannst auch einen Satz oder ein Wort, das dir aus dem Islam wichtig oder beeindruckend erscheint, kalligrafisch in deutscher Sprache gestalten.

Übersetzung: *„Ich habe an Allah geglaubt*
und an seine Engel,
an seine Bücher, an seine Gesandten,
an den Jüngsten Tag und an die Verheißung Allahs
über das Gute wie Böse an diesem Tag
und an die Auferstehung nach dem Tode.“

Sure 2, Vers 285

Die 99 schönsten Namen Gottes

Jeder Muslim soll fünfmal am Tag beten. Zu diesen Gebeten wird er durch einen Ausrufer (Muezzin), der vom Turm der Moschee den Beginn des Gebets ausruft, aufgefordert. Aber es gibt noch das persönliche Gebet, zum Beispiel, wenn man im Bus sitzt oder irgendwo warten muss. Oft lässt man dabei eine Perlenschnur durch die Finger gleiten. Bei jeder Perle spricht man einen kurzen Gebetssatz oder einen der Namen Gottes aus. Im Islam hat Gott 99 schönste Namen. Hier findest du einige davon:

Der Barmherzige
Der Dankbarkeit beantwortet
Der König
Der uns ernährt
Der Treue
Der Wache hält
Der Mächtige
Der Weise
Der Sicherheit bringt
Der Liebevolle

Der Schöpfer
Der Freund
Der Starke
Der Verborgene
Der immer verzeiht
Der Schutzherr
Der Großzügige
Der Gütige
Der Richter
Der Nutzen bringt

Der Ehre und Macht verteilt
Der voller Geduld ist
Der immer gerecht ist
Der uns den rechten Weg zeigt
Der Kluge
Der Zuverlässige
Der alles versteht
Der Ewige
Der Gnädige
Der Frieden

Wenn ihr wissen wollt, wie die 99 schönsten Namen Gottes lauten, lasst euch von eurer Lehrerin oder eurem Lehrer ein entsprechendes Arbeitsblatt kopieren. Dann kannst du dir selbst die für dich schönsten Namen Gottes herausschreiben. Du kannst nur aus den deutschen Buchstaben eines Namens Gottes ein Ornament gestalten, wie du es in der Moschee siehst.
Auch Christinnen und Christen kennen eine ganze Reihe schönster Namen Gottes. Lies diese im Gotteslob Nr. 3 (4) nach und suche Namen Gottes heraus, die dir besonders gefallen.

Islamisches Lied

dağlar ile taşlar ile
çağırayim Mevlâm seni
seherlerde kuşlar ile
çağırayım Mevlâm seni

sular dibinde mahîyle
seherlerde an vahiyle
abdal olup ya hû ile
çağırayım Mevlâm seni

gökyüzünde Isa ile
tur dağinda Musa ile
elindeki asâ ile
çağırayım Mevlâm seni

Derdi öküş Eyyub ile
gözü yaşlı Yakub ile
Ol Muhammed mahbub ile
çağırayım Mevlâm seni

Mit Bergen und mit Steinen auch
will ich Dich rufen, Herr, o Herr!
Mit den Vögeln früh im Morgenhauch
will ich Dich rufen, Herr, o Herr!

Mit Fischen in des Wassers Grund,
Gazellen in der Wüste Rund,
mit „Yahu!" aus der Toren Mund
will ich Dich rufen, Herr, o Herr!

Mit Jesus hoch im Himmelsland,
mit Moses an des Berges Rand,
mit diesem Stab in meiner Hand
will ich Dich rufen, Herr, o Herr!

Mit Hiob, der vor Schmerz versteint,
mit Jakob, dessen Auge weint,
und mit Muhammad, deinem Freund,
will ich Dich rufen, Herr, o Herr!

Yunus Emre

Wir erkunden eine Moschee

Eine Moschee besuchen

Moscheen zeigen auf unterschiedliche Weise, wie Muslime sich bei uns eingerichtet haben. Erkundigt euch, wo in eurer Nähe eine Moschee oder ein Gebetssaal liegt. Wie oft werden sie von MuslimInnen besucht?
Was machen die Gläubigen dort?
Wenn ihr eine Möglichkeit habt, meldet euch dort an und besucht die Moschee oder den Saal.

Von einem türkischen Künstler wurde diese Moschee 1983-1984 auf die Wand eines Hamburger Hauses gemalt. Das Haus selbst ist die Moschee der türkisch-islamischen Gemeinde. Später wurde das Haus umgebaut, sodass nun auch ein Minarett zu sehen ist.
Die Bewohner der Umgebung haben das Gemälde und den Umbau in ihrer Stadt akzeptiert.

Sich in einer Moschee richtig verhalten

Fragt eure muslimischen Mitschülerinnen und Mitschüler, wie sie sich in einer Moschee verhalten. Aus einem „Knigge der Weltreligionen" könnt ihr die Regeln herausschreiben, wie sich Gäste in einer Moschee verhalten sollen.
Ihr könnt diese Verhaltensweisen schon in der Schule einüben, dann wisst ihr auch, wie ihr euch in solchen Situationen verhaltet: Kopf bedecken, Schuhe ausziehen, still auf einem Teppich sitzen. Jungen und Mädchen besorgen sich entsprechende Kopfbedeckungen.

Informationen über Bau und Symbole der Moschee zusammentragen

Bildet eine Gruppe, die sich über das Gebäude informiert. Was bedeuten:

- der viereckige Bau,
- das Minarett,
- die Kuppel,
- der Halbmond auf dem Minarett und der Kuppel,
- die Symbole auf der Eingangstür?

Männer und Frauen mit besonderen Aufgaben in einer Moschee kennenlernen

Eine weitere Gruppe erkundigt sich nach den Aufgaben von dem

- Muezzin,
- Imam,
- (eventuell) Vorsteher des islamischen Zentrums,
- Gemeindemitglied, das Führungen durch die Moschee durchführt.

Nehmt schon vor dem Besuch Kontakt mit ihnen auf, fragt sie nach ihren Aufgaben und stellt die Personen vorher im Religionsunterricht vor. Ihr könnt auch erfragen, ob es (weitere) Frauen mit besonderen Aufgaben in der muslimischen Gemeinde gibt.
Wie wäre es, ein Treffen mit diesen Personen während eines Moscheebesuches zu vereinbaren?

Einrichtung und Symbole im Inneren der Moschee erkunden

Eine andere Gruppe informiert sich über alles, was auffällt:

- im Vorraum:
  - das/die Waschbecken,
  - die Ablagen für die Schuhe,
- im Innenraum:
  - der/die großen Leuchter,
  - die Teppiche auf dem Boden,
  - die Farben und Ornamente an den Wänden,
  - die Gebetsnische in Richtung Mekka,
  - die Kanzel.

Powerpoint-Präsentation nach dem Moscheebesuch erstellen

Nach dem Moscheebesuch könnt ihr all eure Eindrücke in einer Powerpoint-Präsentation verarbeiten. Fragt bei den Muslimen nach, ob ihr alles richtig dargestellt habt. Dann stellt ihr eure Dokumentation anderen Klassen in der Schule vor.
Ihr könnt auch in der katholischen Pfarrgemeinde bei einem Info-Nachmittag über euren Besuch in der Moschee erzählen und dabei eure Dokumentation vorführen.

Die Gebetsnische zeigt die Richtung nach Mekka an. Die arabischen Schriftzüge von „Gott" (rechts) und „Muhammad" (links) schmücken den Gebetsraum.

Wenn ihr von den Teilnehmern eine Spende erbittet, könnt ihr die der muslimischen Gemeinde als Dank für den Besuch in ihrer Moschee schenken.

Jerusalem – heilige Stadt

Ein schönes muslimisches Gotteshaus –
die vergoldete Kuppel, der regelmäßige, achteckige Grundriss, die reich verzierten Wandflächen
verleihen ihm eine wunderbare Harmonie.

Es ist der Felsendom in Jerusalem.
Jerusalem – die Stadt, die David zur Hauptstadt seines Reiches machte,
die Stadt, in der Jesus gekreuzigt wurde,
die Stadt, in der Muhammad zu Gott in den Himmel erhöht wurde.

- *Vergleicht den Glauben an Gott bei Muslimen, Juden und Christen. Was wisst ihr von den drei Religionen? Wo erkennt ihr Unterschiede, wo Gemeinsamkeiten?*
- *Berichtet einander über eure Einstellungen zum Islam und zu Muslimen, nachdem ihr dieses Kapitel durchgearbeitet habt.*
- *Was können die drei Religionen gemeinsam tun für die Welt?*

Lexikon

Abbild Gottes

In Gen 1,27 heißt es: „Gott schuf also den Menschen als sein Abbild, als Abbild Gottes schuf er ihn. Als Mann und Frau schuf er sie." Mann und Frau sind beide als Abbild Gottes erschaffen. Daraus lässt sich ableiten, dass sie die gleiche Würde vor Gott haben. Zu dieser Würde gehört auch, dass sie an Gottes Stelle Verantwortung für die Schöpfung übernehmen. Wenn der Mensch „Abbild Gottes" ist, bedeutet das auch, dass seine Würde unantastbar ist. Niemand darf einen anderen Menschen unterdrücken, ihn verhöhnen, ihm Schmerzen zufügen oder ihn gar töten. Wenn alle Menschen in gleicher Weise als Abbild Gottes erschaffen sind, sind sie untereinander Geschwister und somit zur Nächstenliebe, zur Hilfe für Schwache, Behinderte und Ausgegrenzte verpflichtet.

Advent

Das Wort Advent kommt aus dem Lateinischen und bedeutet Ankunft. In der Zeit vor Weihnachten, die sich über vier Sonntage erstreckt, bereiten sich die gläubigen Christen auf das Fest der Ankunft Christi vor. Mit der Adventszeit beginnt auch ein neues → Kirchenjahr.

Altes und Neues Testament

Das Alte und das Neue Testament sind die zwei Teile der christlichen → Bibel. Das Wort Testament, auf die Bibel angewendet, bedeutet „Urkunde" und Bestätigung für den → Bund zwischen Gott und den Menschen.

An jedem Sonntag im → Advent wird am Adventskranz eine (weitere) Kerze angezündet. Das zunehmende Licht ist ein Symbol für die Erwartung, dass Jesus bald geboren wird, das „Licht der Welt".

Das *Alte Testament* ist im Wesentlichen identisch mit der hebräischen Bibel und enthält 46 Bücher:

- die Tora, das sind die fünf Bücher Mose,
- Bücher, die von der Geschichte des Gottesvolkes erzählen,
- Bücher der → Propheten,
- → Psalmen, Lieder und Bücher der Weisheit.

In diesen Büchern geht es um die Verkündigung Gottes, der den Bund mit seinem Volk geschlossen hat, sich auch um jede/n Einzelne/n kümmert und für sie und ihn da ist. Der Zeitraum der Entstehung umfasst ca. 1000 Jahre.

Das *Neue Testament* wurde in griechischer Sprache verfasst. Seine Inhalte sind Leben und Wirken, Worte und Taten, Tod und Auferstehung Jesu sowie die Verkündigung der frühen Christen. Das Neue Testament besteht aus 27 einzelnen Schriften:

- vier → Evangelien
- die → Apostelgeschichte
- 21 Briefe
- die Offenbarung des Johannes.

Da die Bibel aus so vielen einzelnen Büchern besteht, wird sie auch das „Buch der Bücher" genannt. Für Christen ist sie die Heilige Schrift, das wichtigste Buch überhaupt.

Apostelgeschichte (Apg)

So heißt das fünfte Buch im → Neuen Testament. Die Apg gilt als Fortsetzung des → Evangeliums nach → Lukas. Sie erzählt jedoch nicht, wie der Name vermuten lässt, die Geschichte der Apostel, sondern stellt dar, wie sich das Evangelium von → Jerusalem aus über Kleinasien (heutige Türkei) und Griechenland bis nach Rom, die damalige Welthauptstadt, ausgebreitet hat. Im Mittelpunkt der Darstellung steht zuerst → Petrus und ab dem 13. Kapitel Paulus. Die Apg will besonders das Wirken des heiligen Geistes zeigen. Deswegen wird im zweiten Kapitel das Kommen des Geistes an → Pfingsten besonders eindrucksvoll erzählt.

Asyl

Das Wort Asyl kommt aus dem Griechischen (*asylon*). Ursprünglich bedeutete es „Heiligtum, in dem man sicher ist vor Verfolgung". Bei fast allen Religionen wurde den Verfolgten in Tempeln, Kirchen oder auch Städten heiliger Schutz geboten.
Im → Alten Testament gibt es Bestimmungen zum Asyl, um Menschen vor der Blutrache zu schützen (vgl. Ex 21,13). Das Asyl soll Menschen, die aus politischen, rassischen, religiösen oder anderen Gründen verfolgt werden, vor Gewalt oder Strafe schützen.
Auch heute gewähren manche Kirchengemeinden in Deutschland Flüchtlingen ein sogenanntes Kirchenasyl, um eine vorschnelle staatliche Ausweisung zu verhindern. In der Regel achtet die Polizei das Kirchenasyl. So soll Zeit gewonnen werden für eine erneute Überprüfung des Asylantrags.

Babylon/Babylonisches Exil

Babylon, das heute Bagdad heißt und die Hauptstadt des Irak ist, war die Hauptstadt von Babylonien. Dieses war in alter Zeit ein mächtiges Reich in Mesopotamien, dem Land zwischen Euphrat und Tigris, das oft mit seinen Nachbarn im Krieg war. Als der babylonische König Nebukadnezzar die Stadt Jerusalem im Jahr 586 v.Chr. eroberte, hörte der Staat Juda auf zu existieren. Der Tempel und → Jerusalem wurden zerstört, viele Jüdinnen und → Juden nach Babylon verschleppt, wo sie angesiedelt wurden, aber frei leben konnten. Für den Glauben an den → Bund Gottes mit seinem Volk entstanden neue Fragen: Hat Gott seinen Bund gekündigt? Wird Israel nie mehr in das verheißene Land zurückkehren? Damals wurde Babylon zum Symbol für Strafe und Hoffnung.
In der babylonischen Gefangenschaft entstanden wichtige Schriften des → Alten Testaments. Das so genannte Babylonische Exil endete erst nach der Eroberung Babylons durch die Perser im Jahr 538 v.Chr. Die jüdische Bevölkerung kehrte aus dem Exil in die Heimat zurück und baute in Jerusalem den zerstörten Tempel wieder auf. Nicht wenige Juden aber blieben in Babylon.

Bibel

Das Wort Bibel kommt aus dem Griechischen und bedeutet Buch. *Biblos* meinte ursprünglich den Bast der Papyrusstaude, aus dem das Schreibpapier hergestellt wurde. Möglicherweise geht das Wort auch auf die (phönikische) Stadt Byblos zurück, eine Hafenstadt im heutigen Libanon, die ein Handelsplatz für ägyptischen Papyrus war.
Die Bibel besteht aus zwei Teilen: → Altes und Neues Testament.

Bund

Das Wort kommt von „binden". Wenn einzelne Menschen oder Völker sich verbinden, also in beiderseitigem Einverständnis in eine enge Beziehung zueinander treten, nennt man das einen Bund. Es gibt z.B. einen Freundschaftsbund oder einen Ehebund oder einen Staatenbund. Gott segnet die Verbindungen zwischen den Menschen.
Auch Gott hat einen Bund mit den Menschen geschlossen: Sie dürfen ihm vertrauen und seinen Weisungen zum Leben folgen. Er hat ihnen versprochen, für sie da zu sein (Bundesschluss am Sinai, vgl. Ex 24,1-11).

Dritte Welt/Eine Welt

Als „Dritte Welt" werden oft die armen Länder der Erde bezeichnet. Demgegenüber gelten die reichen Industrienationen, zu denen auch Deutschland gehört, als sogenannte „Erste Welt". Doch diese Begriffe sind nicht gut gewählt: Es entsteht der Eindruck, als ob die „Dritte Welt" eine ganz andere Welt sei, nicht einmal die nächste, sondern die übernächste. Dabei gibt es doch nur „Eine Welt" – mit wenigen reichen und vielen z.T. sehr armen Ländern, die aber alle gemeinsam verantwortlich sind für eine gerechte Gestaltung der „Einen Welt". Bei uns gibt es Läden, in

Das Transfair-Logo erhalten Produkte aus der → „Dritten Welt", die fair gehandelt werden.

denen man Waren (Spielzeug, Lebensmittel, Schokolade, Kaffee, Körbe, Tücher etc.) aus den armen Ländern zu gerechten Preisen kaufen kann. Sie heißen Eine-Welt-Läden oder kurz Welt-Läden. Die katholische und die evangelische Kirche in Deutschland haben → Hilfswerke für die Menschen in der „Dritten Welt" eingerichtet.

Erntedank

Beim Erntedankfest steht der Dank für die Frucht der Erde und der menschlichen Arbeit im Mittelpunkt. Es wird je nach örtlichen Gegebenheiten unterschiedlich gefeiert, z.B. am 15. August als Kräuterweihe oder am ersten Sonntag im Oktober.
In vielen Kirchen werden dazu die jahreszeitlichen Früchte am Altar aufgebaut und gesegnet. In manchen Gegenden gibt es Prozessionen oder Umzüge zum Erntedankfest als Ausdruck der Freude über Gottes gute Gaben.
In evangelischen Gemeinden wird Erntedank in der Regel am Michaelstag (29. September) gefeiert.

Erscheinung des Herrn

Dieses Fest ist besser bekannt als „Fest der Heiligen Drei Könige" und wird am 6. Januar gefeiert. Es wird auch Epiphanie genannt, d.h. Erscheinung. Die Christen denken dabei an die Erzählung aus dem Matthäus-Evangelium: „... (es) kamen Sterndeuter aus dem Osten nach Jerusalem und fragten: Wo ist der neugeborene König der Juden? Wir haben seinen Stern aufgehen sehen und sind gekommen, ihm zu huldigen" (Mt 2,1-12). Der Stern ist ein Zeichen, dass Jesus der ganzen Welt leuchtet. Die Sterndeuter brachten Jesus als Geschenk drei wertvolle Gaben: Gold, Weihrauch und Myrrhe. Daher festigte sich schon früh die Vorstellung von reichen Königen.
Ein beliebter Brauch an diesem Fest ist das Sternsingen: Kinder und Jugendliche ziehen als Könige verkleidet singend von Haus zu Haus und bitten um eine

Zum Dank für die Gaben Gottes werden an → Erntedank die Altäre mit den Früchten des Feldes und des Gartens geschmückt.

„Schön, dass ihr kommt!" Sternsinger-Aktion am Fest der Heiligen Drei Könige (→ Erscheinung des Herrn)

Spende für die Mission. Auf die Haustüren schreiben sie mit Kreide den Haussegen C+M+B, umrahmt von der Jahreszahl. Die Buchstaben stehen für „*Christus mansionem benedicat*", das heißt: „Christus segne dieses Haus". Von diesen Buchstaben rühren die Namen der Könige her: Caspar, Melchior, Balthasar.
In der Ostkirche gilt das Fest der Erscheinung des Herrn als das eigentliche Geburtsfest Jesu. Die Christen in Griechenland, Rumänien oder Russland feiern also erst am 6. Januar Weihnachten.

Eucharistie
Das Wort „Eucharistie" kommt aus dem Griechischen und heißt Danksagung. Bei der Eucharistie erinnern sich die Christen an den Tod und die Auferstehung Jesu und danken Gott für alles, was er durch Jesus für die Menschen getan hat. Sie ist der wichtigste Gottesdienst für die katholischen Christen. Im gemeinsamen eucharistischen Mahl wird Jesus gegenwärtig.
→ Priester und Gemeinde werden in seine Gemeinschaft hineingenommen. Wenn der Priester den Segen über die Gaben spricht, spricht er die gleichen Worte, die Jesus beim Letzten Abendmahl über Brot und Wein gesprochen hat: „Das ist mein Leib" und „das ist mein Blut". Brot und Wein werden damit zum sichtbaren Zeichen dafür, dass Christus wirklich bei den Menschen ist. Christinnen und Christen wissen: Wann immer sie im Namen Christi versammelt sind, ist er mitten unter ihnen.

Evangelium/Evangelien
Das griechische Wort bedeutet „gute Botschaft" oder „eine Botschaft, die froh macht (Frohe Botschaft)". Jesus verkündet die gute Botschaft, dass das Reich Gottes nahe gekommen sei. Die Christen glauben, dass mit Jesus Christus die Zeit des Heils angefangen habe. Die vier biblischen Schriften des → Neuen Testaments, die vom Leben Jesu erzählen, werden auch Evangelien genannt (Evangelium nach → Matthäus, → Markus, → Lukas und → Johannes). In der Messfeier wird als Höhepunkt des Wortgottesdienstes daraus vorgelesen.

Franz von Assisi/ Heiliger Franziskus
Franz von Assisi wurde 1181/82 als Sohn reicher Eltern geboren und führte ein unbeschwertes Leben. Er war bei seinen Freun-

den sehr beliebt und hoch geschätzt. Während des Krieges zwischen Perugia und seiner Heimatstadt Assisi geriet er in Gefangenschaft. Während der Haft, die ein Jahr dauerte, wurde er schwer krank. Während der Krankheit erfuhr er seine Berufung zu einem Leben in radikaler Armut nach dem Vorbild Jesu. Seitdem sorgte er sich um die vielen Kranken und Armen in Assisi und Umgebung, pflegte Leprakranke. Für die Renovierung einer Kirche verkaufte er einige Ballen Stoff aus dem Besitz seines Vaters. Dies führte zum Zerwürfnis mit dem Vater, der die Wandlung seines Sohnes nicht verstehen konnte. Franz verzichtete auf sein Erbe, entsagte seiner Herkunft und bisherigen gesellschaftlichen Position und führte fortan ein Leben in Armut. Er fand viele Gleichgesinnte, die sich ihm anschlossen, junge Menschen aus wohlhabenden Familien, aber auch einfache Handwerker. Die Gemeinschaft gab sich Regeln, die im Jahre 1210 von Papst Innozenz III. bestätigt wurden.

Beginn des → Evangeliums nach → Matthäus mit geflügelten Symbolen auch der übrigen drei Evangelisten → Markus, → Lukas und → Johannes. Buchillustration, Book of Kells, um 800

Nachdem Franz zum Diakon geweiht worden war, vergrößerte sich die Schar seiner Gefährten immer mehr. Der Bettelorden der Franziskaner wuchs.

Franz lebte in engster Verbundenheit mit der Natur. In Tieren, Pflanzen, Wasser, Wind, Sonne, Mond und Sternen konnte er Schwestern und Brüder des

Ein Fresko von → Franz von Assisi aus der Unterkirche in Subiaco, Italien

Menschen sehen: alle Geschöpfe eines guten Gottes. Kurz vor seinem Tod im Jahre 1226 vollendete er seinen berühmten Sonnengesang, in dem er seine Liebe zu den Geschöpfen ausdrückte. Schon 1228 wurde er heiliggesprochen.

Gleichnis

Ein Gleichnis ist ein Text, der eine theoretische Vorstellung oder Erfahrung in Form eines Bildes oder eines Beispiels verdeutlicht. Das Gleichnis ist ein Vergleich („Mit dem Himmelreich ist es so wie mit ..."). Jesus verwendete Gleichnisse, um den Menschen seine Botschaft vom Reich Gottes verständlich zu machen. Er verglich z.B. das Himmelreich mit einem Senfkorn (Mt 13,31-32) oder Gott mit einem guten Vater (Lk 15,11-32) oder einer sorgsamen Hausfrau (Lk 15,8-10). Seinen Zuhörern wurde dabei zweierlei klar: Zum einen kommt das Himmelreich nicht erst nach dem Tod, sondern es hat mit Jesus begonnen und beginnt immer wieder mitten im Leben. Zum anderen verstanden und verstehen die Menschen durch die alltäglichen Situationen, die Jesus in den Gleichnissen aufgriff und denen er eine überraschende Wendung gab, dass das Himmelreich mit ihrem alltäglichen Leben zu tun hat, aber trotzdem anders ist.

Gruppen in Israel

Zur Zeit Jesu gab es in Israel verschiedene religiöse Gruppen: Die *Pharisäer* waren fromme → Juden, die besonders angesehen waren. Keiner jüdischen Gruppe stand Jesus so nahe wie ihnen im Glauben an die Auferstehung, in der Erwartung des kommenden Reiches Gottes und in der Hochachtung des Liebesgebotes als wichtigstem Gebot. Die Pharisäer wollten Vorbild sein und das ganze Volk zu einem heiligmäßigen Leben führen. Mit *manchen* unter ihnen geriet Jesus wegen ihrer übertriebenen Beachtung von Glaubensvorschriften in Konflikt. Es ist daher nicht gerecht, „Pharisäer" als Schimpfwort zu gebrauchen.
Die *Sadduzäer*, eine verhältnismäßig kleine Gruppe, waren Juden aus → Jerusalem oder aus dem Priesteradel, meist reich und gebildet. Ihr Name leitet sich vom Hohepriester Zadok ab. Die Saduzzäer beriefen sich nur auf das geschriebene Gesetz und auf die buchstabengetreue Einhaltung der Gesetze. Sie glaubten nicht an eine Auferstehung, weil davon in den ersten Büchern des → Alten Testaments nicht die Rede ist. Um ihre Macht und ihre Interessen zu erhalten, arbeiteten die Sadduzäer mit den Römern zusammen.
Die *Schriftgelehrten* waren Fachleute für das Gesetz und die heiligen Schriften und deswegen hoch angesehen. Eine ihrer Aufgaben war das Abschreiben und Erforschen der heiligen Schriften und des Gesetzes. Da das Gesetz das Leben der Juden regelte, hatten die Schriftgelehrten großen Einfluss.

Hebräer/Hebräisch

Als die → Israeliten noch in Ägypten lebten, wurden sie Hebräer genannt, abgeleitet von *hapiru*, das ursprünglich „die von der anderen Seite", also „Fremdlinge", bedeutete. Sie wohnten als Nomaden im Umland fester Städte und wurden zu Arbeitsleistungen herangezogen. Darüber berichtet das zweite Kapitel des Buches Exodus.
Ihre Sprache, das Hebräische, ist die Sprache des → Alten Testaments. Hebräisch wird von rechts nach links geschrieben und nur die Konsonanten (Mitlaute) eines Wortes werden aufgezeichnet. Das hebräische Alphabet hat 22 Buchstaben. In Israel wird heute ein modernisiertes Hebräisch gesprochen.
Der Gottesname → Jahwe (JHWH) wird von den frommen Juden aus Ehrfurcht nicht ausgesprochen. Wenn sie beim Lesen der Bibel zu dem Gottesnamen kommen, sagen sie stattdessen „der Herr".

Hildegard von Bingen

Hildegard (1098-1179) gilt als die bekannteste gelehrte Frau des Mittelalters. Man nennt sie *prophetissa teutonica*, d.h.

deutsche → Prophetin. Seit ihrem 40. Lebensjahr schrieb sie umfangreiche Bücher über den christlichen Glauben, über Naturkunde und Medizin. Deswegen gilt sie auch als erste deutsche Ärztin. Heute noch wird Medizin nach ihren Rezepten hergestellt. Sie war Benediktinernonne und gründete zwei Klöster, in Bingen und in Rüdesheim, die sie als Vorsteherin (Äbtissin) leitete. Für ihre Klostergemeinschaften komponierte sie Gesänge und verfasste religiöse Gedichte. Zu Pferde reiste sie im ganzen Land herum und predigte öffentlich auf Marktplätzen und in Klöstern. Sogar der Kaiser schätzte Hildegard als Ratgeberin.

Hilfswerke
Die Hilfswerke der Kirchen (s.u.) haben sich die Aufgabe gestellt, Armut und Not zu bekämpfen und Bemühungen um eine gerechtere Welt zu unterstützen. Sie werben für einen Ausgleich zwischen armen und reichen Ländern (→ „Dritte Welt"/„Eine Welt"). In Deutschland werden dazu nicht nur Spenden gesammelt. Die Hilfswerke betreiben auch Informationsarbeit, damit

Die Illustration einer Vision der hl. → Hildegard zeigt als Detail die Äbtissin als Schriftstellerin, Handschrift um 1230.

Bischöfliche Aktion ADVENIAT
Hilfe der deutschen Katholiken für die Kirche in Lateinamerika
Gildehofstr. 2
45127 Essen
www.adveniat.de

Deutsche Lepra- und Tuberkulosehilfe e. V.
Mariannhillstr. 1c
97074 Würzburg
www.dahw.de

Christliche Initiative Romero e. V. (CIR)
Frauenstraße 3-7
48143 Münster
www.ci-romero.de

Deutscher Caritas-Verband
Verband der katholischen Wohlfahrtspflege in Deutschland
Karlstr. 40
79104 Freiburg
www.caritas.de

Kindermissionswerk
Päpstliches Missionswerk der Kinder in Deutschland e.V.
Stephanstr. 35
52064 Aachen
www.kindermissionswerk.de

Misereor
Aktion gegen Hunger und Krankheit in der Welt
Mozartstr. 9
52064 Aachen
www.misereor.de

Intern. Katholisches Missionswerk
Goethestr. 43
52064 Aachen
Pettenkoferstr. 26
80336 München
www.missio.de

RENOVABIS
Solidaritätsaktion der deutschen Katholiken mit den Menschen in Mittel- und Osteuropa
Domberg 27
85354 Freising
www.renovabis.de

Katholische und überkonfessionelle → Hilfswerke

Die ältesten → Ikonen stammen aus dem 6. Jh. n.Chr., wie diese Christus-Ikone aus dem Katharinenkloster auf dem Berg Sinai.

uns die Menschen in armen Ländern als Partner bewusst werden, die unsere → Solidarität verdienen. Die Hilfswerke stellen Informationsmaterial – auch für Kinder und Jugendliche – zur Verfügung. Sie machen auf Anfrage Vorschläge, wie man Aktionen durchführen kann, und stellen den Kontakt zu den Menschen her, denen eine Aktion zugute kommen soll.

Ikone

Eine Ikone (von griech. *eikon* = Abbild, Bild) ist ein geweihtes Kultbild in den orthodoxen Kirchen. Sie stellt kein Porträt dar und dient nicht der Dekoration des Kirchenraums, sondern hat eine theologische und spirituelle Funktion. Die Gläubigen verehren vor den Ikonen z.B. Christus. Durch die Ikone entsteht zwischen dem Betrachter und dem Dargestellten eine tiefe Verbindung. Motive der Ikonen sind z.B. Christus, Maria, die Dreifaltigkeit und Heilige. Die Gestaltung der Ikonen erfolgt nach festgelegten Regeln, was Gestik, Mimik, Attribute und Farbgebung angeht. Es wird mit der immer gleichen Technik gearbeitet, sie werden meist mit Temperafarben auf Holz gemalt. Die einzelnen Farben haben Symbolwert. Der Hintergrund wird z.B. üblicherweise mit Blattgold vergoldet, das für die Sphäre des Göttlichen steht. Die Maler der Ikonen sind meistens Mönche oder Nonnen, die sich nicht als individuelle Künstler verstehen, sondern als „religiöse Handwerker". Deshalb sind Ikonen nicht signiert. In orthodoxen Kirchen zieren mehrere Ikonen die Ikonostase, eine Wand mit drei Türen, die den Altarbereich vom übrigen Kirchenraum trennt.

Israel/Israeliten

Israel bedeutet „der mit Gott kämpft/ringt". Jakob, in dem das spätere Volk Israel seinen Stammvater sah, erhielt diesen Namen nach dem Kampf mit Gott am Jabbok (Gen 32,29). Die Bezeichnung „Israeliten" leitet sich davon ab.
Auch das Land Kanaan wurde später Israel genannt. Als das Reich des Königs Salomo nach seinem Tod auseinanderbrach, erhielt das Nordreich den Namen Israel. Seine Hauptstadt war Samaria. Das Nordreich wurde später von den Assyrern erobert und zerstört.
Seit 1948 gibt es wieder einen Staat Israel. Seine Bewohner nennen sich heute Israelis.

Jahwe

Nach biblischer Überlieferung (Ex 3,14) offenbarte Gott in der Wüste dem Mose seinen Namen JHWH. Da im → Hebräischen nur Mitlaute geschrieben und die Selbstlaute durch Punkte gekennzeichnet werden, gab es verschiedene Aussprachen für den Namen Gottes. Heute sind sich die Forscher weitgehend einig, dass der Name als „Jahwe" auszusprechen ist. Er bedeutet „Ich bin da – Ich werde da sein". In ihm kommt der Glaube zum Ausdruck, dass Gott für sein Volk → Israel und für alle Menschen immer da ist und sie begleitet.
Der Name „Jesus" lautet in hebräischer Sprache *Jehoschua* oder *Joschua*, das heißt „Jahwe rettet".

Jerusalem

Seit Jerusalem um 1000 v.Chr. von König David erobert wurde, war es die Hauptstadt der → Israeliten. Durch den Tempelbau unter König Salomo wurde es zum religiösen Mittelpunkt. König Nebukadnezzar von → Babylon ließ 586 v.Chr. die Stadt und den Tempel zerstören und viele Jüdinnen und → Juden nach Babylon verschleppen. Nach dem Exil wurde die Stadt wieder aufgebaut.
Auch zur Zeit Jesu war Jerusalem das religiöse Zentrum für die Juden, daran änderte auch die Zerstörung der Stadt durch die Römer im Jahr 70 n.Chr. nichts. Heute ist Jerusalem die Hauptstadt des Staates Israel und sowohl für Juden als auch für Christen und Muslime eine Stadt von hervorragender religiöser Bedeutung.

Johannes (Joh)

Das vierte und jüngste → Evangelium wird Johannes-Evangelium genannt. Es ist nach heutigem Kenntnisstand um 90 n.Chr. entstanden und wohl nicht von einem Verfasser allein, sondern von der „johanneischen Schule" geschrieben worden. Joh unterscheidet sich durch Sprache und Inhalt von den drei anderen Evangelien (→ Mk, → Mt, → Lk). Er betont das göttliche Wesen von Jesus deutlicher als sein irdisches Leben. Das Symbol des Joh ist der Adler 192.

→ *Jerusalem, die heilige Stadt für Christen, Juden und Muslime*

Juden

Volk

Juden wurden die Bewohner von Judäa genannt, das durch die Teilung des Königreiches → Israel nach der Regierungszeit von König Salomo entstanden war. In den ältesten Schriften der Bibel ist von → Israeliten die Rede. Die Bezeichnung Juden wurde später auf alle Angehörigen des israelitischen Volkes angewandt. Ihre Sprache ist → Hebräisch.

Religion

Die Religion der Juden ist eine Offenbarungsreligion, d.h. Jüdinnen und Juden glauben, dass Gott sich dem Volk offenbart hat, indem er zu den Vorfahren und durch die → Propheten gesprochen hat. Ein wichtiges Ereignis in der Glaubensgeschichte des Volkes Israel ist der → Bund, den Gott mit ihm geschlossen hat. Er ist im → Alten Testament erzählt als Bundesschluss am Sinai (Ex 19,1-25).
Die höchste Autorität in der jüdischen Religion ist das Wort Gottes, das im *Tanach*, der Heiligen Schrift, aufgeschrieben ist. Weil das Wort Gottes so wichtig ist, lernten die jüdischen Kinder schon lange, bevor es in Europa Schulen gab, lesen. Die sogenannte hebräische Bibel der Juden entspricht ungefähr dem Alten Testament der christlichen Bibel.
Das zweite Gebot „Du sollst dir kein Gottesbild machen" verbietet der jüdischen Religion jegliche Darstellung von Gott.
Auch Jesus war ein Jude. Zu seiner Zeit war Judäa von den Römern besetzt, und die Juden warteten auf einen Befreier, den sie *Messias* (= *hebr.* Gesalbter) nannten. Alle, die in Jesus den erwarteten Messias sahen, nannte man später Christen nach *Christos* (= *griech.* Gesalbter).

Jüdische Zeitrechnung

Während die christliche Zeitrechnung (ungefähr) mit dem Jahr der Geburt Christi beginnt, beginnt die jüdische mit der sogenannten Erschaffung der Welt. Sie wird nach einer alten biblischen Zeitrechnung auf das Jahr 3760 vor unserer Zeitrechnung festgelegt. Um das aktuelle jüdische Jahr auszurechnen, zählt man zu dieser Zahl die entsprechende Jahreszahl der christlichen Zeitrechnung hinzu.

Kanon

Kanon bedeutet ursprünglich so viel wie „Maß" oder „Richtschnur". Wenn man vom Kanon der biblischen Bücher spricht, ist damit das endgültig festgelegte Maß der heiligen Schriften in all ihrer Vielfalt und Unterschiedlichkeit gemeint, also die kirchlich anerkannte Sammlung der Schriften des → Alten und des Neuen Testaments.

Kinderarbeit

Das Problem der Kinderarbeit hat zwei Gesichter. Einerseits leben in vielen Ländern Kinder, die nicht zur Schule gehen. Alles, was sie für ihr Leben wissen müssen, lernen sie von ihren Eltern. Schon sehr früh übernehmen sie verantwortungsvolle Aufgaben: Jungen hüten alleine die Ziegen oder Schafe und helfen beim Hausbau.

Ein 13-Jähriger verkauft Blumen auf den Straßen von Bangkok an Autofahrer, um sich das Schulgeld zu verdienen (→ Kinderarbeit).

Mädchen sorgen selbstständig für ihre jüngeren Geschwister. Sie waschen, holen oft von weither Wasser, suchen Brennholz, kochen Mahlzeiten und helfen auf den Feldern. Das wird in diesen Ländern nicht als Kinderarbeit empfunden, sondern gehört zum Familienleben. Andererseits gibt es, v.a. in den Ländern der sogenannten → „Dritten Welt", viele Kinder, die hart arbeiten müssen, um Geld für die ganze Familie zu verdienen, weil ihre Eltern arbeitslos oder krank sind. Dabei arbeiten sie wie Erwachsene täglich zehn bis zwölf Stunden als Straßenverkäufer/in, Schuhputzer/in, Fabrikarbeiter/in, Lastenträger, Bergarbeiter, Erntehelfer/in oder Teppichknüpfer/in. Schon kleine Mädchen arbeiten als Haushaltshilfe oder Kindermädchen. Viele dieser Arbeiten sind zu hart und zu anstrengend für Kinder. Außerdem erhalten die Kinder weniger Lohn als Erwachsene, obwohl sie die gleiche Arbeit leisten. Man schätzt, dass auf der ganzen Welt etwa 200 Millionen Kinder unter 15 Jahren auf diese Weise ausgebeutet werden. Kirchliche → Hilfswerke setzen sich für diese Kinder ein. Sie informieren, sammeln Spendengeld und unterstützen Projekte.

Kindermissionswerk

Vor über 150 Jahren gründete ein Mädchen namens Auguste von Sartorius ein → Hilfswerk von Kindern für Kinder. Heute werden mit Erlösen z.B. von Schulbasaren, Kindergartenfesten, aber auch mit den Spenden vieler Kinder vom eigenen Taschengeld weltweit Kinder in Not unterstützt. 3000 bis 4000 Projekte werden so Jahr für Jahr gefördert. Den größten Teil des Geldes tragen die Kinder und Jugendlichen der Sternsingeraktion bei. Das Geld, das sie sammeln, behalten sie nicht für sich: So kommen viele Millionen pro Jahr für Kinder in aller Welt zusammen.

Kirchenjahr

Das Kirchenjahr ist der Jahreskreis der christlichen Feste. Es unterscheidet sich vom weltlichen Jahr, das am 1. Januar beginnt und am 31. Dezember endet. Das Kirchenjahr beginnt mit dem ersten Adventsonntag zur Vorbereitung auf das Weihnachtsfest. Es folgt die Weihnachtszeit bis zum ersten Sonntag nach dem 6. Januar. Höhepunkt des Kirchenjahres ist der Osterfestkreis mit der vorausgehenden vierzigtägigen Fastenzeit. Das Kirchenjahr vergegenwärtigt die großen Taten Gottes für die Menschen.

Kirchenpfleger/in

Gemeinsam mit dem → Pfarrer und gewählten Vertreterinnen und Vertretern der Kirchenverwaltung überlegen Kirchenpfleger/innen, wie man mit dem Geld der Gemeinde sinnvoll umgehen kann, was man anschaffen soll, wie teuer es sein soll, wo man sparen kann, wo Reparaturen notwendig sind und ob man gegebenenfalls einen Kredit bei einer Bank aufnehmen soll.

Koran

Das Wort Koran (*arab.: al-Qur'an*) bedeutet „das Vorzutragende". Der Koran ist das heilige Buch der → Muslime. Er hat absolute Autorität, weil er nach muslimischem Glauben direkt von Gott kommt.
Nach Aussage des Korans offenbarte der Erzengel Gabriel dem Propheten Muhammad die Worte Gottes (Sure 2,97 und 42,52). Muhammad ließ sie aufschreiben, nicht alles auf einmal, sondern

Eine türkische Muslimin betet aus dem → Koran.

über einen Zeitraum von 23 Jahren.
Der Koran hat etwa den gleichen Umfang wie das → Neue Testament. Er ist in 114 Kapitel, genannt Suren, unterteilt. Diese sind nach ihrer Länge geordnet.

Lektor/in
Das Wort kommt vom lateinischen *lector* = Leser. Lektor oder Lektorin lesen im Gottesdienst aus der Bibel vor. Dies ist ein freiwilliger Dienst, der von Mitgliedern aus der Pfarrei übernommen wird. Er zeigt, dass der Gottesdienst eine Sache der ganzen Gemeinde ist.

Das heilige Buch der Muslime ist durch kunstvolle Schrift geschmückt (→ Koran).

Lukas (Lk)
Das umfangreichste → Evangelium im → Neuen Testament und die → Apostelgeschichte stammen von einem Schriftsteller, der seit dem 2. Jh. Lukas (Lk) genannt wird. Er verwendete Texte aus dem Evangelium nach → Markus, aus einer Spruchsammlung und solche Texte, die man in keinem anderen Evangelium findet. Lukas verstand Jesus als Heiland der Armen und Sünder. Man vermutet, dass er ein gebildeter Schrift-

AUFBAU DER PFARREI

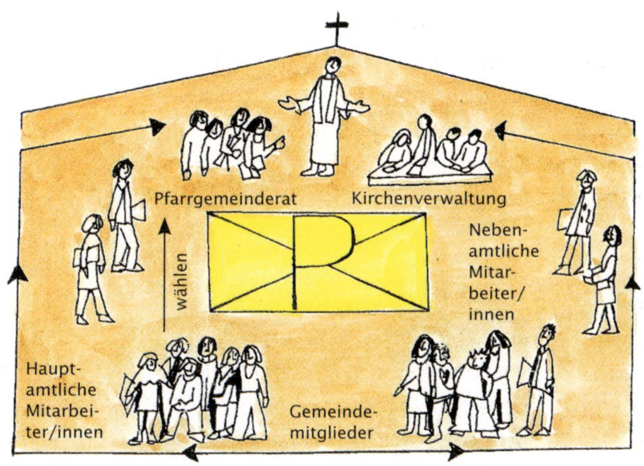

Pfarrgemeinderat
Ist tätig in der Gemeindearbeit. Bildet „Ausschüsse", z.B. Jugendarbeit, Erwachsenenbildung, Liturgie und Gottesdienst, Altenseelsorge, Öffentlichkeitsarbeit.

Kirchenverwaltung
Trägt die Verantwortung für Bau- und Finanzfragen.

Gemeindemitglieder
Durch die Taufe ist jede/r zu Gottesdienst und Weltdienst berufen.

Pfarrer
Leitet die Gemeinde, koordiniert die Gemeindearbeit, spendet die Sakramente, verkündet das Evangelium.

Hauptamtliche Mitarbeiter/innen
Z.B. Diakon, Kaplan, Katechet/in, Gemeindereferent/in, Pfarrsekretärin.

Nebenamtliche Mitarbeiter/innen
Leisten spezielle Dienste, z.B. Mesner/in, Ministrant/in, Lektor/in, Kommunionhelfer/in, Kirchenchor, Organist/in.

In einer Pfarrgemeinde arbeiten viele Menschen haupt- und ehrenamtlich mit, z.B. → Kirchenpfleger/innen, → Lektor/innen, → der Pfarrer, weitere → Mitarbeiter/innen in der Gemeinde etc.

steller aus Antiochia im heutigen Syrien war. Seine Werke schrieb er für griechisch sprechende Heidenchristen. Sein Evangelistensymbol ist der Stier 192, sein Gedenktag der 18. Oktober.

Markus (Mk)
Markus schrieb das älteste und kürzeste → Evangelium. Es entstand wohl um 70 n.Chr. Er hat es aus ungefähr 90 einzelnen Stücken zusammengesetzt, so wie ein Künstler aus zahlreichen Steinchen ein Mosaikbild herstellt. Markus war vermutlich ein Judenchrist aus Syrien, der sein Evangelium für griechisch sprechende Leserinnen und Leser schrieb, die Christen geworden waren. Er betont, dass das irdische Leben und Sterben von Jesus erst durch Ostern und die Auferstehung richtig zu verstehen ist. Sein Symbol ist der Löwe 192, sein Gedenktag der 25. April.

Matthäus (Mt)
Das Buch, das im → Neuen Testament an erster Stelle steht, ist das → Evangelium nach Matthäus (Mt). Nach heutigem Kenntnisstand ist es zwischen 80 und 100 n.Chr. in gutem Griechisch geschrieben worden. Kunstvoll sind die Taten und Wunder, die großen Reden und Gleichnisse Jesu komponiert. Dazu hat der Verfasser Stellen aus dem → Markus-Evangelium mit anderen Quellen kombiniert, z.B. mit einer Spruchsammlung, der sogenannten Logienquelle (*griech. logos* = das Wort). Die Botschaft des Mt: Jesus hat die Weissagungen des → Alten Testaments erfüllt. Mit ihm hat das Heil für alle Völker begonnen. Wo Gottes Wille erkannt und getan wird, ist das Himmelreich nahe. Mt wird oft mit einem Engel als Evangelistensymbol dargestellt 192. Sein Gedenktag ist der 21. September.

Pilger beim Umkreisen der Kaaba in → Mekka, dem höchsten Heiligtum der Muslime

Medina
Medina, ehemals Yathrib, heißt „Stadt des Propheten". Es ist die Stadt, in die der Prophet Muhammad 622 aus → Mekka floh und die sich als erste zum Islam bekannte. Für mehrere Jahre bildete Medina das Zentrum des islamischen Lebens.
Medina ist heute, nach → Mekka, der bedeutendste Wallfahrtsort der Muslime. An der Stelle von Muhammads Wohnhaus und der → Moschee, die er zum Beten besuchte, steht heute die Prophetenmoschee, in der sich die Gräber des Propheten Muhammad und der ersten Kalifen (die Nachfolger Muhammads) befinden.

Mekka
Die Stadt Mekka im Westen der arabischen Halbinsel liegt ca. 80 km vom Roten Meer entfernt. Mekka ist der Geburtsort des Propheten Muhammad und ist eine Pilgerstadt. Zu Lebzeiten des Propheten Muhammad war sie ein bedeutender Knotenpunkt des Karawanenhandels. Hier machten Kamelkarawanen Station, die mit Gewürzen, Parfüm, Edelmetallen u.a. zu den Märkten in Syrien unterwegs waren oder durch die Wüste ostwärts zum Irak zogen. In Mekka und in der Umgebung wurde Muhammad der → Koran offenbart. Muhammad erklärte Mekka zum religiösen Zentrum des Islams und zum wichtigsten

Wallfahrtsort der → Muslime vor → Medina und → Jerusalem. Jedes Jahr pilgern ca. eine Million Muslime nach Mekka und besuchen die heiligen Stätten. Das siebenmalige Umrunden der Kaaba und das Besteigen des Berges Arafat sind die Höhepunkte des *Hadsch*, wie die Wallfahrt auf Arabisch heißt.

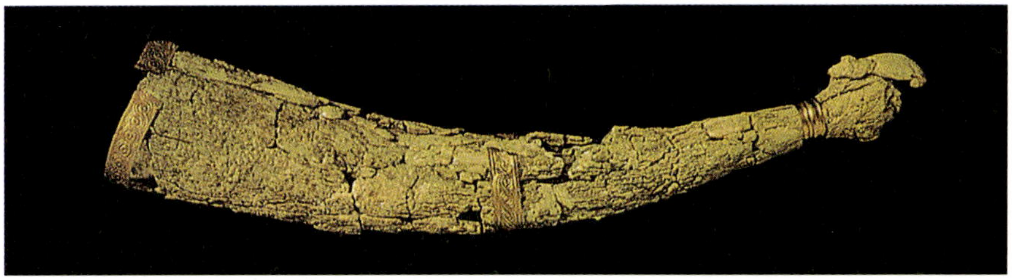

Salbhorn aus Meggido. Aus einem Elefantenzahn gefertigt, mit Goldbändern geschmückt. Das breite Ende war verschlossen, das spitze hatte ein Loch. Hielt man die Spitze nach unten, konnte das Öl herauströpfeln (→ Messias).

Messias

Das Wort Messias kommt aus dem → Hebräischen und heißt übersetzt Gesalbter (*griech. christos*). Gesalbte waren im → Alten Testament Könige und Hohepriester. Durch die Salbung wurde auf die besondere Beziehung zu Gott hingewiesen.
Im Alten Testament ist häufig vom Messias die Rede. Mit ihm verbinden die Menschen die Hoffnung, dass Gott zum Wohl seines Volkes in die Welt eingreifen und sein Reich aufrichten wird. Zur Zeit Jesu gab es unterschiedliche Vorstellungen, wie der Messias bei seinem Kommen auftreten würde. Nach christlicher Überzeugung ist Jesus der von Gott gesandte Messias, mit dem eine neue Zeit, das Reich Gottes, offenbar wird.

Mitarbeiter/in in der Gemeinde (vgl. Grafik S. 199)

Neben dem → Pfarrer und dem/der → Kirchenpfleger/in gibt es weitere hauptamtliche Mitarbeiter/innen in der Gemeinde. Gemeindereferentinnen und -referenten unterstützen den Pfarrer bei seiner Arbeit in der Pfarrgemeinde, übernehmen eigene Aufgabengebiete, z.B. die Jugendarbeit, und erteilen Religionsunterricht. Pastoralreferentinnen und -referenten haben fast die gleiche Ausbildung wie Priester, sind aber nicht geweiht.

Moschee

Moschee heißt „Ort der Anbetung" oder „Ort der Niederwerfung" vor Gott. Die Moschee ist das islamische Gotteshaus. Hier versammelt sich die Gemeinde nicht nur zum Gebet, sondern auch zur Rechtsprechung, zum Unterricht und zu Eheschließungen.
Jede Moschee besitzt einen Gebetssaal mit einer Nische (*arab.: Mihrab*) an der Wand, die nach → Mekka zeigt. Die Wände der Moschee sind kunstvoll mit

Die → Moschee Scheich Lutfullahs in Isfaham (Iran) wurde im 17. Jh. erbaut.

→ *Muslime beim Freitagsgebet*

religiösen Texten geschmückt. Der Innenraum ist mit kostbaren Teppichen ausgelegt. Beim Gebet am Freitag hält der Gemeindevorsteher (*arab.: Imam* – einen Priester gibt es nicht) eine kurze Predigt von der Kanzel (*arab.: Minbar*). Auf dem freien Platz vor der Moschee oder am Eingang befindet sich ein großes Wasserbecken oder ein Springbrunnen, an dem sich die Gläubigen reinigen, bevor sie die Moschee ohne Schuhe betreten. Von außen fallen Moscheen durch ihre hohen schlanken Türme (*arab.: Minarette*) auf. Unterhalb der Spitze des Minaretts befindet sich ein Rundgang, von dem aus der Gebetsrufer (*arab.: Muezzin*) fünfmal am Tag die Gläubigen zum Gebet ruft.

Muslim/Muslimin

Wer sich zum Islam bekennt, wird bei uns oft „Mohammedaner" genannt. Diese Bezeichnung ist falsch, denn sie erweckt den Eindruck, die Menschen glaubten an Muhammad statt an Gott. Damit würde Muhammad über Gott gestellt. Er ist aber der „Gesandte Gottes". Die Gläubigen des Islams nennen sich Muslimin bzw. Muslim, das heißt „Leute, die sich Gott ergeben".

Ein → *Nomade zieht mit seinem Sohn und seinem Besitz durch die Wüste.*

Name

Wie wir heißen, wie wir gerufen werden, das prägt sich tief in uns ein. Unser Name zeigt, dass wir einzigartig und wertvoll sind und Würde haben. Gefangene werden z.B. besonders gedemütigt und entwürdigt, wenn man ihren Namen auslöscht und ihnen stattdessen nur eine Nummer gibt.
„Ich habe dich bei deinem Namen gerufen. Du bist mein" (Jes 43,1). Dieser Satz des Propheten Jesaja betont, dass Gott uns gut kennt und jeden einzelnen Menschen wichtig nimmt. In früheren Zeiten, als die Bevölkerung noch nicht so groß war, kannte man nur den Vornamen. Um nicht verwechselt zu werden, setzte man manchmal noch den Namen des Vaters dazu. Den erblichen Familiennamen gibt es in Deutschland erst seit dem 13. Jh. Den Familiennamen besitzt man also schon von Geburt an, den Vornamen wählen die Eltern aus. An beide Namen ist jeder Mensch auf Lebenszeit gebunden. Nur auf einem rechtlichen Weg, z.B. durch eine Heirat oder eine Adoption, kann der Familienname gewechselt werden.

Neues Testament

→ Altes und Neues Testament

Nomaden

Nomaden sind wandernde Hirten, die mit ihren Herden umherziehen und die Weiden in Wüstenrandgebieten und im Bergland aufsuchen. Sie wohnen mit ihrer Großfamilie, der Sippe, in Zelten und leben vor allem von der Viehzucht, aber auch vom Ackerbau (vgl. Gen 26,12f.). Im regnerischen Winter finden sie genügend Nahrung für ihre Tiere. Wenn die Steppen im Sommer völlig vertrocknet sind, ziehen sie mit ihren Ziegen, Schafen, Rindern, Eseln und Kamelen (vgl. Gen 12,6) nach der Ernte auf die Felder. Die verbliebenen Pflanzenreste reichen den genügsamen Tieren. Der Mist ist wertvoller Dünger für den Boden. Nicht selten kam und kommt es zu Auseinandersetzungen zwischen Nomadensippen um gute Wasserplätze und fruchtbares Land.

Ostern

Ostern ist das älteste und wichtigste Fest im → Kirchenjahr und wurde schon von den frühen Christen gefeiert. Das christliche Osterfest steht in enger Verbindung mit dem jüdischen Pessachfest. Im Jahr 325 n.Chr. hat die Kirche beschlossen, dass Ostern alljährlich am Sonntag nach dem ersten Frühlingsvollmond gefeiert wird. Darum ändert sich das Datum des Osterfestes jedes Jahr. Woher der Name Ostern kommt, ist nicht geklärt. Vielleicht geht er zurück auf eine germanische Frühlingsgöttin *Ostara*. In der altenglischen Sprache ist sie als *Eostrae* bekannt. Darin steckt das griechische Wort *eos* (= Morgenröte). So wie die Morgenröte das Dunkel der Nacht ablöst, so vertreibt die Auferstehung Christi die Dunkelheit in den Herzen der Menschen.
In vielen Ländern Europas weist die Bezeichnung des Festes auf seinen Ursprung im jüdischen Pessachfest hin. In Italien heißt das Osterfest *pasqua*, in Frankreich *pâques*.

In der Feier der Osternacht werden Kerzen am Osterfeuer vor der Kirche entzündet. Sie erhellen die Dunkelheit (→ Ostern).

Palästina

Palästina wird in der Bibel die südöstliche Küstenlandschaft des Mittelmeeres genannt. Das Gebiet gehört teilweise zum heutigen Staat Israel. Der Name Palästina stammt vermutlich von der Bezeichnung „Philisterland". Die → Philister besiedelten vor allem das Küstengebiet am südöst-

Die Briefmarke des Vatikans zeigt eine historische Landkarte von → Palästina.

Darstellungen der Apostel Paulus und → Petrus in der Basilika St. Vitale in Ravenna

lichen Mittelmeer. Ihre Herrschaft war zeitweise so ausgeprägt, dass dieses Stück Land ihren Namen erhielt.

Petrus

Der Name Petrus ist von dem griechischen Wort *petra* (= Fels) abgeleitet und war der Beiname des Apostels Simon, den ihm Jesus bei seiner Berufung zum Jünger gegeben hat. Er nannte ihn Fels, in aramäischer Sprache *kephas* (vgl. Joh 1,42). Im Evangelium nach Matthäus (Mt 16,17) bekommt er den Beinamen Kephas, nachdem er Jesus als Messias („Gesalbter des Herrn") bekannt hat. Aus dem ursprünglichen Beinamen wurde später der Hauptname und die Amtsbezeichnung des Apostels Petrus. Als Leiter der Urgemeinde in → Jerusalem war er der erste der Apostel. Er starb nach der Überlieferung als Märtyrer unter Kaiser Nero um 65 n.Chr. in Rom, wo über seinem Grab der Petersdom errichtet wurde. Die Päpste gelten als die Nachfolger des Apostels Petrus.

Pfarrer

Das Wort Pfarrer ist vom Lateinischen *parochus* abgeleitet. Der Pfarrer ist ein → Priester, der im Auftrag des Bischofs für ein bestimmtes Gebiet zuständig ist, das Pfarrei oder Pfarrgemeinde genannt wird.

Pfingsten

Das Wort kommt aus dem Griechischen (*pentecoste*) und heißt übersetzt „fünfzigster Tag". Die Kirche feiert am fünfzigsten Tag nach Ostern Pfingsten als Fest des Heiligen Geistes. Es erinnert an die Ausgießung des Heiligen Geistes im zweiten Kapitel der → Apostelgeschichte.
Am jüdischen Pfingstfest (*schawuot*) wird das Geschenk der Tora, des Wortes Gottes als Quelle des Lebens, gefeiert. Nach jüdischer Überlieferung stieg Mose am fünfzigsten Tag nach dem Auszug aus Ägypten zum Zeltlager Israels hinab und überbrachte die Zehn Gebote (Ex 19 und 20). Im alten → Israel war Pfingsten das Dankfest für die Weizenernte. Vom Erstschnitt des Weizens wurden Brote gebacken und im Tempel von Jerusalem dargebracht.
Ein lebendiges Brauchtum zum Pfingstfest hat sich bei uns nur wenig ausgebildet. In manchen Gemeinden wird aber neuerdings der Brauch des Pfingstfeuers neu belebt. Im Feuer kann die Glut des Geistes, seine Macht zur Veränderung, zur Überwindung des Dunkels und zur Belebung des Erstarrten sinnfällig werden.

Pharao/ Ramses II.

Pharao (von ägypt. „großes Haus" oder „königliches Haus") ist der Titel des Herrschers von Ägypten. Wird in der Josefserzählung (Gen 40) der damalige Pharao noch als Gönner der umherziehenden Israeliten geschildert, so änderte sich das unter dem Pharao Ramses II., der nach der Exoduserzählung die → Israeliten versklavte und nicht freilassen wollte. Ramses II. herrschte fast 67 Jahre lang (1290-1224 v.Chr.) und wurde nach biblischer Überlieferung zum Gegenspieler des Mose (Ex 1-14). Ramses II. ließ während seiner Regierungszeit durch unzählige Sklaven und Fremdarbeiter bedeutende Bauwerke errichten und erscheint auf Bildern immer als der „triumphierende König". In seine Regierungszeit fällt der Auszug der Israeliten aus der Knechtschaft in Ägypten. Die Überlieferungen berichten von militärischen Auseinandersetzungen zwischen Ramses und den halb ansässigen Kleinvieh-→ Nomaden aus dem südostpalästinischen Bergland. Unter ihnen befanden sich auch Angehörige eines Sippenverbandes mit dem Namen → „Jahwe".

Philister

Die Philister waren aus dem griechischen und kleinasiatischen Raum nach Kanaan eingewandert. Im → Alten Testament werden sie auch „Seevölker" genannt, denn sie waren über das Mittelmeer gekommen. Sie siedelten sich in der fruchtbaren Küstenebene an. Dort gründeten sie starke Städte (Gaza, Aschkelon, Aschdod, Ekron, Gat), die jeweils von einem König regiert wurden. Die Philister waren mit ihrem Heer von kampferprobten Berufssoldaten und Streitwagen den anderen Völkern weit überlegen. Sie kämpften im Gegensatz zu diesen mit Eisen- statt Bronzewaffen.

Malerei im Tempel Abu Simbel in Ägypten: → Pharao Ramses II. nach der Schlacht, noch mit dem Bogen in der Hand. Er opfert den drei Göttern Gefangene.

Priester

Er ist Mitarbeiter des Bischofs. Zu den Aufgaben eines Priesters gehört es, die Frohe Botschaft zu verkünden, mit der Gemeinde Gottesdienst zu feiern und die → Sakramente zu spenden, für die Sorgen der Menschen stets ein offenes Ohr zu haben und tatkräftig zu helfen. In einem feierlichen Gottesdienst wird er vom Bischof durch Handauflegung und Gebet zum Priester geweiht: Nach dieser Weihe ist ein Priester zunächst als Kaplan in einer Pfarrgemeinde tätig, später dann meist als → Pfarrer.

Priesterschrift

Als Priesterschrift wird in der Bibelwissenschaft eine wichtige Textgrundlage bezeichnet, die in andere biblische Schriften eingefügt wurde. Die erste Schöpfungserzählung (Gen 1,1-2,3) gilt in der ursprünglichen Form als Anfang

Die → Philister kämpfen gegen die → Israeliten und rauben ihnen die Bundeslade. Holzschnitt aus einer Lübecker Bibel, 1494.

Deswegen leiden sie auch unter ihrer Aufgabe, bekommen Angst, zweifeln an sich selbst und fliehen manchmal vor ihrer Aufgabe, so wie z.B. Elija.

In ihrer Heimat wird sie als moderne → Prophetin verehrt: Rigoberta Menchú, Menschenrechtsaktivistin aus Guatemala.

der sogenannten Priesterschrift. Viele Wissenschaftler vermuten, dass sie im 6. Jh. v.Chr. entstanden ist. In der Priesterschrift haben die Erklärung von Vorschriften (z.B. die Bedeutung des Sabbats in Gen 2,3) und die Vorstellung von einem Vermittler zwischen Gott und den Menschen eine hohe Bedeutung. Die Sprache der Priesterschrift zeugt von einem ausgeprägten priesterlichen Fachwissen.

Prophet/in

Propheten verkünden in Gottes Auftrag etwas in der Öffentlichkeit, was nicht immer allen gefällt, vor allem den Mächtigen nicht. „Prophezeien" kommt aus dem Griechischen und bedeutet „offen heraus erklären, öffentlich bekannt machen". Prophetinnen und Propheten sind oft unbequeme Zeitgenossen (gewesen). Heute werden Menschen Propheten genannt, wenn sie über ein außergewöhnliches Wissen verfügen und dadurch zukünftige Ereignisse vorhersagen, d.h. etwas prophezeien können. Propheten sehen und hören vieles, was andere übersehen, überhören oder vertuschen wollen. Ihr Protest führt häufig dazu, dass sie verfolgt werden.

Psalmen

Psalmen sind Gebete und religiöse Lieder, in denen die Dichter und Musiker des Volkes → Israel alle Höhen und Tiefen menschlicher Gefühle zum Ausdruck brachten: seufzen, klagen, verzweifeln, loben, preisen, jubeln, danken. 150 Psalmen stehen im Buch der Psalmen im → Alten Testament. Es gibt aber auch moderne Gedichte, die Psalmen nachempfunden sind.
Wie sich Menschen in Notsituationen voll Vertrauen an Gott wenden, zeigt z.B. Ps 22,17-29. Die Verse werden König David zugeschrieben:

Denn Hunde haben mich umstellt,
Verbrecher umringen mich,
sie lähmen mir Hände und Füße.
Ich kann alle meine Knochen zählen, sie aber gaffen und sehen auf mich herab.
Sie teilen meine Kleider unter sich und würfeln um mein Gewand.
Aber du, Herr, sei nicht fern,
meine Stärke, komm und hilf mir.
Errette meine Seele vom Schwert,
mein Leben vor den Hunden.
Hilf mir aus dem Rachen des Löwen und vor den Hörnern wilder Stiere.
Ich will deinen Namen allen verkünden, inmitten der Gemeinde dich loben.
Rühmt den Herrn ...
Denn er hat mich nicht verachtet,
... er hat auf mein Schreien gehört.

Reich Gottes

„Reich Gottes" bedeutet, dass Gott seine „Herrschaft über die Welt aufgerichtet hat" – wie die Bibel sagt. Der Ausdruck besagt also nicht, dass Gott einen Staat oder ein Gebiet auf der Erde hätte, sondern dass zwischen Gott und den Menschen ein gutes Verhältnis besteht.
Die → Propheten im → Alten Testament haben verkündet, dass Gott der wahre König Israels ist. Seine Herrschaft wird die ganze Welt zum Guten verändern. Denn wenn Gott regiert, hört alle Ungerechtigkeit auf. Im Reich Gottes herrschen Gerechtigkeit, Friede und Barmherzigkeit.
Die Verkündigung vom Reich Gottes war Mittelpunkt der frohen Botschaft Jesu. Er verkündete: Das Reich Gottes ist nahe (Mk 1,14-15). Jesus heilte Kranke, vergab Sünden, segnete Kinder und Erwachsene und wendete sich besondern den Armen zu. Die Menschen, die an Jesus glauben, erfahren schon jetzt: Gott schenkt uns Leben. Nach den Worten Jesu wird Gott selbst am Ende alles vollenden, was die Menschen Gutes begonnen, was sie im Auftrag und in der Nachfolge Jesu angefangen haben. Dann wird alles gut. Deshalb beten die Christen im Vaterunser: „Dein Reich komme!"

König David, dem zahlreiche → Psalmen zugeschrieben werden, ist oft in Psalmenbüchern dargestellt, hier in einer Initiale zu Ps 39. Buchmalerei, 13. Jh., Frankreich

Sabbat

Das Wort Sabbat bezeichnet den wöchentlichen Ruhetag der Jüdinnen und → Juden. Er beginnt am Freitag mit dem Sonnenuntergang und endet am Samstag mit dem Sonnenuntergang. Die Hausfrau begrüßt den Sabbat mit einem Segen, den sie im Kreise der Familie über dem Sabbatleuchter spricht. Anfangs war der Sabbat nur ein Ruhetag. Die Juden und Jüdinnen, aber auch andersgläubige Menschen sowie Knechte und Mägde, sogar das Vieh sollten ausruhen und sich erholen.
Im Laufe der Zeit wurde aus dem Ruhetag ein Festtag. Zur Zeit des → Babylonischen Exils brachte man den Sabbat in Verbindung mit der Schöpfungsgeschichte: Nachdem Gott die Welt erschaffen hatte, ruhte er am siebten Tag. So sollten auch die Jüdinnen und Juden Zeit haben, miteinander zu essen und zu feiern, sich an die Geschichte ihres Volkes mit Gott zu erinnern und für die Fürsorge

Ein Mädchen empfängt den Sabbatsegen von der Mutter am Beginn des → Sabbats.

Das → Sakrament der → Taufe können nicht nur Säuglinge empfangen 163*, sondern auch Kinder und Erwachsene.*

Bei der Feier der ersten heiligen Kommunion (Mitte).

Der Ring der Eheleute symbolisiert ihre Verbundenheit und Treue (unten links).

Der Bischof spendet die Priesterweihe (unten rechts).

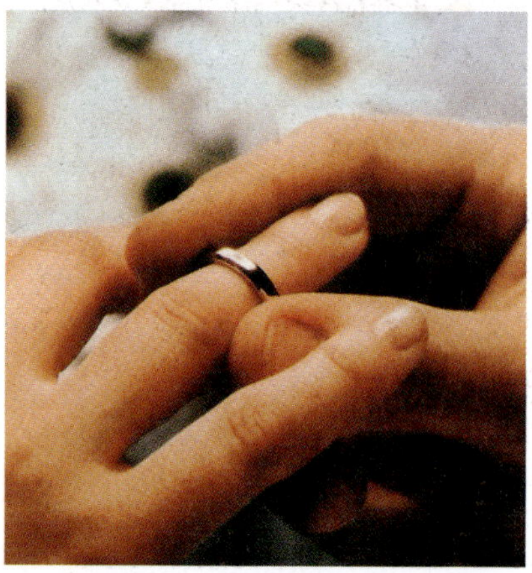

Gottes zu danken. Um dafür wirklich frei zu sein, wird das Essen am vorhergehenden Tag zubereitet und jeder Weg verboten, der länger als ein Kilometer ist.
Im → Neuen Testament lehrt der Jude Jesus, dass das Liebesgebot über dem Sabbatgebot steht. Das Christentum hat den freien Tag vom Judentum übernommen und bewahrt. Der → Sonntag als erster Tag der Woche, an dem die Christen die Auferstehung Jesu feiern, zeigt: Mit der Liebe Gottes kann die Woche gut beginnen.
Das Leben besteht nicht nur aus Arbeit; es gibt Wichtigeres. Einmal in der Woche soll Zeit sein, sich daran zu erinnern und dafür zu danken.

Sakrament

In Sakramenten (*lat.* Eid, Geheimnis, Gnadenwirkung) wird durch ein äußeres Zeichen (z.B. Übergießen mit Wasser, Handauflegung, Salbung) und die entsprechenden Worte die Zuwendung (Gnade) Gottes für den Menschen sichtbar und unzerstörbar.
Der Spender eines Sakraments ist ein Priester oder ein Bischof, das Sakrament der Ehe spenden sich die Eheleute gegenseitig.
Fast alle Sakramente gehen auf eine direkte Einsetzung durch Jesus zurück. Denn durch Jesus Christus selbst zeigt sich Gott den Menschen am allernächsten. Deshalb ist er das Ur-Sakrament, in dem „die Güte und Menschenliebe Gottes, unseres Retters erschien" (Tit 3,4). Weil die Kirche das Werk Jesu Christi weiterführt, wird sie als Grundsakrament bezeichnet. Sie ist Zeichen der Nähe Gottes vom Anfang bis zum Ende des menschlichen Lebens.

Die Anzahl der sieben Sakramente verdeutlicht symbolisch die Vollkommenheit, die sich auf Gottes Hilfsangebot und auf unser ganzes Leben bezieht. Gleichzeitig zeigen Menschen ihren Glauben, indem sie in bestimmten Situationen Zeichen setzen, die helfen, Gottes Gnade mit allen Sinnen zu erspüren. Sakramente sind also eine Form des Miteinanders zwischen Mensch und Gott.

Samaritaner
Die Samaritaner sind eine religiöse Gruppe in der Provinz Samaria, die sich nach der Teilung des Königreiches vom Judentum abgespaltet hat. Samaritaner galten frommen → Juden als unrein und wurden von ihnen als „Heiden" abgelehnt. Nach der Rückkehr der Juden aus dem → Babylonischen Exil durften die Samaritaner sich nicht am Wiederaufbau des Tempels beteiligen. Später bauten sie sich einen eigenen Tempel auf dem Berg Garizim, der in Konkurrenz zu → Jerusalem ihr religiöses Zentrum wurde. Gerade weil die Samaritaner für die Juden als Heiden und Ausgestoßene galten, wandte sich Jesus ihnen zu und verkündete auch ihnen das → Evangelium. Auch heute gibt es noch eine kleine Gruppe von Samaritanern in Israel.

Schöpfungsmythos
(vgl. auch Abb. S. 210)
Das Wort *mythos* kommt aus dem Griechischen und bedeutet „erzählendes Wort, Erzählung", besonders „Erzählung aus alter Zeit", auch „Dichtung und Sage von Göttern und Helden".
Der Mythos erzählt meist, wie sich die Entstehung der Welt und der Menschen durch die Einwirkung Gottes oder der Götter abgespielt hat. In fast allen Kulturen und Religionen gibt es Schöpfungsmythen. Aus ihnen kann man herauslesen, welche Ansichten die Menschen damals von Gott oder von den Göttern, aber auch von den Menschen hatten. Auch wenn die Mythen nicht von tatsächlichen Ereignissen berichten, drücken sie auf bildhafte Weise doch etwas Gültiges über das Leben aus.

Seligpreisungen
„Glücklich, wer ...!" Preisungsformeln dieser Art waren bei den Juden allgemein üblich und bekannt. Der erste → Psalm im → Alten Testament beginnt mit dem Wort *aschere*. Wir übersetzen es meistens mit „Selig!". Im

Kuna-Indianer in Panama nähten diese Mola, eine Art Stoffbild, mit Motiven ihres → Schöpfungsmythos. Zu sehen ist die Erschaffung der Inseln (Lebensraum der Kuna), Menschen und Tiere.

Neuen Testament (→ Altes und Neues Testament) werden Menschen selig gepriesen, die Gott besonders nahe stehen. Sie heißen deshalb Selige (vgl. Mt 5,3-12).

Diese Schülerarbeit zeigt, wie die Menschen im Alten Orient vor 2500 Jahren die Welt beobachteten: Gott hat den Lebensraum für alle Geschöpfe erschaffen (→ Schöpfungsmythos). Ein festes Gewölbe, das „Firmament", schützt vor den Wassermassen.

Solidarität

Solidarität ist ein Gefühl der Verbundenheit, zu dem auch das aktive Handeln gehört. Menschen, die solidarisch sind, halten zusammen, nehmen Anteil am Leben und Schicksal des Anderen. Wenn Unrecht geschieht, wenn Menschen in eine Notlage geraten, helfen die Stärkeren den Schwächeren. Solidarität gibt es zwischen Freunden, aber auch weltweit zwischen Menschen, die sich gar nicht kennen (→ Sozialwort der Kirchen).

Auf dem Weltsozialforum in Nairobi traten viele Menschen für → Solidarität ein.

Sonntag

Schon in der frühen Kirche hat sich der erste Tag der Woche als Fest der Auferstehung Christi durchgesetzt. An diesem „Tag des Herrn" wurde das Herrenmahl (→ Eucharistie) gefeiert. Daran erinnern bis heute die Namen dieses Tages in unseren Nachbarländern (ital. *domenica*; frz. *dimanche*; span. *domingo*). Für Christen ist der Sonntag der erste Tag der Woche, weil nach Gen 1,3 am ersten Tag der Schöpfung das Licht geschaffen wurde.

Damit gaben die Christen im Römischen Reich dem Geburtsfest des „unbesiegten Sonnengottes“ eine religiöse Bedeutung. Das führte sogar zu dem Missverständnis, die Christen seien Sonnenanbeter.
Durch Kaiser Konstantin den Großen wurde 321 der Sonntag zum Ruhetag erklärt.
Heute muss der Sonntag immer wieder von den Christen als ein Tag der Freude und der Muße verteidigt werden (z.B. der arbeitsfreie Sonntag). Seit einigen Jahren wurde in Kalendern und Fahrplänen der Sonntag als letzter Tag der Woche festgelegt. Er wurde damit zum Teil des Wochenendes. Das steht im Widerspruch zur Idee, dass das Fest der Erlösung am Anfang steht.

Sozialwort der Kirchen

Als Sozialwort bezeichnet man eine Erklärung zu Fragen und Problemen, die sich im Zusammenleben der Menschen in einem Staat ergeben. Der Rat der Evangelischen Kirche in Deutschland und die Deutsche Bischofskonferenz veröffentlichten im Februar 1997 gemeinsam die Erklärung „Für eine Zukunft in Solidarität und Gerechtigkeit“. In diesem Sozialwort fordern die beiden Kirchen u.a. den Abbau der Arbeitslosigkeit, den sozialen Ausgleich für die Schwachen in der Gesellschaft, mehr → Solidarität und Gerechtigkeit, eine Verbesserung der Lebensbedingungen für Familien, Frauen, Jugendliche und Kinder. Informationen dazu findet ihr im Internet unter dem Stichwort „Sozialwort“.

Sternsinger

→ Kindermissionswerk

Sure

→ Koran

Taufe

Taufe ist das Fest der Aufnahme in die Gemeinschaft der Christen und ein → Sakrament der Kirche. Fröhlich oder manchmal etwas steif kommt die Familie mit Freunden in der Kirche zusammen. Die Eltern bekräftigen: Ja, wir wollen die Taufe für unser Kind. Es wird deutlich: Dieser Mensch gehört zur Gemeinschaft der Kirche. Es wird sichtbar: Gott nimmt dieses Kind an. Warmes Wasser fließt über den Kopf. Gott im Überfluss. Das Neu-Werden in der Taufe wurde früher mit dem

Das → Hilfswerk missio veranstaltet jedes Jahr zum → Weltmissionssonntag eine große Hilfskampagne.

Dieser Comic zeigt, warum → Zöllner zur Zeit Jesu unbeliebt waren.

ganzen Körper ausgedrückt: Der erwachsene Täufling stand in einem großen Wasserbecken und wurde mit Wasser übergossen.

Umma

Umma bezeichnet die Gemeinschaft aller → Muslime, egal welcher Glaubensrichtung des Islams sie angehören. Alle, die an den einen Gott glauben und bekennen, dass Muhammad der Gesandte Gottes ist, gehören zur Umma. Entscheidend ist das Gefühl der Zusammengehörigkeit. Umma meint neben der religiösen auch die politische Gemeinschaft. Bereits Muhammad war in → Medina geistlicher und politischer Leiter der Umma. Heute tragen solche Leiter je nach Landessprache und Glaubensrichtung den Titel *Sultan*, *Kalif* oder *Imam*. Besonders deutlich wird die Bedeutung der Umma bei der Wallfahrt nach → Mekka, bei der jedes Jahr Millionen gläubige Frauen und Männer aus der ganzen islamischen Welt zusammenkommen und gemeinsam die religiösen Riten mitvollziehen.

Weltmissionssonntag

(vgl. Abb. S. 211)
Seit 1926 feiern die Pfarrgemeinden am vorletzten Sonntag im Oktober den Sonntag der Weltmission. Sie denken dabei besonders an die Glaubensgeschwister in den ärmeren Ländern der Welt. Die Sammlung in den Gottesdiensten an diesem Tag geht an das → Hilfswerk Missio.

Wunder

Wunder nennt man ein Ereignis, das gegen die heute bekannten Gesetze der Natur und Medizin verstößt.
Oft spricht man aber auch dann von einem Wunder, wenn man Staunen, Überraschung oder Freude über ein unerwartetes (aber durchaus erklärbares) Ereignis ausdrücken will. Besonders gerne sprechen Menschen von Wundern, wenn sie z.B. unverletzt bei einem schweren Unfall davongekommen sind. Als Wunder im biblischen Sinn versteht man ein (auch durchaus erklärbares) Ereignis, das von den Gläubigen als Tat und Eingreifen Gottes verstanden wird. Das Wunder ist in diesem Fall nicht das, was geschehen ist, sondern Gott oder Jesus selbst, der den Menschen auf außergewöhnliche Art und Weise hilft und sie rettet. Die Wundererzählungen in den → Evangelien dürfen daher nicht naturwissenschaftlich verstanden werden. Sie sind vielmehr Glaubensgeschichten von Menschen, die alles von Jesus erwarten und ihm ganz und gar vertrauen.

Zöllner

Der Beruf des Zöllners hatte zur Zeit Jesu einen schlechten Ruf. Zöllner galten als Sünder, weil sie oft willkürliche hohe Zölle festlegten und damit ihre Landsleute schädigten. Außerdem arbeiteten sie eng mit den Römern zusammen, die den → Juden als Besatzungsmacht verhasst waren. Durch den Umgang mit den Römern wurden die Zöllner „unrein". Mit „Unreinen" aber durften fromme Juden nicht in Berührung kommen. Dass Jesus mit den Zöllnern Gemeinschaft pflegte (Mk 2,15) und einige von ihnen sogar in seine Nachfolge rief, erregte bei vielen gesetzestreuen Juden Anstoß.

Biblische *Zitate* und Verweise

Altes Testament

Gen 1,1-2,3 206
Gen 1,1-2,4a 28, 32, 38, *106*
Gen 1,3 210
Gen 1,14 *148*
Gen 1,26-27 *36*
Gen 1,27 *17, 189*
Gen 1,27-28,31 67
Gen 2,3 206
Gen 2,18 17
Gen 3,4-8 175
Gen 9,8-10.13 67
Gen 12,1-2 67
Gen 12,1-9 74
Gen 12,6 203
Gen 13,14-18 74
Gen 15,1-7 67, 74
Gen 18,1-16 74, 175
Gen 21,1-8 74
Gen 25,7-11 74
Gen 26,12-16 202
Gen 28,12-14 67
Gen 32,29 196
Gen 40 204
Gen 46,2-4a 67

Ex 1,8-14 76
Ex 1,15-22 76
Ex 1,15 - 2,10 76
Ex 1-14 204
Ex 2,11 - 3,17 76
Ex 3,1-14 69
Ex 3,14 77, 169, 196
Ex 3,14-15 67, 169
Ex 4, 10-12 76
Ex 13,17 - 14.31 76
Ex 14,21.30a 67
Ex 19 204
Ex 19,1-25 197
Ex 20 204
Ex 20,1-21 76
Ex 20,4 71
Ex 21,13 119, 190
Ex 24,1-11 190
Ex 24,12 67
Ex 32 84
Ex 34,6 *78*

Num 6,24-26 *170*

Dtn 32,11 *78*

1 Sam 16,7.13 67

Ps 1,1-3 171
Ps 8 39
Ps 8,7-9 34
Ps 19,2-7 39
Ps 22,17-29 *206*
Ps 23 39, *71*
Ps 36,6-8 34
Ps 41,3 *166*
Ps 42,3 *162*
Ps 50,10-11 34
Ps 69,2 *162, 166*
Ps 70,6 *56*
Ps 104 34, 39
Ps 104,15-16.24 *39*
Ps 119,8 *66*
Ps 136,1-9 39
Ps 139 *14*
Ps 145,15-16 *39*
Ps 148 34, 39
Jes 43,1 *202*
Jes 61,1 *59*
Jer 35,15 *58*

Hos 11,4 *78*

Jona 3,3a.4.5.10 67

Neues Testament

Mt 2,1-12 *191*
Mt 3,13-17 171
Mt 3,13.16-17 67, *106*
Mt 4,18-20 108
Mt 5,3-12 208
Mt 5,5 175
Mt 5,39 *65*
Mt 5,43-45 *65*
Mt 6,1-4 175
Mt 6,7-8 *86*
Mt 6,19 *65*
Mt 7 78
Mt 7,1 *65*
Mt 7,7 78
Mt 7,12 *9, 12, 91*
Mt 9,9-13 *96*
Mt 13,31-32 194
Mt 16,17 204
Mt 16,18-19 108
Mt 16,19 108
Mt 18,21-22 *65*
Mt 25 183
Mt 25,35-40 *52*, 183
Mt 25,40b *91*
Mt 26,75 108
Mt 28,1-8 108
Mt 28,19-20a *106*

Mk 1,1-11 98
Mk 1,11 135
Mk 1,14-15 *65*, 102, 207
Mk 1,16-20 *96*
Mk 1,29-31 96
Mk 1,29 - 2,12 102
Mk 1,40-42 96
Mk 2,1-5.11-12 96
Mk 2,13-17 102, 171
Mk 2,15 212
Mk 2,17 78
Mk 3,20-21 102
Mk 3,31-35 102
Mk 4,1-9 102
Mk 4,3-8 *94*, 95
Mk 4,26-29 *94*, 102
Mk 4,30-32 *94*, 102
Mk 4,35-41 102
Mk 5,1-9 102
Mk 5,14b-15 102
Mk 5,21-43 102
Mk 6,1-6a 102
Mk 7,24-30 102
Mk 7,31-37 96, 102
Mk 8,1-10 102
Mk 8,22-26 *97*, 102
Mk 9,14-29 102
Mk 9,35 18
Mk 9,35b 91
Mk 10,14 59
Mk 10,15-16 67
Mk 10,46-52 102
Mk 10,51-52 67
Mk 11,1-11 102
Mk 12,28-34 98, 102
Mk 14,17-25 98, 102
Mk 15,33-47 98, 102
Mk 16,1-8 98, 102
Mk 16,2.5-6 67
Mk 16,16a 153

Lk 2,1-20 152
Lk 3,11 65
Lk 4,18 104
Lk 5,24-26 67
Lk 6,32 65
Lk 8,1-3 67, 96
Lk 9,10-17 171
Lk 10,27 91
Lk 11,9-10 86
Lk 13,10-13 96
Lk 13,20-21 94
Lk 14,15-24 78
Lk 15,4-6 67
Lk 15,8-10 194
Lk 15,11-32 194
Lk 19,8-10 67
Lk 22,14-23 161
Lk 22,19-20 67, 163
Lk 23,46 67
Lk 24,13-24 98
Lk 24,13-35 98, 163

Joh 1,42 204
Joh 4,1-14 171
Joh 4,46b-53 96
Joh 6,35 169
Joh 8,12 169
Joh 10,9 169
Joh 10,14 169
Joh 11,25 169
Joh 14,6 169
Joh 14,9 78
Joh 14,26 108
Joh 15,5 169
Joh 19,25 67
Joh 20,1-8 153
Joh 20,11-18 64
Joh 21,15-16 108

Apg 1,8 107
Apg 1,14 136
Apg 2,1-42 108, 110
Apg 2,14-36 109
Apg 2,22-24.33 67
Apg 2,42 136
Apg 2,42-47 108, 110
Apg 6,1-7 108
Apg 7,51-60 108
Apg 9,1-2 112
Apg 15,1-29 136

Röm 10,9-10 116
Röm 16,22 114

1 Kor 1,1-3 112
1 Kor 15,1-5 67, 153
1 Kor 16,2 114
1 Kor 16,21 114
2 Kor 5,14 107
2 Kor 8,3-4 114
2 Kor 8,12-15 24

Gal 1,10-17 112
Gal 1,23 112
Gal 5,22-23 107

1 Thess 4,14 153
Tit 3,4 209

1 Joh 4,16 71

Text- und Bildnachweis

7 Roy Lichtenstein (1923-1997), Bauhaustreppe, 1988, Öl und Polymerfarbe (magna) auf Leinwand, 238,8 x 167,7 cm, Geschenk von Dorothy und Roy Lichtenstein 694.1990 © Digital image, The Museum of Modern Art, New York/ Scala, Florence

8 picture alliance (2) – Christian Schuhmacher, Emmendingen – Ulrike Kern, Kressbronn, SchülerInnen der 6. Klasse der Kressbronner Parkschule HS

9 picture alliance (3) – Intersnack

11 Christofer Stock, Emmering

12 Brigitte Meichel, Zeitlarn – Hermann Hesse, Stufen, in: Die Gedichte, Insel-Verlag 2001, S. 676 (gekürzt)

14 W. H. Freeman, N.Y. – Kösel-Archiv – Colombin. In: Peter Bichsel, Amerika gibt es nicht. Peter Bichsel Kindergeschichten, Luchterhand Verlag, Frankfurt 1988

15 Vincent Van Gogh; Vincents Schlafzimmer in Arles, 1889, 56,5 x 74 cm, Museé d'Orsay Paris © Van Gogh Museum Enterprises B.V., Amsterdam – Christoph Ranzinger, München – Das ist Georg. In: Religionsbuch 5, Auer Verlag, Donauwörth 1993, S. 50

16 Christofer Stock, Emmerin – Irmela Brender, in: Hans-Joachim Gelberg (Hg.), Menschengeschichten, Beltz Verlag, Weinheim ²1975, S. 115

17 T/M: Rolf Zuckowski © MUSIK FÜR DICH Rolf Zuckowski OHG, Hamburg

18 Marieluise Bernhard-von Luttiz, Bumfidel, rotfuchs 131, Rowolth Verlag

19 Paul Gauguin, Ringende Kinder © Josefowitz-Sammluing 1998

20 Thomas Dressel/Jutta Geyrhalter, Morgens um Acht. Rituale und Gebete für den Tagesbeginn in der Schule, Kösel Verlag, in der Verlagsgruppe Random House GmbH, München ³2006, S. 41

21 T: Rolf Krenzer/M: Paul G. Walter © Strube-Verlag GmbH, München – Berlin

22 © 2005 Pattloch Verlag GmbH & Co. KG, München – Diözese Rottenburg-Stuttgart (Hg.), Erdentöne – Himmelsklang, Schwabenverlag, Ostfildern 2001, ISBN 978-3-7966-1091-2

23 Miriam Feinberg Vamosh, Essen und Trinken in biblischer Zeit, Übers.: Hermann Josef Frisch © Patmos Verlag GmbH & Co. KG, Düsseldorf 2004, ebenso Klappentext

24 Rudyard Kipling, in: Paul Jakobi (Hg.), Damit unser Leben gelingen kann, Mainz 1981, S. 170

25 Franz Marc (1880-1916), Der Traum, 1912, akg-images/ Electa

26 © picture-alliance – Quelle unbekannt – © picture-alliance/ Helga Lade Fotoagentur GmbH, Germany

27 M. Ponta, London – © picture-alliance – Kurt Marti, Der Heilige Geist ist keine Zimmerlinde, Radius, Stuttgart ²2001, S. 84

29 Birgitta Weyers, Geretsried – © picture-alliance

30 Modell des Ischtar-Tores von Babylon nach dem Zustand des 6. Jh. v. Chr. (Detail) © bpk/Vorderasiatisches Museum, SMB/Jürgen Liepe

31 Kösel-Archiv – Lukas Bormann, Tempel. 3D-Rekonstruktion religionsgeschichtlich bedeutsamer Stätten, in: Virtual Reality Center Aachen (Hg.), Jahresbericht 2005/2006. Infrastruktur – Projektaktivitäten – Veranstaltungen – Außendarstellung, Aachen 2006, S. 132f. © Radoslaw Paluszkiewicz/Lukas Bormann – Persische Würdenträger, Relief, Detail von der Treppe des Tripylons, Persepolis © bpk/Scala

34 KNA, Bonn – Jugensolarprojekt, Greenpeace, Schweiz – Peter Borowitz, Joseph-von-Fraunhofer-Gymnasium, Cham – © Frank Wartenberg/Picture Press – Walther Petri, in: Hans-Joachim Gelberg (Hg.), Oder die Entdeckung der Welt, Beltz, Weinheim/Basel 1992, S. 84

35 Meister Bertram, Erschaffung der Tiere, 1383, Altaraufsatz und Retabel des ehemaligen Hochaltars der Petrikirche in Hamburg (Grabower Altar) © bpk/Hamburger Kunsthalle/ Elke Walford

36 Oliviero Toscani

37 Carel Malich, Ich habe es gesehen, 1988, in: Die Nacht leuchtet wie der Tag. Bibel für junge Leute, Diesterweg, Frankfurt ²1993, S. 8

38 T: Hl. Franziskus, dt. Text: *Sei gepriesen für alle deine Werke* Winfried Pilz © Verlag Haus Altenberg, Düsseldorf/ M: mündl. überliefert – Günter Ullmann, in: Hans-Joachim Gelberg (Hg.), Oder die Entdeckung der Welt, Beltz, Weinheim/Basel 1992, S. 59

39 Die sechs Tage der Schöpfung, Buchmalerei aus der Bibel des Hl. Sulpicius von Bourges, Pergament, Frankreich, 12. Jh., Ms 3 fol.4 © Bibliotheque Municipale de Bourges, Bourges, France/Lauros/Giraudon/The Bridgeman Art Library

40 Gernot Candolini, Die Faszination der Labyrinthe, Kösel 2004, S. 57 – Weltkugel-Brunnen im Garten der Schöpfung, Entwurf: Kurt Burkart, Singen, Mosaik: Balthasar Partlitsch, Engen, entstanden für die Landesgartenschau Singen 2000, Heike Beermann-Landry, Singen

41 Hans Käser, Thyrnau – Anton Meßmer, München – T: Huub Oosterhuis, 1959, „Zolang er mensen zijn op aarde", dt. Übertragung: Dieter Trautwein © Strube Verlag GmbH, München-Berlin/M: Tera de Marez Oyens-Wansink © Interkerkelijke Stichting voor het Kerklied, Leidschendam

42 nach: Hanno Sparbier-Conradus, 7 Regeln zum Umgang mit Gottes guter Schöpfung, www.nureinewelt.de, bearb.

43 Pablo Picasso (1881-1973), Tanz der Freundschaft *(La Ronde de l'amitié)*, 1959, Farbstift, 100 x 100 cm © Succession Picasso/VG Bild-Kunst, Bonn 2010

44 © Christoph Ranzinger, München – picture-alliance/dpa – Misereor, Aachen

45 Misereor, Aachen – Kösel-Archiv

46 © Kindermissionswerk „Die Sternsinger"/Jürgen Escher – © Deutsche Welthungerhilfe/FAO

47 Prospekt Weltladen, Weltladen Dachverband (Hg.), Mainz

48 KNA-Bild, Frankfurt/M. – Bertolt Brecht, Quelle unbekannt, Suhrkamp Verlag

49 Illustration von Wilfried Rothmann, Essen, in: Wir sagen euch an: Advent © 1991 Bistum Essen, Seelsorgeamt

50 Hedwig Held, München

51 Christoph Ranzinger, München

52 Friedensgruß aus der Feuerstein-Messe, T: Robert Ochs/ M: Johannes Klehr, Rechte bei den Autoren

53 T: Claus-Peter März, Erfurt/M: Kurt Grahl, Leipzig, Rechte den Urhebern – Stadt Gütersloh

54 www.sternsinger.de – Institut für Religionspädagogik der Erzdiözese Freiburg

55 Texte in: Dreikönigssingen 92, Kindermissionswerk 1992, S. 97 – Martin Werner/Kindermissionswerk – Hans-Jörg Karrenbrock, Klosterneuburg

56 T: Alois Albrecht, M: Ludger Edelkötter © KiMu Kinder Musik Verlag GmbH, 50259 Pulheim

57 Joan Miró (1893-1983), Mai 1968, 1973 Barcelona, Fundacion Joan Miró © Successió Miró/VG Bild-Kunst, Bonn 2010

59 KNA, Bonn – Thomas Ohlwerter, Schnaittach
60 Joan Miró, s. S. 57 (Details)
64 Auferstehung Christi, Initiale, Zisterzienser-Graduale aus Wonnental/Breisgau, um 1350, Badische Landesbibliothek in Karlsruhe, Hs. U. H. 1, fol. 89r
65 Perikopenbuch Heinrichs II., Reichenau, zwischen 1007 und 1012, Clm 4452, fol. 105v , Bayerische Staatsbibliothek München (Detail)
66 T/M: Sandra Sieberath, Nettersheim-Holzmülheim
69 Rupprecht Geiger (1908-2009), „638/72", 1972, Diözesanmuseum Freising © VG Bild-Kunst, Bonn 2010
70 Kinderzeichnung: Heinrich, 3. Klasse – William Hess, Cham
71 © SZ Photo/90079/KPA/Malhotra – Kösel-Archiv
72 Kinderzeichnung: Anja, 6. Klasse
73 Eric Marshall, Stuart Hample (Hg.), Children's Letters to God/More children's Letters to God. Üs. von Gerhard Timmer, GTB 914, Gütersloh 1991 (o. S.)
75 Verheißung an Abraham, Miniatur aus der Wiener Genesis. Um 570 in Antiochien entstanden. Wien, Österr. Nationalbibliothek (Cod. Theol. graec.) 31 pag 8
76 Kösel-Archiv – Illustration: Annegret Fuchshuber
77 Marc Chagall (1887-1985), Mose vor dem brennenden Dornbusch, 1966, Lithografie © VG Bild-Kunst, Bonn 2010 – Gebotstafeln der Synagoge in Sulzburg
79 © Lucy Krone-Souza, Runkel-Steeden – Gebet der Jona-Gemeinschaft, Schottland (ohne 2. Strophe). In: Ich werde meinen Geist ausgießen. The Oecumenical Decade of the Churches in Solidarity with Women 1988-1998, ÖRK, Genf 1993, S. 40 f.
80 Ehem. Zistersienserkloster Hardehausen, Josef Mense, Kassel – Kreuzgang im Dom zu Fritzlar, Josef Mense, Kassel
81 Buchmalerei aus dem „Liber divinorum operum" (1163-73/74) von Hildegard von Bingen, Biblioteca governativa, Lucca
83 T: Alois Albrecht/M: Ludger Edelkötter © KiMu Kinder Musik Verlag GmbH, 50259 Pulheim – T: nach Johannes Paul I./ M: Reinhard Horn © Kontakte Musikverlag, Ute Horn, 59557 Lippstadt
84 Kösel-Archiv – Der Schöpfergott als Baumeister der Welt, Titelbild einer Bibel moralisée, um 1250, Nordfrankreich
85 Julius Schnorr von Carolsfeld (1794-1874), Der Sabbath – Rupprecht Geiger, s. S. 69
86 Quelle unbekannt – Wolfdietrich Schnurre, Der Spatz in der Hand. Fabeln und Verse, Langen-Müller, München – Wien 1971, S. 52
87 Plakat der Stiftung des Gymnasiums von Péronne/ Frankreich © Chrétiens Médias, Fédération nationale, 10bis bd de la Bastille, 75012 Paris, Tél. 01-49285730
88 Mündlich überliefert nach Mariannhill Würzburg
89 Bildtafeln, romanische Kirchendecke, um 1114, St. Martin in Zillis, Graubünden/Schweiz © Stiftung Kirchendecke Zillis®, ARGE Restauratoren Kirchendecke Zillis Emmenegger, Franz, Häusel, Rampa
90 Claudia Nietsch-Ochs, Jakobsbrunnen, 1985, Linolschnitt, 21 x 30 cm © Claudia Nietsch-Ochs, Merching
95 Vincent van Gogh, Sämann bei untergehender Sonne, 1888, Öl auf Lw, 64 x 80,5 cm, Rijksmuseum Kröller-Müller, Otterlo
97 Duccio di Buoninsegna (ca. 1255-1319), Die Heilung des Blindgeborenen am Teich Schiloach, 1308, 43 x 45 cm, Öl auf Pappelholz, Predella der Maestà, Hochaltar im Dom zu Siena, National Gallery, London
99 Alexej Jawlensky (1864-1941), In Andacht, 1937 © VG Bild-Kunst, Bonn 2010
100 T/M: Marco Frisina © Audiovisi San Paolo SRL, Laus Edizioni Musicali SRL, Sony/ATV Music Publishing (Germany) GmbH, Berlin – Christus auf der Himmelskugel, Evangeliar aus St. Maria ad Martyres, Trier, 10. Jh., Landeshauptarchiv Koblenz, LHA Ko Best. 701 Nr. 81 – Kösel-Archiv – Alexej Jawlensky (1864-1941), Dornenkrone, 1918, Öl auf Karton, 40 x 30 cm, Bayerische Staatsgemäldesammlung, München © VG Bild-Kunst, Bonn 2010
101 Wilhelm Willms, Quelle unbekannt – © Peter Williams/WCC, photo oikoumene, CH – Genf
102 in: IRP Freiburg, Unterrichtshilfen für den RU an Hauptschulen, Freiburg 2002, S. 31
104 Rembrandt van Rijn, Der lehrende Christus, Kupferstich um 1652
105 Arnulf Rainer (*1929), Pfingsten, 1995-98, Leimfarbe auf Karton und Holz, 60,5 x 46,5 cm © Arnulf Rainer
106 Thomas Zacharias (*1947), Aussendung des Geistes, ca. 1964, Holzschnitt © VG Bild-Kunst, Bonn 2010 – T: Maria Luise Thurmair © Christophorus im Verlag Herder, Freiburg/M: Melchior Vulpius, Gotteslob Nr. 304: Zieh an die Macht, du Arm des Herrn
107 Gerhard Winkler, Bad Endorf – Michaela Breit, München – Tempel des Saturn, Rom, in: Rom. Seine Geschichte, sein Glaube, seine Kultur, hg. v. Elio Fox, Verona 1976
109 Perikopenbuch Heinrich II., s. S. 111 (Detail) – Ingeborg und Josef Heimgärtner, Kressbronn, Ulrike Kern, Kressbronn – Fresko „Die Schleiernahme", s. S. 117 (Detail)
111 Perikopenbuch Heinrich II., Clm 4452, fol. 135 v, Bayer. Staatsbibliothek – Avincenzo Biolghini, Detail von S. 116
113 Michelangelo Merisi, gen. Caravaggio (1573-1610), Die Bekehrung des Paulus, 1601, Öl auf Leinwand, 230 x 175 cm, Santa Maria del Popolo, Rom
114 Relief von einem Elfenbeinkästchen, um 420, British Museum London
115 Michael Welte, Münster – Bibel heute Nr. 145, S. 24
116/ Avincenzo Biolghini, Päpstliche Kommision für christliche
117 Archäologie, Vatikanstadt 1980, S. 31, 48, 18, 10
118 Gotteslob 646, 5 (Gemeindeverse)
120 Kösel-Archiv – Christoph Ranzinger, München – Collage: Heinz Rehlen, Heilsbronn
121 A. Meßmer, München – Kolpingjugend, Diözesanverband, München und Freising – A. Radcke, Unterschleißheim – Claudia Lueg, München – Ulrich von Wurmb-Seibel, Eichenau
122 T/M: Martin Gotthard Schneider, Rechte beim Urheber
123 Claudia Lueg, München – Walter Thierfelder, Höchberg – Ehrentrudiskapelle bei Freiburg
124 T: Dom Helder Camara/M: Ludger Edelkötter © KiMu Kinder Musik Verlag GmbH, 50259 Pulheim
125 Lyonel Feininger (1871-1956), Barfüßerkirche in Erfurt I, 1924, Öl auf Leinwand, 99,5 x 80 cm, Staatsgalerie Stuttgart © VG Bild-Kunst, Bonn 2010
126 Nicole Hackenberger, Augsburg – Thorsten Brinkmann, Borchen – © Peter Williams, WCC, photo oikoumene, CH-Genf – Zitat Platon von Kiew: Quelle unbekannt
127 Evangelische Kirchengemeinde Neuwied, Marktkirche – Petra Gieseler, Bondorf – KNA – Matthias Kopp, Den Abstand verkleinern, in: Rheinischer Merkur, Christ und Welt Nr. 40, 06.10.2000 – Quelle unbekannt – Pfarrerin Norma Lennartz beim Sonntagsgottesdienst in der evangelischen Gemeinde Essen-Werden, © epd/Joker – Zitate: Quelle unbekannt
128 Ingrid Wirth, München
129 Tikis Evangelisch-Katholisch-Buch von Werner Tiki Küstenmacher © 1996 by Calwer Verlag Stuttgart
130 KNA, Bonn
131 Hans Thiel, Marsberg
132 www.kathbild.at – Lucas Cranach d. Ä., Martin Luther, 1533
133 © epd-bild/Jens Schulze
134 © Peter Williams, WCC, photo oikoumene, CH-Genf – KNA, Bonn

135 Russisch-orthodoxe Kirche „Christi Verklärung", Baden-Baden © Kloster des Hl. Hiob, München
136 David Groschwitz, Karlsruhe – © Marion Riedl, München
137 Kruzifixus aus Erp, 2. Hälfte 12. Jh., Rheinland (?), © Lothar Schnepf/Kolumba, Köln
138 Gotteslob 257 ö
139 Regina Törnig-Grohe, Gott ist los © Verlag Herder, Freiburg im Breisgau, 1998
140 Hedwig Held, München
141 Hedwig Held, München – Rolf Hartmann, München
143 Werner Zellien/Archiv Block Berlin
144 © Reinhard Rehkamp, Bersenbrück – Nicole Hackenberger, Augsburg – Ludger Heck, Pfarrei St. Ulrich, Unterschleißheim
145 T: Metternich-Team, Kurt Rose/M: Peter Janssens © Peter Janssens Musik Verlag, Telgte-Westfalen – Himmelfahrt, Egbert-Codex, um 980, Reichenauer Schule, Stadtbibliothek Trier – Hans-Werner Kulinna, Paderborn
148 W. H. Freeman, N. Y.
150 A. Meßmer, München
151 Bonifatiuswerk der deutschen Katholiken, Paderborn, www.bonifatiuswerk.de – Antoine de Saint-Exupéry, Der kleine Prinz, Übers.: Grete und Josef Leitgeb © 1950 und 1998 Karl Rauch Verlag, Düsseldorf
152 Wilhelm Geyer (1900-1968), Geburt Christi, 1939-1940, Blatt Nr. 29, Steinzeichnung aus der Mappe „Bildgedanken zu den Sonntagsevangelien"
153 Rupprecht Geiger (1908-2009), E 115, 1949 © VG Bild-Kunst, Bonn 2010
154 T: Alois Albrecht/M: Peter Janssens © Peter Janssens Musik Verlag, Telgte-Westfalen
156 In: Wilhelm Willms, Wagnis und Fest. Musical-Textausgabe, T: Wilhelm Willms/M: Ludger Edelkötter © KiMu Kinder Musik Verlag GmbH, 50259 Pulheim – Quelle unbekannt, in: Hubertus Halbfas, Das Welthaus. Ein religionsgeschichtliches Lesebuch, Calwer Verlag, Stuttgart 1983, S. 214f.
157 Georges Braque (1882-1963), Stillleben mit Krug, Brot und Zitrone, 1899, Christie's New York © VG Bild-Kunst, Bonn 2010
158 Kurt Marti, Der Heilige Geist ist keine Zimmerlinde, Radius, Stuttgart ^{2}2001, S. 121
162 In: Antoine de Saint-Exupéry, Der Kleine Prinz, Übers.: Grete und Josef Leitgeb © 1950 und 1998 Karl Rauch Verlag, Düsseldorf
163 KNA, Bonn – Christofer Stock, Emmering
167 Westfälischer Meister, Pfingsten, um 1370-1380, Teil des rechten Flügels des Osnabrücker Altars, Eichenholz, Gesamtmaße des Flügels 118 x 122 cm, Foto: akg-images
168 dt. T: Jürgen Werth © 1976 Paragon Music Corp./Unisong Music Publ. adm. by Unisong Music Publ. B.V., Printrecht für D, A, CH: Hänssler Verlag, D-71087 Holzgerlingen/M: Paul Janz
169 Illustration: Andreas A. Dorfey, München
170 T/M: Andy Lang, Rechte beim Urheber
171 dpa/picture-alliance
172 Ina Al-Moneyyer, Garching – epd-Bild (Neetz), Frankfurt/M. – Der Koran, übersetzt von Rudi Paret, Kohlhammer – Statistik: © Globus Infografik, Hamburg
173 Karte: © Globus Infografik, Hamburg – Die Bibel, Bischöfe Deutschlands, Österreichs un der Bistümer Bozen-Brixen und Lüttich (Hg.) © Verlag Herder, Freiburg i. Br., ^{9}2006
174 www.christenundmuslime.at – Möckemühler Arbeitsbogen Nr. 69, Moschee, Arbeitsbogen zum Ausschneiden und Zusammenkleben, Aue-Verlag, 74215 Möckemühl und Stuttgart
178 Mohammed im stillen Gebet bei der Kaaba, Biographie des Propheten, 16. Jh., Topkapi-Museum Istanbul Saraybibliothek, Hazine 1221, S. 223b
179 Der Koran, übersetzt und kommentiert von Adel Theodor Khoury © 2004 by Gütersloher Verlagshaus, Gütersloh, in der Verlagsgruppe Random House GmbH, München – Meine Schulbibel. Ein Buch für Sieben- bis Zwölfjährige, mit Ill. von Silke Rehberg, Butzon & Bercker/ Kath. Bibelwerk/ Kösel/ Patmos, Kevelaer/Stuttgart/München/Düsseldorf 2003
181 Ina Al-Moneyyer, Garching
182 Illustration: Andreas A. Dorfey, München
184 Goldgeränderte Koranseite mit Ta'liq-Schrift am Rand, 19. Jh. in: Abdelkebir Khatibi/Mohamed Sijelmassi, Die Kunst der islamischen Kalligrafie, DuMont Verlag, Köln 1995, S. 39, Mohamed Sjelmassi – Kalligrafie: Hadayatullah Hübsch, Islam. Medienpaket für Schule, Jugendarbeit und Erwachsenenbildung, München 1983
185 Yunus Emre, in: Multireligiöse Morgenfeiern, hg. v. IRP Freiburg, S. 31
186 Illustration: Mascha Greune, München – Zentralinstitut Islam-Archiv-Deutschland – Mester/CCC, www.c5.net
187 Michaela Breit, München
188 Der Felsendom in Jerusalem, Kösel-Archiv
189 Karl-Josef Hildenbrand/picture-alliance
191 © KNA-Bild
192 Pfarrei St. Herz Jesu, Wolgast
193 Eingangsseite zum Matthäusevangelium mit der Darstellung der geflügelten Symbole der Evangelisten, gerahmt in Feldern, Gospel book, Irish (vellum), Book of Kells (ca. 800), TCL 100968 MS 58 fol 27v, The Board of Trinity College, Dublin, Ireland/Bridgeman Art Library
194 Fresko aus der Unterkirche in Subiaco in Italien, Abb.: Kösel-Archiv
195 Hildegard von Bingen, Detail von S. 81
196 Kösel-Archiv
197 Erich Weber, Regensburg
198 picture alliance/dpa/dpaweb, Foto: epa Narong Sangnak – Brigitte Zein-Schumacher, Arnsberg
199 Brigitte Zein-Schumacher, Arnsberg
200 Islam-Archiv Deutschland, Soest
201 Salbhorn aus Meggido. Israel Department of Antiquies and Museums/Kösel-Archiv – Moschee Scheik Lutfullahs, Isfahan (erbaut 1603-1618), in: Carel J. Du Ry, Die Welt des Islam, Heyne, München 1980, S. 222
202 Quelle unbekannt – picture alliance/dpa, Foto: epa Nic Bothma
203 Walter Liehmann – KNA-Bild
204 Bad Endorf – Ravenna: St. Vitale, Details aus dem Triumphbogen, Ed. A. Longo, Ravenna
205 In: Welt und Umwelt der Bibel, S. 5 © Henri Stierlin, Genf – Die Philister siegen über Israel und erobern die Bundeslade, Holzschnitt, farbig, Lübecker Bibel, 1494, bpk/Dietmar Katz
206 picture alliance/dpa, Foto: EPA/Thais Llorca
207 akg-images – Bardach, Jerusalem
208 Petra Gieseler, Bondorf – © DDMedien, München – Adelheid Heine-Stilmark, Karlsruhe – P. Heiner Sternemann, Nürnberg
209 akg-images
210 Kösel-Archiv – Klaus Väthröder /Jesuitenmission
211 Internationales Katholisches Missionswerk
212 Illustration: Andreas Dorfey, München

Alle Bibelzitate, sofern nicht anders gekennzeichnet: Einheitsübersetzung © Katholisches Bibelwerk, Stuttgart
Alle namentlich nicht gekennzeichneten Beiträge stammen von den Autorinnen und Autoren und sind als solche urheberrechtlich geschützt. Trotz intensiver Recherche konnten einzelne Rechtsinhaber nicht ermittelt werden. Für Hinweise sind wir dankbar.